蕩尽王、パリをゆく

薩摩治郎八伝

鹿島茂

新潮選書

蕩尽王、パリをゆく　薩摩治郎八伝＊目次

蕩尽王、パリをゆく　薩摩治郎八伝

第一章　東洋のロックフェラー

虎は死んで皮を残し、人は死んで名を残すというが、その名の残し方はさまざまである。しかし、一般的に言えるのは、名を残した人のほとんどは、自らの力によってなにものかを創ったり、生みだした人であるということだ。

十七条の憲法を創った聖徳太子、明治国家を築いた伊藤博文、慶應義塾大学を創立した福沢諭吉、『吾輩は猫である』を書いた夏目漱石、『たけくらべ』を残した樋口一葉。今日、お札に登場するような偉人はみな、なにかを創ったり、書いたりした人ばかりだ。

しかるに、ここに、ただひたすら金を蕩尽したことによってのみ名を残すという「奇跡」を演じた男がいる。

それも自分が汗水たらして稼いだ金ではない。祖父と父が残してくれた財産を戦間期のパリ滞在の間に、潔く使いつくすことで、歴史に自分の名前を深く刻むというパラドックスを演じた男。

その名を薩摩治郎八《さつまじろはち》という。

東南アジア訪問をきっかけに「バロン薩摩」と呼ばれるようになったが、男爵ではない。神田駿河台に大邸宅を構える豪商木綿問屋薩摩治兵衛商店の三代目の御曹司ではあったが、皇族・貴族を頂点とする当時のヒエラルキーからいえば、必ずしも最上流階級ではない。似たような境遇の若者はたくさんいたのだろう。

また、粋な道楽者ということだったら、鹿島清兵衛や光村利藻などあっと驚くような蕩尽の仕方をして魅せた者もいるし、希代のコレクターということなら、書画骨董や泰西名画のコレクションで名を成した松方幸次郎や原六郎、それに石橋正二郎などの偉大な収集家の名をあげることができる。

しかし、今日の貨幣価値にして二百億円とも八百億円ともいわれるその財産のすべてを己の奉ずる「美学」に従ってパリで蕩尽することで、「消費」それ自体を「芸術」に変えてしまったという「消費芸術家」ということなら、それは、日本の歴史を広く見渡しても、薩摩治郎八しかいない。

なにしろ、「ローリング20's」と呼ばれた黄金の一九二〇年代に、世界中からパリに集まったキラ星の如き成金セレブたちに「浪費のエレガンス」の極致を見せつけることで、彼らを切歯扼腕させ、「東洋のロックフェラー」と呼ばれるという伝説に浴した男なのだ。しかも、その時、彼はまだ二十代。パリの最高級レストランで豪遊し、数々の美女と浮名を流して日本男児の株価を大いに高めた後、いったん日本に舞い戻って絶世の美女の華族令嬢と結婚すると、再びフランスに渡り、冬はパリのオペラ座、夏はドーヴィルやカンヌの最高級ホテルで夫婦そろってハイライフを満喫する。英語訛りのフランス語を駆使して、芸術家や文学者はおろか政財界の著名人とも交際し、パリで一番有名な日本人となる。さらに、藤田嗣治を始めとする日本人画家のパトロンとなって「仏蘭西日本美術家協会」の展覧会を開催したり、パリの国際大学都市に私財を投じて日本人留学生施設の「日本館」を建設したりする。

とにかく、一つだけ確かなことは、薩摩治郎八が、金は本来貯めるためにあるのではなく、必要なときに使うためにあるという信念に基づいて、美学的に散財し、自分の人生それ自体を芸術に変えてしまおうとしたことだ。どうせ金を使うなら、薩摩治郎八のように上手に使って、「蕩尽の伝説」を残したいものである。

1924年２月カンヌの薩摩治郎八。薩摩遺品。

一代の風雲児・薩摩治郎八が、神田は駿河台鈴木町の大邸宅で、父二代目薩摩治兵衛と母まさ（旧姓杉村）との間に生を受けたのが、二十世紀の始まりの年一九〇一年（明治三十四）であったのはいかにも象徴的である。

なぜなら、時代は、「生産の世紀」である十九世紀から「消費の世紀」である二十世紀に転換しようとしていたからだ。薩摩治郎八は、いわば時代の予感として、この世界に登場してきたのである。

ただ、そうはいっても、平成の世の中に暮らす人間には、薩摩治郎八がどんな時代の人間か、なかなかイメージが摑みにくいはずである。そこで、一九〇一年には他にどのような人物が生まれているのか年表で調べてみると、なんと昭和天皇と同い年である。薩摩治郎八が四月十三日の生まれなら、昭和天皇は四月二十九日。ようするに、薩摩治郎八は、昭和天皇とほぼ同時に生まれ、完全な同時代を生きたわけである。

このように昭和天皇と同世代という項でくくってみると、遠い昔の人という印象のある薩摩治郎八がにわかに近しい存在に思えてくるが、しかし、その業績ということであれば、やはり、同時代のどんな人と比べても薩摩治郎八のユニークさは際立っている。

というわけで、伝記作者の私としては、薩摩治郎八がいずれ蕩尽することになる薩摩家の巨額の財産がいかにして形成されたかを最初に見ていくことになるが、とりあえず、その前に、生家である大邸宅がどのようなものであったかを確認しておくことにしよう。

「駿河台の自邸は、一町あまりもある石垣に囲まれた大名門のある大邸宅で、老木鬱蒼と茂り夜番の老爺は未だチョン髷の所有者だった。庭内の稲荷山には大きな狸が巣を喰っていて、暗夜女中部屋の鉄格子の窓から大入道に化けて出現し、女中達の悲鳴に、老執事までが腰を抜かすといったような浪漫的な雰囲気の中で、私は『坊っちゃん』としてあらゆる我儘と勝手な空想を恣にして育った」(薩摩治郎八「半生の夢」『せ・し・ぼん　わが半生の夢』改訂新版　山文社　平成三年)

薩摩治郎八の自伝の記述にある自邸を、彼が生まれる二年前の明治三十二年の八月二十五日に発行された『風俗画報　新撰東京名所図会第二十一編神田区之部其二』に当たって確認すると、正確な住所は、東京市神田区駿河台鈴木町二十一番地だったことが分かる。その「邸宅」の項にこんな記載がある。

「薩摩治兵衛邸　廿一番地にして数十間の石塀を廻し。庭園極めて広く。宏壮幽雅の家屋なり。本局八百七十番の電話を架設す」

駿河台鈴木町というのは、今の御茶ノ水駅の明大口を出て派出所前交差点を神田川沿いに水道橋方面に向かう「かえで通り」の両側の区画で、薩摩治兵衛邸があった二十一番地は、参謀本部測量図(明治十六年)と現在の地図を比較してみると、御茶の水美術学院、日新火災海上、東京医科歯科大学研究所、鴻池組などの建物が並んでいる一角に相当する。東京医科歯科大学研究所の敷地は、薩摩治兵衛邸の主要部分に相当し、往時を偲ぶには、ここが最適である。

鈴木町には他に曾我子爵邸(十六番地)、坊城伯爵邸、芝山子爵邸、芝小路男爵邸(いずれも十番地)、加藤高明邸(二十三番地)などの貴族や政府高官の邸宅が並んでいたとあるが、これらには特別の記載がない。薩摩邸は界隈でも特別に大きな邸宅であったと想像される。

また、同じ『風俗画報』には、駿河台鈴木町の写真が掲載されているが、その左側には『せ・

し・ぼん』の描写にある「一町あまりもある石垣」と「老木鬱蒼」の有り様が写っている。おそらく、これが薩摩治兵衛邸だったのだろう。

なお、この通称「薩摩屋敷」は、大恐慌の影響と、治郎八の浪費がたたってか昭和十四、五年頃に「主婦之友社」に売却され、邸内の建物は戦後しばらくは社宅として使われていた。

この社宅に寄寓していたのが、戦中戦後を通じての売れっ子作家で、薩摩治郎八をモデルにした小説『但馬太郎治伝』を書いた獅子文六である。獅子文六は疎開していた四国から、終戦後の昭和二十二年に東京に戻ってきたが、中野の家が空襲で焼けてしまったので主婦之友社の社長に相談したところ、駿河台の社宅を使ってもいいとの許可を得たのである。東京駅に出迎えにきた社用車で、獅子文六一家は、お茶の水の高台に向かう。

「そのうちに、車は坂を登りきり、お茶の水橋の手前から、左折した。その辺は、空襲の被害もなく、昔ながらの閑静な街路で、大きな病院の建物がそびえていた。その病院の向側に、高いコンクリートの塀が、長く続き、まるで昔の戸田伯爵邸のような、大きな石門のある家があった。何サマのお屋敷かと思ってると、その前で車が止まった」(『但馬太郎治伝』)

獅子文六は「え、ここ?」と驚く。

「門内の敷地は、二千坪(中略)ぐらいあるだろうが、左手に古い洋館の屋根が、見えるだけで、森のような樹木の繁った小山の下の地面は、大部分、畑になってた。(中略)

雑誌社の人は、洋館の玄関の方へ行かないで、アーチ風のバラの垣根をくぐり、畑の方へ出た。そこに、二階建てのモルタル塗り洋館の中心部があった。そして、石造のテラスがあり、二基の石の花台の間に、半円型の石段があった。何か、妙に外国くさい家であり、テラスの石のランカンの柱の形なぞ、ちょっと日本ばなれのした、フランス調だった」（同書）

獅子文六が寄寓したこの洋館は、内部もすべてフランス調で統一され、舞踏室に使われていたとおぼしき広間は、天井にシャンデリア、周囲の壁にフラゴナール風の壁画、半円形に突き出した出窓にはカット・グラス、というように、いたるところ贅が凝らされていた。

住み始めてしばらくして、獅子文六は一つの発見をする。書斎の戸棚の掃除をしているうちに、青銅製の板を発見したのである。それにはフランス語でVilla de mon capriceと刻まれていた。「気まぐれ荘」くらいの意味である。

このプレートを眺めながら、獅子文六はここを建てた人はフランス人かフランス趣味の外人かと思ったが、よもや、そこが自分も宿泊したことのあるパリ日本館の建設者の邸宅だったとは思いもしなかったのである。

後年、獅子文六が薩摩治郎八を訪ね、この「ヴィラ・ド・モン・キャプリス」のことを話題にすると、薩摩治郎八は「いや、あれは、バラックでして」とニコリともせずに答えたという。

たしかに、薩摩治郎八が生を受けた豪邸は大正十二年の関東大震災で焼け落ちているから、彼が翌々年に一時帰国したときに応急的に建てたヴィラ・ド・モン・キャプリスは、新帰朝の憂鬱もあって、あまり愛着の湧く建物ではなかったのかもしれない。彼自身も自伝でこう述べている。

「大震災の後の東京に戻った私には、すべてが殺風景で、焼跡に巴里風のVilla [de] mon Capriceを建ててみたとは云え、自分の嗜好を満足させるようなものは僅かに大川端の茶亭の小座敷と伝統的な角力のみで、たまに能楽や六代目出演の世話物狂言ぐらいが、旧江戸時代の歌麿、栄川、国貞等の幻の世界を展開してくれる位であった」(「半生の夢」『せ・し・ぼん』)

しかし、考えてみれば、パリ生活になれた獅子文六をして仰天させたくらいだから、ヴィラ・ド・モン・キャプリスも、当時としては、飛び抜けた洗練と豪華さを誇る様式建築だったはずである。それを、こともなげに「あれは、バラックでして」と言ってのけるくらいだから、薩摩治郎八とその一族の金銭感覚は、やはり桁外れのものであったに違いない。ではいったい、その薩摩家の巨万の富はいかにして形成されたのだろうか?

第二章　勤倹の祖父

薩摩治郎八の祖父であり、やがて治郎八が蕩尽することになる薩摩一族の財を一代で築きあげた薩摩治兵衛とは、そもそもいかなる人物であったのか？　『新潮日本人名辞典』を繙くと、次のような記述に出会う。

「さつま じへえ　薩摩治兵衛　天保二―明治三三・二（一八三一―一九〇〇）　幕末・明治期の商人。近江《おうみ》生れ。幼名は与三吉。一〇歳の時、江戸の綿布問屋小林商店に入る。慶応三年（一八六七）同僚杉村甚兵衛（のちに東京モスリン重役）より金二千円を与えられ独立、日本橋に和洋木綿商店を開く。横浜で金巾《かなきん》の輸入に従事して大利を博す。明治一五年大阪紡績設立に際しその株式を引受けた」

簡にして要を得た記述であって、正直なところ、いろいろな文献を当たっても、これ以上の情報はなかなか出てこない（ただし、明治三三・二とあるのは死亡年月ではなく、家業引退の時期。死亡年は明治四十二年［一九〇九］）。

私は、明治・大正期の実業家の列伝（『破天荒に生きる』ＰＨＰ研究所）を書いたことがあるので、実業家や豪商の立身出世物語はかなりの数を集めたつもりなのだが、やんぬるかな、薩摩治兵衛に多くのページを割いている本はほとんどない。

その唯一の例外が、明治四十四年に広文堂から出た岩崎錦城の『此奮闘』である。

これを読むと、薩摩治兵衛が立身出世物語に取りあげられにくかった理由がわかる。なんのことかといえば、彼の蓄財には「物語」がないのである。

すなわち、明治大正の大富豪の多くが疾風怒濤の時代に乗じて一攫千金を試み、巨万の富を得たのに対して、薩摩治兵衛は、奉公した商家に滅私奉公で仕えた後に独立し、正道を歩んで大商人になったというのであるから、読者を喜ばせるような波瀾万丈のストーリーに欠けているのだ。いいかえればその富は、上がり下がりの激しいジェットコースター人生ではなく、刻苦勉励の生活によって着実に大きくなっていった富なのである。

だが、たしかに薩摩治兵衛には、胸躍るような派手なサクセス・ストーリーはないかもしれないが、勤倹という、明治人の堅忍不抜の精神の「典型」があった。そして、それは「典型」であるがゆえに、一つの時代精神《ツァイトガイスト》となっていたのである。岩崎錦城は『此奮闘』の中でこれを強調している。

「彼れが今日ある功績は、実に此勤を経とし倹を緯として獲たる結果に外ならないが、又堅忍持久の精神と万難を排して進むの勇気はあつた、従つて彼は時運に投じたる僥倖的富豪の如き、華やかなる経歴は持たぬのである、『稼げば困らぬ』とは氏が金科玉条として終始一貫したる所である。見よ彼れが商戦は頗る堅実にして、商海の風波により微小だも動揺を感ずるが如き事はない」

われわれとしては、この点に注目しておこう。本書の興味は、彼の孫である薩摩治郎八が蕩尽することになる財産の大きさだからである。つまり、治兵衛の商売が堅実であればあるほど、孫の治郎八としては浪費できる金額が増えるということになるのだ。治郎八の浪費はまさに治兵衛の勤倹が支えたのである。

とはいえ、勤倹一本槍で、巨万の富が築けたかといえば、それはウソになる。いかに薩摩治兵衛が勤倹というツァイトガイストに忠実だったにしても、何の工夫もなく商売を続けていたら、巨富への道を歩めるはずがない。いいかえれば、薩摩治兵衛は何をきっかけにして大富豪への道を歩むことができたのか？　その点に関しては、『此奮闘』はなにも語ってはいない。

では、どうすればこの謎を解明できるのか？　そう思っているとき、近江商人発祥の地の一つである滋賀県の豊郷町に「先人を偲ぶ館」という施設があり、そこに薩摩治兵衛に関する資料が展示してあることを知った。

その中で特に興味を引き付けられたのは、「初代薩摩治兵衛之伝」と銘打った略伝である。代筆ではあるが治兵衛存命中に書かれ、年月日（明治二十三年三月二十四日）と署名・捺印のある文書なので、これがドキュメントとしては最も真正なものということになる。以下この文書を軸にして、薩摩治兵衛の略歴を記しておこう。

薩摩治兵衛商店の元祖である薩摩治兵衛は、天保二年（一八三一）、近江国犬上郡四十九院村字南町の農家に生まれた。父は茂平あるいは茂兵衛、母は登美という。幼名は『此奮闘』では與三吉となっているが、正確には與惣吉。弟三人がいた。

農地が少ない上に借財が進んだため、実家は極度の貧困にあえいでいた。なお悪いことに、治兵衛九歳のときに父が病没。母は借金の返済を迫られて、子供四人をつれて家を立ち退き、村外れの小屋で雨露をしのがざるをえなかった。母は朝早くから起きて衣食のために懸命に働いたが、生活はいっこうに楽にならない。そこで、治兵衛は十歳のとき、意を決して年季奉公に出ることにした。武蔵国秩父郡大宮郷の外池太右衛門の酒店である。このあたりは、近江商人の伝統で、頼るべきルートがあったのだろう。

ところが治兵衛十六歳のとき、外池太右衛門酒店は閉店となってしまった。そこで、治兵衛は、近江出身の小林吟右衛門が江戸に出している綿布店に奉公することになった。江戸第二大区堀留町二丁目の小林吟次郎商店である。

この綿布店に住み込んだ治兵衛は「一心勉強と倹約を以て」働いたおかげでいくばくかの金も蓄え、郷里の母と弟に送金をおこなうことができるようになった。

慶応三年、小林吟次郎商店に二十一年間勤務した後、治兵衛は、三十七歳で別家を許され、家号と暖簾を貰い受けることとなったが、主家からは退職金など一文も貰えず、資本金も貸与されなかった。それどころか、百三十三両と銀七分五厘の借金を主家に返すと、退職時に資本金は半銭も残らなかった。このあたりの略伝の記述には、二十一年も勤務したにも拘わらず、つれない仕打ちをした主家に対する怨念が感じられる。

しかし、そんなとき、かつて同じ店で働き、いまは独立して成功している杉村甚兵衛が開業資金としてポンと二千円を貸してくれた。この好意のおかげで、治兵衛は慶応三年八月八日、江戸第一大区富沢町にあった熊井又兵衛の持家を借り受け、和洋木綿類販売店を開店することができたのである。

この美談にもあるように、治兵衛は、同じ綿布業者の杉村甚兵衛と親しく、自分の長男である治郎八（二代目薩摩治兵衛）を杉村甚兵衛の娘と結婚させている。いうまでもなく、この両家の結婚からうまれたのが、薩摩家三代目である我らが薩摩治郎八である。

薩摩治兵衛にとって幸いしたのは、慶応三年という開業時が絶妙のタイミングだったことである。

当時、日本の綿織物業界は開国による外国製品の流入で競争力を失い、輸入品に市場を席巻されていた。とりわけ、金巾と呼ばれる、細く上質な綿糸で細かく編んだ薄手の綿布は輸入品の人気商品として引っ張りだこになり、供給が逼迫していた。

慶応三年の秋に開業した薩摩治兵衛は、この輸入の金巾に賭けたのであるが、しかし、それには多大なリスクが伴っていた。尊王攘夷の嵐である。外国人やその妾が「神州を汚すもの」として襲撃を受けたばかりではない。居留地で外国人との貿易を営む交易商もまたテロの標的となっていたのである。

貿易商にとって、明けて慶応四年はもっと悲惨な年になった。西郷隆盛率いる官軍による江戸城総攻撃が迫り、民衆は買い物どころではなくなっていたからだ。城下には、暴徒があふれ、略奪を恐れた商店は軒並み店を閉めざるを得なかった。

しかし、そんな混乱の最中にあっても、薩摩治兵衛の店だけは営業を続けた。価格も平常通りだった。昭和十年に編纂された『類聚伝記大日本史　第十二巻　実業家篇』（雄山閣）の「実業家総覧」には、このときの薩摩治兵衛の活躍を描いたこんな描写がある。

「時維新前の事とて京浜の間殺気充満、浮浪の徒横行し、江戸の商店、殊に舶来店の如きは閉店の已むなきに至れり。治兵衛は之に屈せず金巾の仕入れを成せしに、果して計画図に当り、一挙にして巨利を博せり」

これが堅実経営を以てなる薩摩治兵衛商店唯一の冒険であり、勃興の第一原因である。以後、家勢は日を追うごとに盛大となり、明治九年には横浜に洋物引取の支店を設け、明治十三年には日本橋区堀留町二丁目に和洋綿糸販売支店、さらに明治三十七年には大阪備後町支店を開いた。つまり、この頃には、薩摩治兵衛商店はたんなる木綿・金巾問屋の域を越え、広く海外との貿易を行う総合商社となっていたのである。

明治の十年代から、薩摩治兵衛商店は、西南戦争、日清戦争、日露戦争と、戦争があるたびに規模を拡大し、資産もまた増大していったのだが、それが実際のところどの程度の地位にあったかを見るには、明治から大正にかけて盛んに出版された富豪番付の類いを見るにしくはない。

薩摩治兵衛が長者番付や資産家名鑑の類いに登場するのは、明治二十年の『日本三府五港豪商資産家一覧』が最初である。東京の資産十万円以上の部に「金巾　薩摩治兵衛」として登録されている。以後、福沢諭吉主幹の『時事新報』の「全国五拾万円以上資産家」には常連となる。治郎八が生まれた年である明治三十四年には、東京日本橋区の三十八名にカウントされ、明治四十四年にも日本橋区の八十九名の中に入っている。

資産の金額がはっきりとわかるのは、明治三十五年の中央書房発行の『日本全国五拾万円以上資産家一覧』で、「百万円」のグループに「薩摩治兵衛」の名がある（以上『明治期日本全国資産家・地主資料集成』柏書房）。これが「大正全国富豪番付」（『番付集成』柏書房）になると、「三百万円」のグループに登場する。着実に資産は大きくなっていったのだ。

しかし、薩摩治兵衛商店が最も隆盛を迎えるのは、むしろ第一次世界大戦の「糸偏景気」以後である。薩摩商店は、資産を数倍に増やし、全国番付の常連となったのである。

薩摩治郎八がパリに向かったのは、こうした薩摩治兵衛商店の全盛期である。

だが、さすがの彼も、自分が祖父と父が残した膨大な財産をすべて蕩尽する運命にあるとはまだ思ってもいなかったにちがいない。

第三章　文化的消費のはじまり

フランスには「相続は金銭を浄化する」という、日本人にとっては理解しがたい「思想」がある。祖父や親が無一文から身を起こし、多少はあこぎなことをして稼いだ「汚い金」であっても、それが子や孫に相続されるに従って、金の汚さは消え、誰からも後ろ指差されることのない「清らかな金」となり、子供や孫は上流社会の一員として遇されるに至るというのである。いいかえると、刻苦勉励の親が自分で稼いだ金よりも、相続した子や孫が罪の意識なしに使う金のほうが「価値がある」ということになる。

では、なぜ、このような「思想」が社会に浸透したのかといえば、それは、自分が汗水たらしてつくりだしたのではない二代目、三代目の「金」は、これみよがしの成金的消費ではなく、文学・芸術などの文化的消費のほうに向けられるということが経験的にわかっているからだ。文化は、大金持ちの、二代目、三代目から、とりわけ、「お坊ちゃま」「お嬢さま」の三代目から生まれるのである。文化の国フランスならではの考え方というほかない。それは、ジャン・コクトー、マルセル・プルーストなど、金銭的には無能だが、消費的には有能だった二代目、三代目を見ればたちどころに理解されるにちがいない。

薩摩家三代目である薩摩治郎八にとってもことは同じで、夢は、いまの巨万の富をさらに増やすという方向には膨らまず、むしろ、その富をどのようにしてカッコよく蕩尽するかという方向へと広がっていたようである。それは、彼の自伝である「半生の夢」という文章が収められた『せ・し・ぼん』の冒頭ではっきりと語られている。

すなわち、まだ幼かった頃、薩摩治郎八は、隅田川と神田川の交流点にある母方の祖父杉村甚兵衛の豪邸の大池で、東京高商（いまの一橋大学）の学生だった叔父が漕ぐボートに揺られていたとき、叔父が当時のはやり歌に合わせて「治郎チャン、君は何になる、大きな商船掻き集め……」と尋ねるのを聞きながら、子供心に、大海に浮かぶ大汽船を夢見はしたが、しかし、心の中では、「商船主なんかになるより、いっそヴェニスの大運河に浮んだような豪華なフレガートに乗って、世界一の美姫と一緒に神秘な月夜の航海がしてみたい」と密かに思っていたのである。つまり、梅檀《せんだん》は双葉《ふたば》より芳《かんば》しで、この頃から、心は文化的消費のほうに向かっていたのだ。「既に私の詩人的性格と理想美に憧れる精神的要求が無心の内に芽生えていたと云えよう」（『せ・し・ぼん』）

もっとも、富豪の三代目だからといって、夢想が自動的に文化的消費のほうに広がるかといえば、必ずしもそうとはいえない。やはり、家庭環境に少なからぬ文化的雰囲気が漂っていなくてはならぬはずである。

では、薩摩治郎八がものごころついた二十世紀の初頭、つまり明治も四十年代の薩摩家の文化・教養度はどのようなものだったのだろうか？

初代薩摩治兵衛は、勤倹をもってする手堅い商人とはいえ、商売柄、外国人との付き合いが多かったから、少なくとも、モノに関しては、なかなか舶来好きのモダンな一面を持っていたようである。

「東京から横浜大阪にかけて外国商館と盛大な取引をしていた祖父は、進歩的な事業家で、当時東西の事業界を風靡した所謂近江商人の第一人者であった。日本で最初に避雷針を屋上に設置したり、ゴム輪の人力車を最初に用いたり、自邸の西洋館披露式には海軍軍楽隊を招いて、在留外人知名の士と共にワルツを舞うといったような半面を持った明治型の紳商であった」（同書）

薩摩治兵衛商店は、いちおう、専門は綿糸織物の輸入商ということになっていたが、幕末維新の横浜のことを回想した長谷川伸の『よこはま白話』によると、当時の輸入商は「引取り屋」といって、外国船で入荷したものは、とりあえずなんでも買い込むことが多かったらしい。

「売込み屋相手で日本品を買入れる外国商人も、用途がわからずに買い込むこともあつたが、引取り屋の方はその度がもつとも強く、何が何だかわからない品物を引取り、これも同じやうに何が何だかわからない江戸・大坂の商人に売るといふ、後代からいへば不思議な商行為が、平然として繰返された」

では、なにゆえに用途がわからずに買い込んだりするのかといえば、それは他の引取り屋との競争があるためである。外国商館から出る品物に、人よりも先に買い取りを宣言して、素早く手付けをしておく必要があったのだ。引取り屋の間では、とにかく買っておいて、どこに売るかはあとで考えるという習慣が支配的だったのだ。

薩摩治兵衛商店でも、専門の金巾《かなきん》以外にも、さまざまな外国製品が輸入されて店に入ってきたから、そのうちのいくつかが薩摩家の居間や食卓を飾っていたとしても、少しもおかしくはない。

そうした舶来品の一つにワインがあった。

「明治維新前後からチョンマゲをつけて外国貿易をやりだした祖父の食卓にはメドックがテーブルぶどう酒としておかれていた。祖父はボルドーから樽で取寄せて毎年邸でビン詰めにする常習となっていた。

ルビーのような美色をたたえたボルドー酒が私の子供の眼には限りない魅惑だった。

『坊チャン、これを飲むと西洋人のような立派な体になるよ』

と、祖父は葡萄酒を水で割ってくれて私に飲ませてくれた。

はじめて知ったフランスの酒の味覚！

私は祖父も好きだったが、おじいさまのお酒は、ことに好きになった。

湯島の明神さまのオミキの味も幼な心にシミこんだが、祖父の手ジャクの葡萄酒の味は子供心にも忘られぬ味覚の宝玉だった。祖父が死んで父の代になると、禁酒禁煙の衛生家（？）の父は、倉の地下室の祖父の遺品のメドックには手もふれず、幾百瓶というメドックは私が十八才で渡欧するまで、私の専用と化した。

以来、世界中の洋酒の粋を飲み歩いた私ではあるが、わが少年期の祖父の形見のメドックの味はいまだに忘れえぬわが郷愁である」（薩摩治郎八『ぶどう酒物語　洋酒と香水の話』村山書店

昭和三十三年）

明治といえば、官営富岡製糸工場でフランス人技師たちがワインを飲んでいると、「あれは女工の生き血をすすっているのだ」という噂が立ち、女工に応募するものが一人もいなくなったという時代である。薩摩治兵衛は、ワインに対する偏見がないどころか、フランス人と同じように水で割ったメドックを孫の治郎八に飲ませていたというのだから、そのハイカラぶりは常人の域を脱していたのである。

しかし、初代薩摩治兵衛がいかにハイカラだったとはいえ、文化はあくまでモノに限られていた。精神的な面での文化に薩摩治兵衛が興味を持っていたとは思えない。それが、成金の一代目というものの限界である。

だが、二代目の時代になると、雰囲気はガラリと変わってくる。とりわけ、一代目が没し、二代目が家督を継ぐ頃になると、文化度は一気に増す。それは、治郎八が小学一年生だった明治四十二年（一九〇九）のことである。

「その頃祖父が他界した。その葬儀には、各国の知人から送られた花環が邸一杯になった。花環にはそれぞれ送り主の名を書いたリボンが結びつけてあったが、それらの外国人の名はおそらく百を越していたと思う。外国から送られた友情のシンボルである花々の美しさは、私の子供心に深い印象を残した。その後父の時代になると、商業的空気は家庭から一掃されて了った。庭園の一隅には熱帯植物と美麗豊艶な蘭花植物の温室が英国風な花壇を前にして出現した。そしてこれを預る若い園丁は、西洋草花類の栽培研究のために英国渡航を夢想している青年だった。又、九

○六番号の自動車《ビュイック》を購入すると共に邸に入って来た運転手は、立派な技術家的手腕を持ち乍ら、あたら酒のために運転手に堕ちたという変り者であった。彼の浪花節の薩摩琵琶をよく聴かされた。蘭の花と洋書に凝った父は、日本古美術に関心をもっていたが、それやこれやで家庭の話題は芸術的なことに花が咲くほうが多かった」(「半生の夢」『せ・し・ぼん』)

二代目薩摩治兵衛と妻まさ。薩摩遺品。

熱帯植物や蘭花植物が生い茂る温室というのは、ほぼ同時代に欧米で大流行した贅沢で、西洋かぶれの二代目にとっては、自らを西洋に同一化するための夢想の道具だったのだろう。一代目は、ワインや豪邸のように、衣食住の贅沢は自分に許しても、観賞用の花だとか温室などという「役に立たない」ものは関心の埒外にあったはずなのである。

徳島県立近代美術館に寄贈された薩摩治郎八のアルバム写真を調べると、ナンバーこそ九〇六ではなく九六〇ではあるものの、たしかに庭園に停車しているビュイックが写っている。おそらく、ナンバーは治郎八の記憶違いだろう。七十九歳にして徒歩で日本橋まで通ったという一代目が逝去した後、その代わりのように現れたビュイックは、孫に、家風の変化を強く印象づけたにちがいない。ビュイックと一緒にやってきた運転手が酒に身を持ち崩したエンジニアというのも、一代目の使用人だった夜番の老爺が「未だチョン髷の所有者だった」というのと、いかにも好対照である。主人が代われば、使用人たちの雰囲気もガラリと変わるのである。

もっとも、二代目というのはいくら文化的・芸術的なものに興味は持っても、受け継いだ家業を放棄してそちらの方面で生きていくというところにまでは行かない。いや、行けない。親が汗水たらして働いているところを自らの眼で見ているので、親の稼いだ金をなんの罪悪感もなしに蕩尽することはできないのである。だから、商売とは関係のない文化的なことに金を費やすことはあっても、文化そのものに自分が身を投じることはない。

だが、三代目ともなると、こうした限界は容易に突破される。

「幼稚園を経て九段下精華学校の小学部に進んだ。もちろん男女共学で、子供の世界にも既に恋愛的感情の交錯があり、ものの哀れを知ったのは実に小学三年生位の頃からであった。(中略)中学に進んでからの読物は『平家物語』『源氏物語』『ポールとヴィルジニー』『レ・ミゼラブル』などで、ワーズワースやシェレー等を読み出す頃になると、一も二もなく英国に行きたくなってしまった」(同書)

九段下精華学校の小学部(明治三十八年開校)は、良家の子弟が通う私立小学校だった。一級上に戦後『うちの宿六』でベストセラーを飛ばしたフランス通の随筆家福島慶子、一級下に三菱財閥の岩崎久弥の長女でエリザベス・サンダース・ホームの創設者沢田美喜がいたという。治郎八は、沢田美喜とは後述のように大磯の別荘地でも一緒だったはず。あるいは、二人の間に、多少の交流はあったのかもしれない。

中学は大正三年（一九一四）に開成中学に入学したのち、大久保の高千穂中学に転校した（小林茂『薩摩治郎八　パリ日本館こそわがいのち』ミネルヴァ書房　平成二十二年）。獅子文六は、薩摩治郎八に直接インタビューしたさいに聞いたのか、『但馬太郎治伝』でこんなことを記している。

「彼は高千穂中学に入ったのだが、本来は、学習院中等科へ進むはずだった。しかし乃木院長に面接試験を受けた時に、将来、どんな職業につきたいかと問われ、

『団十郎のような役者になりたい』

と、答えて、入学に失敗したそうである。彼が、乃木大将の威風に、鈍感だったのは、生まれつきの性癖だったのだろう」

薩摩治郎八が学習院中等科に入学しなかったのは、まことに残念というほかない。彼は第一章で指摘したように昭和天皇と同い年生まれの同学年だから、もし学習院入学がかなっていたら、天皇と「御学友」となれたはずだからである。薩摩治郎八が昭和天皇に何かしらの影響を与えていたら、少しは日本の歴史も変わっていたかもしれない。

質実剛健主義の高千穂中学は「お坊ちゃま」で舶来趣味の文学少年だった薩摩治郎八にはなじまなかったらしく、治郎八は、ストレスから来る顔面神経痛を発症して休学を余儀なくされ、そのまま大磯の別荘に引きこもって養生することになる。

「その頃激烈な顔面神経痛に悩まされた私は休学して大磯の別荘に移って養生することになり、

殺風景な中学校通学を自然解消してしまった。そして、英国渡航を理由に、毎日その準備と称して、田園生活と外人との交遊を楽しんだものである。大磯の家は、伊藤博文公が母堂のために建てた流水園清琴亭なる家を父が譲り受けたもの」(「半生の夢」『せ・し・ぼん』)

大磯の別荘というのは現在の住所でいうと神奈川県中郡大磯町西小磯古屋敷七六九番地に当たる一帯で、伊藤博文の別荘として知られる滄浪閣《そうろうかく》から真っすぐ北上して跨線橋を越えたところにある。この敷地に奇しくも戦後に住み着いた獅子文六は、こう書いている。

「滄浪閣がすでに伊藤公の別荘なのだが、あまり人の来訪が多いので、休息の場所に、もう一軒、小さな家が欲しくなり、滄浪閣の真正面の山寄りに、第二別荘を建てたのが、それだという。そして、流水園とか、清琴亭とか、風雅な名で、呼ばれたそうである。そして、後には末松謙澄が、住んでたことも聞いた」(『但馬太郎治伝』)

この土地はかつての西小磯古屋敷七七六番地外に当たり、大磯町立図書館に収蔵されている鈴木昇『大磯の今昔』(私家版)によれば、薩摩家が伊藤家から直接買ったのではなく、その間に、横浜政財界のリーダーだった来栖壮兵衛が入っている。明治四十三年頃に来栖壮兵衛がここに別荘を建て、大正四年に土地を二代目の薩摩治兵衛に売却したという記録が残っているからである。来栖壮兵衛が伊藤家あるいは末松家から買った土地を、横浜貿易商のなじみで薩摩家に売却したのかもしれない。

いずれにしても、いまは獅子文六の家もなくなり、建て売り住宅が建っていて往時をしのぶよすがさえないが、明治末から大正にかけては、この一帯ばかりか、町全体が明治の元勲や財界の大物、それに各国大使・公使の別荘が立ち並ぶ有数の避寒地で、別荘の住人たちは日本でも最もハイソなコミュニティを形成していた。そんな中で、薩摩治郎八は第一次世界大戦が終わるのをいまや遅しと待ちながら、英国留学準備のために外国人から英語を勉強していたのである。

「私の少年期の前半がこの地で終る頃には、第一次欧州大戦も終った。それと同時に私の年来の憧憬は実を結んで、私は英国と巴里をさして故国に別離した」（「半生の夢」『せ・し・ぼん』）

時に、大正九年（一九二〇）、薩摩治郎八、十九歳のことだった。

第四章　憧れの地ロンドンへ

一九二〇年（大正九）、満で十九歳の薩摩治郎八は横浜を解纜《かいらん》し、十二月の末にロンドンに着いた。自伝の「半生の夢」にはこう書かれている。

「郵船会社欧州航路船北野丸に乗ったこの浪漫的な少年は、マルセーユに着き、そこから英国に向った。ロンドンに着いたのは、折から霧深いクリスマス前夜であった」（『せ・し・ぼん』）

この文章を私のような仏文系の人間が読むと、つい早とちりして、治郎八は、海路でマルセーユに着き、そこからパリ経由の陸路でブローニュかディエップまで行き、再び、乗船してロンドンに向かったのかと思ってしまうが、じつは、これは誤りである。

そのことは、治郎八が開高健・山口瞳編集のサントリーのPR誌『洋酒天国』に連載した文章を含めた『ぶどう酒物語　洋酒と香水の話』を繙くと、はっきりする。すなわち、「霧のロンドン」というエッセイに彼はこう書いているのである。

「私が霧の都ロンドンの幻影をはじめてかいまみたのは、今から三十六年前のクリスマス前夜の午後だった。ビスケー湾の荒波に揺られた白山丸が、四十五日の長航海につかれた船脚をテムズ河口に滑りこませた瞬間、河上から濃黄色の霧《イエロー・フォッグ》の一団が魔術のように流れてきて、船体をたちまちヴェールのように覆ってしまった」

薩摩治郎八が乗ったのが日本郵船（NYK）の北野丸か白山丸かという異同はさておき、一つはっきりしているのは、彼がマルセーユで寄港はしたものの、そこで下船はせず、そのままジブラルタル経由でロンドンに向かったということである。ビスケー湾というのは、ブルターニュ半島の突端からスペインにかけての海域を指すから、彼が乗った船がこの湾の荒波を横切って、「四十五日の長航海につかれた船脚をテムズ河口に滑りこませた」という記述は極めて正確なのである。

では、薩摩治郎八が乗船したのは、北野丸か白山丸かということになると、これは北野丸と見るのが妥当である。なぜなら、『日本郵船七十年史』によれば、北野丸（八五一二トン）が一九〇九年竣工の旧造船であるのに対し、白山丸（一万三八〇トン）は一九二三年竣工の新造船であるから、一九二〇年にロンドンに渡った治郎八が白山丸に乗ったはずはないのである。おそらく、白山丸には、二度目以降の航海いずれかの時に乗船したのだろう。薩摩治郎八のエッセイではこうした記憶の混同はしばしば見受けられる。

以下は、先ほどのエッセイの続きである。

「この瞬間、少年の私は霧の都ロンドンの胸中に飛びこんだのである。大英帝国の心臓ロンドンでの初夜をすごした、カルロス広場のコンノート・ホテルの旅窓から、綿のような霧に煙る街燈のほのめきをぼんやりと眺めながら、赤レンガの住宅の窓々からもれてくるクリスマス・カロルをきいた感傷を私はいまだに想いだす。
こうしてうら若い少年の私は、神秘にみちたこの不思議な港市ロンドンの胸底に沈潜していった」

ロンドンとのファースト・インカウンターを綴った美しい文章である。ワーズワースやシェリーを読んで長いあいだ憧れてきたイギリスの地を初めて踏んだ十九歳の若者の感動がそのまま伝わってくる。ロンドンの霧は、優しく薩摩治郎八を包み込んだようである。ちなみに、コンノート・ホテルというのは、当時はもちろん、今でも通の間では名が通り、タクシーでこのホテル名を告げると、とたんに客あしらいが変ってくるといわれるロンドン一の老舗ホテルである。

ところで、治郎八の記述からは英国留学は単独行のような印象を受けるが、実際は妹のつた（蔦）と家庭看護婦の佐藤さだと一緒だった。おそらく、息子の暴走を懸念した父の配慮だったのだろう。事実この予感は、すぐに実現しそうになる。それは、このホテルに旅装を解いた薩摩治郎八が真っ先に何をしたかを見ればわかる。

「ボンド・ストリートの洋服店で特別仕立の紳士服を仕立て、黒の山高帽子に純白の麻のゲートル、ステッキを小わきに抱いて、私は驚異の眼をみはりながら、冬のロンドンの巷をあてどもなくさまよい歩いた。子供の時分からショウ司教の愛嬢に教えられた英語を身につけていた私は、何等の苦労もなくロンドン児《ロンドナー》の群に混り、ウエスト・エンドはおろか、下町のイースト・エンドの隅々までもホッツキ歩き、少年の無鉄砲から、伊達者の出入するピカデリー広場の大料理店の一軒一軒を廻り歩いた」（同書）

「半生の夢」には、同じことが「カーロス広場にあるコンノート・ホテルに数日宿泊しているうちに、洋服が仕上がり」とあるので、治郎八少年がロンドンで真っ先にしたのが、流行の最先端を行く衣装を頭の天辺から爪先までワンセット誂えることだった事実が明らかになる。

これまた、なるほどと深く頷かざるを得ない。たとえ助言者のアドヴァイスはあったとしても、治郎八はもうこの年で、ヨーロッパ社会においての評価は、すべては見てくれから生まれるという冷厳な真理を承知していたからである。

しかし、こうして大いに張り切ってロンドンの社交生活に飛び込もうとしたのもつかの間、薩摩治郎八は、イングランドは南部のハンプシャー州、ホイットチャーチという小さな村のハービー（Harvey）老牧師の館で、寄宿生活を余儀なくされる。おそらく、ホイットチャーチのハービー牧師邸での滞在は、日本にいたときに英語を習っていた先生の父であるショウ司教の紹介によるものなのだろう。遊興への誘惑が少ない田舎で英語をみっちり仕込んでからオックスフォードに留学させるという父親の方針に一時的に従ったのかもしれない。

だが、この片田舎の生活は、すでにロンドンで札びらを切る快楽を覚えてしまった薩摩治郎八にとって、この上ない苦痛をもたらすことになる。

「銀柳の多い牧場の朝霧を透して、淡い太陽がもれる冬の片田舎の風景は、恰もコンステーブルの画中で呼吸しているようであった。が、生活そのものをいうなら、この老牧師邸の朝夕は、多感な少年の私にとっては余りに単調なもので、窮屈で暗い牧師邸の生活には到頭辛抱し切れず、体よくここから逃れることを企んだ結果、ロンドン日英協会副総裁アーサー・デーオージー老の紹介で、ロンドン郊外、リッチモンドのノックス博士邸に落着くことになった」（「半生の夢」『せ・し・ぼん』）

この引用に登場するアーサー・デーオージーなる人物は薩摩治郎八のその後の人生行路に少なからぬ影響を与えることになるので、調べがついた限りで紹介を試みてみよう。

アーサー・デーオージーは Arthur Diósy と綴り、正しくはディオジーと発音する。日清戦争当時の日本を知ったことから熱心な親日家になったと、治郎八は別のところ（『せ・し・ぼん』収録の「砂漠の無冠王」）で語っている。現在も存続しているロンドンの日本協会（ジャパン・ソサエティ）の創設者の一人で、この協会の本部に保管されている一八九一年の第一回事務局会議の議事録にその名が見える。議事録もディオジーの手になるものである。

ディオジーは一九〇一年から〇四年までジャパン・ソサエティの副会長をつとめたので、日英同盟の締結には少なからぬ貢献をなしたにちがいない。治郎八はディオジーに関して、自ら、次のような肖像を描いている。

「彼はハンガリー生れの帰化人で、その生活は文筆でたてていた。有名な女優と結婚して、交際季節はロンドン、パリで暮し、冬は南仏ニースに居をかまえるといった高等ボヘミアン。プレス、文壇はおろか、政界にまで首を突込んだ大人である」（『ぶどう酒物語』）

付け加えれば、ディオジーはまた「サヴェジ・クラブ」なるディレッタントの集まりの中心人物で、このクラブを介して治郎八をコナン・ドイルやアラビアのロレンスといった超有名人に紹介することになるが、その話は第八章に回すとして、ここでは、どんな経路で治郎八がディオジーとのコネを得るに至ったかについて考えてみよう。

ヒントになるのは、ジャパン・ソサエティの議事録に頻繁に登場する日本人に、I.M. Tokugawaという名前が見えることである。このI.M. Tokugawaは、時期から言って、ワシントン軍縮会議で全権をつとめたことで知られる徳川家達《いえさと》あるいは、外交官で父に同行していた徳川家正ではないか？　治郎八はこの親子ときわめて親しかったので、ハンプシャーの田舎で退屈していたとき、コネを頼ってディオジーを紹介してもらい、そのまた紹介でリッチモンドのノックス博士邸に落ち着いたのではないだろうか？

『ぶどう酒物語』や『せ・し・ぼん』の記述から推測するに、治郎八が日本を立つ前からディオジーを知っていたら、わざわざ、ハンプシャーくんだりに行きはしなかっただろう。やはり、ディオジーとのコネはロンドンのジャパン・ソサエティ、それも中心人物の一人だった徳川家達ないしは徳川家正を介して作られたと見るのが妥当なようである。

それはともかく、薩摩治郎八は、こうしてハンプシャーの退屈地獄を抜け出し、憧れのロンドンに近い場所に下宿することに成功した。あとは、彼に贅沢三昧のディレッタント生活と絶世の美女という生涯の「幻影」を与えるきっかけを待つだけである。

そして、そのきっかけはすぐに生まれたのである。

第五章　タナグラ人形とロシア・バレエ団

薩摩治郎八が、最初に下宿したハンプシャーの牧師邸を去り、アーサー・ディオジーの紹介で落ち着いた先は、ロンドン郊外リッチモンドのノックス博士邸だった。

「短期間の片田舎ホイット・チャーチのハービー牧師邸の滞在を後に、私は日英協会副会長アーサー・デーオージー老の紹介で、霧深い近郊リチモンド丘上オンスロー街の二十九号ノックス博士邸に寄寓することになった。博士は長い間アメリカで大学教授をしていたので開放的な性格者、老夫人との間に子供もなかったので私をさながら実子のように受け入れてくれた。時あたかも第一次世界大戦の直後だったので、輝かしい若い時代種《ブライトヤングジェネレーション》——現代語でいう戦後派——と旧式《オールド》の戦前派《ファッション》人種の生活態度や、様式や、趣味の差異が伝統の都ロンドンでさえハッキリと浮びあがっていた」（『ぶどう酒物語』）

リッチモンドは、テームズ河上流にある美しい郊外の町で、十四世紀のエドワード三世以来、六代の王がこの土地に王宮を構えていたことで知られる。近くにも、ウィンザー城やハンプトン・コートを始めとする王宮があることから、国王に仕える貴族たちが邸宅を構え、ロンドン近郊の町としては最も緑豊かで贅沢な町となった。隣町には、王立植物園のキュー・ガーデンもあって、見物に訪れる観光客も多い。ロンドンからの距離は十三キロで、ヴィクトリア駅から地下鉄に乗れば三十分程で着く。

ただし、薩摩治郎八は、地下鉄のような下賤の乗り物に乗ることは潔しとしなかったらしい。

「父のために需めたデムラーの自動車は、わが家の定紋である揚げ羽蝶を金色で刺繍した制帽をかぶった英国人の運転士によって、当時の『東洋の貴公子』をボンド・ストリートの美術店に運んだもので、ここで英国の貴族社会の淑女等とも知り合う機会が生れ、自然私は所謂英国型流行紳士《マン・アバウト・タウン》の仲間へと導かれて行ったのであった」(「半生の夢」『せ・し・ぼん』)

デムラーとは、今日でも、ロールスロイスと並ぶイギリスの最高級車として知られるダイムラー・リムジーンのことで、自動車がまだ普及していなかった当時にあっては、いかにロンドンといえども、家紋入り帽子の運転手を従えてボンド・ストリートの美術店に乗りつければおおいに目だったのは確実である。薩摩治郎八がイギリスの貴族社会の紳士淑女からも一目置かれるようになったと語っているのもむべなるかなである。

もっとも、このダイムラー・リムジーンは購入後、それほど日を置かずに日本に送りだしてしまったので、薩摩治郎八は、自分用に別の乗り物を用意することになる。こちらもまた、当時、最新の流行であった。

「博士邸に落付くと同時に手に入れた高級車デムラーを東京の父に送りだしてしまったあと、私はサイドカーを乗り廻しだした。隣家のスチワード牧師の娘のスコットランド生れの黒髪のウエーブの波が、まもなく私のサイドカーの中にひらめくと、博士は学業を棚上げにしている私の肩をたたいた。
『君はあくまでスポーツ紳士だね』
博士は温顔に微笑を浮べて、戦後派の先端をゆく若いわれわれ二人の交際を黙許した。リチモンド公園を乗り廻したあげ句、二人はテムズ河辺の踊り場で青春の夢を語りあった」(『ぶどう酒物語』)

この時代、サイドカー付きのオートバイというものがどれくらいの価格だったのか調べはつかないが、まだ、第一次世界大戦が終わったばかりで、民間用にオートバイが使用されるようになって間もない頃だから、決して安いものではなかったはずだ。そのサイドカー付きのをいとも簡単に購入し、スコットランド娘を乗せてリッチモンド公園でデートを楽しむという芸当をやってのけるのだから、薩摩治郎八は、すでにして立派なプレイボーイであったわけだ。

ただ、それはそれとして、この記述を読んだ読者の中には、性道徳に関して謹厳をもってなるイギリスで、しかも日本人の青年が、嫁入り前の牧師の娘とサイドカー付きのオートバイでデートすることなど許されたのだろうかと疑問を感じる人もいるかもしれない。

ところが、じつをいうと、こうした若い男女のフランクなつきあいはイギリスだからこそ可能だったのである。

すなわち、一九二〇年代までは、今日のわれわれが考えるのとは逆に、中産階級以上の若い男女が自由につきあえたのは、カトリックの国フランスではなく、むしろプロテスタントの国イギリスだった。イギリスでは、結婚前の若い娘が、セックスなしで若い男とつきあう「フラート」というものが容認されていたのである。

しかし、忘れてはならないのは、いくら男女の交際が自由だとはいえ、婚前交渉はいっさいご法度だったことである。プロテスタントの国イギリスでは、「セックス↓結婚」ではなく、あくまで「結婚↓セックス」だったのである。

実際、後に、治郎八はロンドン時代のことをこう回想している。

「若し当時の私に美麗な英国の貴族富豪の娘でも出来ていたら、恐らく私の一生は平和幸福な古城の中で夢の如く過ぎてしまったであろう」（「半生の夢」『せ・し・ぼん』）

だが、彼の心の中には、結婚などに縛られない自由気ままなボヘミアン・ライフに対する憧憬が日々、大きくなっていった。とりわけ、理想的な女性美へのあこがれが強かった。

「こんな月日が夢のように流れてゆくうちに、私は大英博物館に繁々と足をはこぶようになった。生れつきの耽美主義の私は子供の頃からロマンチックなギリシャ神話に読み耽った。この夢が今私の眼前に、厳めしい博物館のギリシャ室のタナグラ人形棚で実現された」（『ぶどう酒物語』）

これを読んで、タナグラ人形とは具体的にいかなるものなのか知りたくならない者がいるだろうか？　ほかならぬ私もその一人で、過日、ロンドンに遊んだとき、強行日程の透き間を縫うようにして、大英博物館を訪れてみた。

いや、驚いた。治郎八は耽美主義者と名乗るだけあって、じつに趣味がいい。タナグラ人形はギリシャ・コーナーのショーケースに展示され、よほど注意して探さなければ見落としてしまいそうだが、立ち止まってじっくりと見ると、その美しさがよく理解できる。

タナグラとは、ギリシャ中部、アテネから七十キロの距離にあるボイオティア県東部にあった古代都市。紀元前四五七年にスパルタ軍がアテネ軍を破った古戦場あとがあり、今も古代都市の遺跡が残る。その遺跡から発見されたテラコッタの人形がタナグラ人形と呼ばれるものである。優雅なギリシャ風ショールを纏った貴婦人はモダンでエレガント。風貌も欧亜混血風で、繊細な感じがする。このタナグラ人形を眺めていると、治郎八がどのようなタイプの女性を好んだのか、おおよそ見当がつく。

しかし、薩摩治郎八の治郎八たる所以は、こうしてタナグラ人形に熱中するからといって、ギリシャ美術研究や考古学には関心が向かわないことだ。

「これらの女神の裸像に熱情を捧げているのを知ったノックス博士は、よい潮時とばかり、私に考古学研究をそれとなくほのめかした。がすでに夢と現実の探究を混淆していた私には、死んだ学問には何等の魅力も感じられず、ノックス博士の望みも破れてしまった。

『恐るべき子供達だ』

と博士は嘆息して、では古典をといいだした。この提案には私は無条件で飛びついた。法政経済の教科書は完全に私の机上から姿を消して、ギリシャ語、ラテン語の書籍が山と積まれていった」（同書）

さすが、治郎八、己の資質をよくわきまえている。今後、彼はじつにさまざまなことに片端から興味を持ち、玄人はだしの知識を誇るようになるが、決して専門の研究者になることはない。

あくまで、語の正しき意味でのアマチュア（愛好家）に止まるのである。「研究などという骨の折れる仕事は、下賤の者に任せておこう。オレは大学の教師にも研究者にもなる必要がないのだから」という治郎八の呟きが聞こえてくるようではないか。

実際、治郎八の残した証言を丹念に読んでも、彼が同時代の青年のように「留学」を志していたとも思えない。右の引用で「法政経済の教科書は完全に私の机上から姿を消して」と書いているところを見ると、ロンドン近郊のどこかのカレッジか語学校に登録くらいはしたのかもしれないが、オックスフォードやケンブリッジで本格的に勉強しようとしていたようには見えないのである。つまり、治郎八にとって、「留学」とはあくまで親の目をくらますための口実であり、目的は別にあったのである。

「故国の両親には大学で法律経済を研究していると云って安心させ、その実私は専ら希臘文学と演劇、ことに当時欧州を風靡したデアギリフの露西亜舞踊に熱中した。タマール・カラサビナは私の偶像で、パラデアムの楽屋では同夫人の大理石の如き手に接吻するまでの熱狂ぶり、昼は大英博物館の希臘彫刻見物、特にタナグラ人形室が私の世界であり、夜は露西亜舞踊に浮身をやつした。これを知ったノックス博士は『汝芸術より他には立身の途無かるべし。』と嘆息した」（「半生の夢」『せ・し・ぼん』）

ここに出てくるタマール・カラサビナとは、ディアギレフ率いるロシア・バレエ団でニジンスキーの相手役をつとめた花形、タマラ・カルサヴィナのことである。カルサヴィナは一九〇九年のロシア・バレエ団のパリ公演以来、その類いまれな美貌と優雅な身のこなしで絶大な人気を誇っていたが、一九一七年にイギリスの外交官ヘンリー・ブルースと結婚してロンドンに定住していた。

ロシア・バレエ団は、一九二一年には、五月から七月にかけてと十一月から十二月にかけての二回、ロンドン公演を行っているが、治郎八がカルサヴィナの楽屋を訪ねたのは、さまざまな状況から判断して、この二つのロシア・バレエ団の正式公演ではなく、カルサヴィナが一九二一年の二月か三月にロンドンの劇場に出演していたときのことと思われる。治郎八は、このとき、カルサヴィナをタナグラ人形に重ね合わせて、理想の女性美を発見したと考えたようである。

第六章　イザドラ・ダンカンとの邂逅

薩摩治郎八の回想録を読んでいると、私のような凡人はどうしても「この人はタイムマシンに乗った時間旅行者ではないのか」という感想を抱かざるをえなくなる。なぜなら、出会ったと称する歴史上の人物の「規模」があまりにも桁外れなので、もしかすると、この人はタイムマシンを持っていて、かくかくしかじかの人物に会いたいと願うと、自在に時間軸を行き来して会見をものにしていたのではないかと思えてくるからである。

タマラ・カルサヴィナを楽屋に訪ねたという一件も、カルサヴィナと会った日本人がほとんど皆無である事実を考えあわせると、それだけでも貴重な体験となるのだが、そのときに話したという内容があまりにも驚くべきものなので、にわかには信じがたい気持ちになってくるのである。

しかし、その証言の細部を子細に検証してみると、特に「紹介者」として挙げられている人物と治郎八との関係をアリバイ崩しの執念で徹底的に洗ってみたあとでは、逆に「うん、治郎八はホラをかましているのではない、この会見、十分ありえたかもしれない」と、歴史探偵としての「心証」が逆転することがしばしば起るのである。

カルサヴィナとの件もまさにそうなのだが、しかし、この出会いを検証するには、もう一つの途轍もない出会いの真偽を確認することが先決となる。

というのも、薩摩治郎八は、この「もう一人の歴史上の人物」、すなわちイザドラ・ダンカンとの出会いをカルサヴィナとのそれと密接に結び付けているからである。

「マロニエの青葉がしたたり、美しい夕陽が目の覚めるような芝生の噴水に七色の虹の輪を染め出すトロカデロの広場のベンチに私は、イザドラ・ダンカンの舞台を見るべくパレー・ド・トロカデロの開場を待ちあぐんでいた」

『せ・し・ぼん』収録のエッセイ「美の烙印　イザドラ・ダンカンとタマール・カラサビナ」で語られた出会いの冒頭である。この後、薩摩治郎八はイザドラの兄のレイモンドの紹介でイザドラその人と会見し、大感激することになるのだが、人によっては、信憑性に疑いを感じる向きもあるかもしれない。

しかし、歴史探偵の目からすると、この証言には少なくとも、二つの貴重な事実が隠されている。

一つは、出会いがマロニエの青葉がしたたる初夏の一時期、すなわち五月か六月になされたという季節の問題。もう一つはイザドラの舞台を見た場所がパリのシャイヨーの丘に一九三七年まであったトロカデロ宮（パレ・ド・トロカデロ）のホールだったことである。つまり、ここには、季節と場所に関するはっきりとした証言があるのだ。

以下、このヒントを手掛かりに、薩摩治郎八とイザドラ・ダンカンの世紀の出会いを歴史的に再現してみよう。

まず、時間の問題から。

「半生の夢」など他のエッセイから判断すると、治郎八は一九二〇年の十二月にロンドンに着いて以来、二四年の十二月十三日にパリを離れるまでの間、二一、二二、二三、二四とほぼ四年間、ロンドンとパリをかなり頻繁に往復していたが、滞在の後期、つまり、二三年と二四年となると、ほとんどパリに定住していた。一方、滞在前期には、ロンドンの方に生活の基盤があったらしい。このエッセイには「英京にたちもどった」という記載があるので、イザドラの舞台を初めて見たのも、滞在前期の二一年か二二年、遅くとも二三年ということになる。

では、一方のイザドラ・ダンカンのアリバイはどうなっているのか？

とりあえず、最も確定的な歴史的事実から行こう。

一九二一年七月、イザドラ・ダンカンはソヴィエト・ロシア政府の呼びかけに応えるかたちで、ロンドンを離れ、ロシアに向けて出発する。

第一次世界大戦後、イザドラは、戦災孤児を集めたダンス学校を設立したいと強く念願していた。生活の基盤を置いていたパリで、フランス政府にこのことを要請したのだが、芳しい反応が得られなかった。ところが、そこに、思いがけず、ソヴィエト・ロシア政府からの手紙がポンプ通りの家に届く。

「一九二一年の春、私はソヴィエト政府から次のような電報を受け取った。『ロシア政府はあなたを理解することの可能な唯一の政府です。来れ、我が国へ。あなたの学校を創りましょう』」(イザドラ・ダンカン『わが生涯』拙訳)

イザドラは一九一三年に最愛の二人の子供をセーヌへの転落事故で失うという不幸に遭って心に空虚を抱えていたので、この申し出に即座に応じる決心をする。

「そして、私は空っぽになった家、私の天使もいなくなり、愛も希望もなくなった家を見ながら答えた。『いいわ、ロシアに行きましょう。ロシアの子供たちに教えましょう。ただ一つの条件は、ロシア政府がダンスのスタジオを用意してくれること、それに仕事を続けるのに不可欠なお金を渡してくれること』」(同書)

イザドラの招聘を決めたのはソヴィエト政府文化大臣のルナチャルスキーである。ルナチャルスキーは戦前に舞台を見て感動し、ダンスを介しての孤児の教育という彼女の理想に理解を示したのである。

イザドラ・ダンカンは、弟子とメイドだけを連れて七月十二日にロンドンからタミーズ号に乗船してモスクワに向かい、予想外の困難に遭遇しながらも舞踏学校の設立に熱中する。そして、そんな中で詩人のエセーニンと出会い、電撃結婚する。一九二二年五月二日のことである。

夫妻は、新婚旅行を兼ねて飛行機でベルリンに飛ぶ。六月と七月はドイツの各都市やブリュッセルなどを訪れて公演をし、その後にパリに入ろうとするが、革命ロシアのプロパガンダを恐れたフランス政府が入国に難色を示したため、国境を越えるのに手間取る。ようやく二人がパリに着いた頃には、舞踏シーズンも終わる七月末になっていた。

その後、イザドラはエセーニンとともにドイツとイタリアを旅してから、九月にル・アーヴルを発って十月一日にニューヨークに到着するが、移民局の嫌がらせでエリス島に拘留されたのを手始めに、手荒な歓迎を受ける。行く先々で、パパラッチの襲撃に晒され、スキャンダルに巻き込まれる。公演旅行を四カ月で打ち切って再びパリに戻る。これが一九二三年二月のこと。

しかし、ソヴィエト政府と国交を樹立していなかったフランス政府はエセーニンの出国を命じたため、エセーニンは単身列車でベルリンに向かう。別離に耐え切れなくなったイザドラは自動車を乗り継いで、エセーニンの後を追い、ベルリンのパレス・ホテルで再会を果たした後、運命に逆らうように、エセーニンをオープン・カーに乗せて再びパリに戻る。しかし、例によってジャーナリストに追いかけ回されていたので、夫妻はホテルを転々とし、ポンプ通りのイザドラの家に落ち着いている暇もなかったが、それでもパリで公演を行ったようだ。

一九二三年の六月には、モスクワに戻り、以後、舞踏学校経営のために奔走することになる。そんな中、夫婦関係が破局を迎え、エセーニンは一九二五年の十二月に自殺する。イザドラ自身も一九二七年九月十四日にニースをオープン・カーで走行中、スカーフが車輪にからまって悲劇的な死を迎えることになる。

以上、少し脇道にそれて、一九二一年以降のイザドラ・ダンカンの年譜を辿ってみたが、それは、薩摩治郎八が書いている「マロニエの青葉がしたたり、美しい夕陽が目の覚めるような芝生の噴水に七色の虹の輪を染め出すトロカデロの広場のベンチ」という記述と擦り合わせをするのにどうしてもこれだけの事実確認が必要だったからである。

では、この照合で浮かび上がってくる出会いの可能性はどんなものなのか？

まず排除できるのは、一九二二年である。なぜなら、この年、イザドラはパリにエセーニンとともに現れたが、それは七月も末のことで、薩摩治郎八の描写する季節とはズレがあるからだ。第一、パリのトロカデロでイザドラが公演をしたという記録はない。

次に可能性が薄いのは一九二四年である。というのも、この年は、イザドラがモスクワの舞踏学校の資金作りのためロシア国内での公演ばかりをしていたため、春にパリに現れた形跡はないからである。

となると、残る可能性は、一九二一年と一九二三年ということになるが、このうち、事実関係がはっきりしているのは、一九二三年である。

この年の五月十四日、イザドラ・ダンカンがトロカデロ宮殿の大ホールで公演をしたことが記録として残っているのだ。そればかりか、イザドラ自身が、翌々日に『エクレール』紙に掲載されたメレジコフスキーの劇評に対して抗議した文章が残っている。

「メレジコフスキー氏はトロカデロの公演の最中、私がレーニンは天使だと言ったと主張しているが、本当は、これはエセーニンについて言ったことである」（イザドラ・ダンカン『イザドラ、革命を踊る』拙訳）

では、薩摩治郎八がイザドラ・ダンカンの舞台を見て大感激したのは、一九二三年で確定かというと、どうも、そうとは断定できない記述が多すぎる。たとえば、次のような箇所。

「私はこのイザドラとの会見を生涯忘れ得ない。其の後彼女はソビエト入りを敢行した。多くの情熱的な生活の探究者や真理の追求者が革命ロシアに対して抱いたような希望が、イザドラの胸底に秘められていた情熱を燃やしたのは当然であった」（「美の烙印」『せ・し・ぼん』）

この文章を率直に読めば、治郎八がイザドラの舞台を見て感激し、会見に及んだのは、エセーニンとともにアメリカからパリに戻っていた一九二三年の五月ではありえないことになる。つまり、彼女がルナチャルスキーの招聘に応えてロシアに出発する一九二一年の七月以前と考えるのが妥当だが、しかし、かなり平気でアナクロニズム（時間的錯誤）を犯す治郎八ゆえ、まだ断定は禁物である。一九二三年の出来事を一九二一年と思い込んでいる可能性がなきにしもあらずだからだ。

しかし、検証をさらに進めるに従って、一九二三年説はどんどん薄れていき、一九二一年説が重みを増してくる。

その一つは、治郎八がイザドラとの会見のセッティングをしてくれた紹介者として兄のレイモンド・ダンカンの名前を挙げている点である。

「少年の私は彼女によって希臘の神性美までに到達した裸体舞踊を発見したのである。（中略）私の希臘精神は彼女によってはっきり地上の現実となった。

その翌日私はイザドラの令兄レーモンド・ダンカンの家で彼女に面接した。

『希臘探究をしている若い友人。』

とレーモンドは少年の私をイザドラに紹介した。

そう言ったレーモンド自身は希臘古典劇の熱烈な研究家であり希臘美の実践者であった。彼の古典的服装と裸足にサンダルという風態は巴里界隈の名物的存在であった」（同書）

もし、一九二三年説を取ると、その時にはイザドラはエセーニンと熱愛中だから、ソ連入りの後に関係が薄くなっていた兄がここらに顔を出す公算は小さい。やはり、一九二一年説の方が妥当性がある。

しかし、それを認めても、ひとつ疑問が残るのは、まだ二十そこそこの治郎八がパリでどのようにしてレイモンドとの接点を得ることができたかという点である。

ところが、レイモンドの周辺を洗ってみると、そこには意外なコネクションが存在していた事実が判明する。たとえば、海野弘『モダンダンスの歴史』（新書館　平成十一年）にはこんな記述がある。

「私が彼［レイモンド］に興味を持ったのは、川島理一郎という画家を調べている時であった。『一九二〇年代の巴里より――川島理一郎、ゴンチャローヴァ、ラリオーノフ』（資生堂ギャラリー）のカタログを書いていて、川島がレイモンドの弟子だったことを知ったのである。川島は、第一次世界大戦前にアメリカに留学し、さらにフランスに渡っている。そこで、レイモンドに出会い、その思想に共鳴する。古代ギリシア風のプリミティヴな生活に帰れ、というのがその主旨であった。ギリシア風のゆるやかなガウンを着て、頭をオカッパ風に刈り、鉢巻をし、サンダルをはいたスタイルで街に出て、人々に呼びかけ、パフォーマンスをするといった運動に川島も参加したのである。

少しおくれて、藤田嗣治がパリに来て、川島と知り合いになる。藤田もすぐにレイモンドの弟子となったらしい。大戦がはじまり、川島は帰国するが、藤田はパリに残り、レイモンドを手伝っていたようだ」

つまり、治郎八は川島理一郎や藤田嗣治たちの日本人画家が築いたコネクションを介して、レイモンドと知り合い、彼から妹のイザドラに紹介されたということである。

このように、レイモンド・コネクションとギリシャ崇拝という点を考えあわせれば、以下に薩摩治郎八が描写する会見が行われたのは、一九二一年の五月か六月頃だったと見てほぼ間違いはない。

「此の兄妹は希臘精神の霊感に生きぬいたのである。

『希臘探究？』

と、彼女は大きな瞳を私にむけた。

『今迄古代彫刻やロダン、マイヨール等によって夢想していた希臘神性が昨夜の貴女《マダム》の舞踊によって現実化したのです。

貴女《マダム》は私に生涯の使命に対する確信と歓喜を与えてくださったのです。

生の悦びと地上の美の極地を貴女《マダム》によって知ったのです。』

私の純真な感激が彼女を感動させたのであろう。

彼女は無言で私の頬に接吻した。

この美の女神の接吻が私の終生の美の探究者としての運命の烙印であった」(「美の烙印」『せ・し・ぼん』)

この後、イザドラが薩摩治郎八に語ったという言葉が書き記されるのだが、それは歴史探偵の興味とは直接関係がないので省略し、以下に、イザドラ・ダンカン関係で判明した事実だけを確認しておこう。

①一九二〇年十二月二十二日にロンドンに到着した薩摩治郎八は、早くも一九二一年の五月か六月にはパリに姿を現し、イザドラ・ダンカンと会見している。

②その際、レイモンドの面識を得ていたという事実から、治郎八がレイモンド・サークルにいた藤田嗣治ともすでに知り合っていたという事実が確認できる。

③イザドラ・ダンカンの接吻で美の烙印を押された治郎八はしばらくのあいだバレエに熱中し、構成作家を目指すようになる。

とりわけ、このバレエ台本への熱中が重要である。というのも、これをきっかけとして、治郎八は、ロシア・バレエの花形タマラ・カルサヴィナと親しい関係となり、ついに彼女を主役としたバレエ『土蜘蛛』を構想するに至るからである。

〔注記：小林茂『薩摩治郎八　パリ日本館こそわがいのち』によると治郎八は、一九二一年六月二十七日付の手紙で六月二十五日にロンドンのクイーンズホールでイザドラ・ダンカンの舞踏を見たと書いているという。してみると、時期は当っていたが、場所はロンドンであったのだ。また六月にトロカデロで見たのはダンカンではなくアンナ・パヴロヴァだったらしい。両者が記憶の中で混同されていたようである。〕

第七章　カブキ・バレエを構想す

おそらくは、一九二一年の五月か六月頃、パリのトロカデロ宮殿のホール（実際にはロンドンのクイーンズホール）でイザドラ・ダンカンの公演に立ち会って大感激した薩摩治郎八は、兄レイモンド・ダンカンのコネクションを介してイザドラと出会い、「美の探究者としての運命の烙印」が押されるのを感じた。そして、その烙印は、治郎八をして、バレエ台本の創作に向かわせることになる。

「イザドラ・ダンカンの唇で押された美の烙印は少年の私の胸を美の創造にかきたてた。歌舞伎『土蜘蛛』からヒントを得た私は、清らかな暁光に包まれた美女が土蜘蛛の網に閉ざされて終に怪虫の手で絞殺されてしまうバレーの構成に取りかかった。

美女がイザドラであり、土蜘蛛が彼女の運命の死神であった事は言うまでもない」（「美の烙印」『せ・し・ぼん』）

この年、薩摩治郎八は弱冠二十歳。パスポートの写真から見る限り、青年というよりも、まだ幼さの残る「少年」であった。その少年の無謀さをもって、イザドラ・ダンカンを主役に据えたバレエ台本を構想し始めたわけだが、では、彼にインスピレーションを与えた『土蜘蛛』とは、そもそもどのような歌舞伎だったのだろうか？

『土蜘蛛』は能の『土蜘蛛』をアダプトした舞踏劇である。ヤマト朝廷に征服された土着の鬼神《土蜘蛛》は比叡山の僧に化けて、王城警護の責任者である源頼光を襲う。源頼光は病の床に伏しているが、僧は病気平癒を口実に祈禱をする。ところが、障子に土蜘蛛の影が映ったので、頼光は正体を見破り、僧に切りつけるが、取り逃がす。物音を聞いて駆けつけた臣下平井保昌は、血痕を辿って隠れ家の古墳を発見、土蜘蛛を退治する。

治郎八は、イザドラ・ダンカンがトロカデロの舞台でギリシャ風の衣装をひらめかせながら乱舞する様を見ているうちに、これを土蜘蛛の糸で搦め捕られる美女として演出したらおもしろかろうと構想したに違いない。

だが、いかに早熟であるとはいえ、大金持ちのお坊ちゃま育ちの治郎八に、この着想をイメージ化するだけの芸術的才能があったのだろうか？

少なくとも、ある種の文学的才能には恵まれていたことは確かである。堀口大学が『せ・し・ぼん』に寄せた序文の中で、こんなエピソードを披露しているからである。

「薩摩君は早熟な少年だった。十五歳の時、『女臭』と題する三百枚の小説を書いて、当時崇拝していた水上滝太郎に見せに行ったという。男道の同性愛が主題だったという。女臭という題名は稚児の体臭に由来していたという。水上滝太郎は一読の後、薩摩君の早熟ぶりに驚いて、〈君がせめて二十五歳になっていたらいざ知らず、現在これをどこに発表しても、誰あってこれを君の作だと信じる者はあるまい。〉と言ってかえしたという。薩摩君は信頼し切っていた師ともあおぐ人に言を聞いて、その原稿を焼き棄ててしまったという。惜しいことをしたものだ。水上氏は知っていたであろうか、この時ともすれば、自分が日本に生れたレーモン・ラディゲを、二葉の時に摘みすててしまったかも知れないと」

この若書きの『女臭』の優劣はともかく、薩摩治郎八が少年の頃から文学を志し、三百枚の小説を書き上げるだけの馬力は持っていたことだけは否定できない。だから、イザドラ・ダンカンの接吻を頰に受けてバレエ台本の創作に取り掛かったとき、それが着想倒れには終わらない可能性も十分にあったのである。

「この構想をもって私は英京にたちもどった。そして舞踊書籍出版の専門店を出していたバレー評論家セシル・ボーモントに自分の企画を打ち開けた」（「美の烙印」『せ・し・ぼん』）

セシル・ボーモントというのは、治郎八の記憶違いで、正しくはシリル・ボーモント Cyril W. Beaumont（一八九一—一九七六）のこと。シリル・ボーモントはロンドンに生まれ、書籍出版業組合の学校に通った後、一九一〇年から古書店に勤め始めたが、たまたまこの年、アンナ・パヴロヴァのバレエ公演を見たことがきっかけとなってロシア・バレエ研究に没頭し、後に世界的に有名となるダンス・バレエ専門の書店をロンドンのチャリング・クロス通り七十五番地に立ち上げる。そのかたわら、バレエ批評の記事を雑誌に発表したり、バレエの歴史に関する書物を著したりして、バレエ研究の大家と見なされるまでになった。日本でも『ジゼルという名のバレエ』の翻訳（佐藤和哉訳　新書館）が出版されている。

シリル・ボーモントの店は、この頃には古書店街チャリング・クロス通りでバレエ専門店としてすでに名の知れた存在になっていたから、治郎八はロンドンに戻ると資料捜しがてらここを訪れ、店主に構想を語る気になったのだろう。そのときの様子は「美の烙印」にこんな風に再現されている。

「『そりゃ素晴らしい構想ですね。デアギリフに話したらどうです。露西亜舞踊の番組の中に東洋人の作品として出したら、まあニジンスキーでも健在だったらカラサビナと組んで理想的な演出が出来るでしょうが、まあカラサビナにでも話してみましょう。』

と彼は乗り気になった」（同書）

シリル・ボーモントは、ディアギレフのロシア・バレエ団のロンドン公演の模様を詳細に記録した『ロシア・バレエの印象』全十二巻を一九一八年から自分の書店から出していた関係で、ディアギレフやカルサヴィナとは昵懇の仲だったから、紹介の労を取るのはやぶさかではなかったにちがいない。

事実、それから数日後に、カルサヴィナはロンドン・コリシウム劇場（治郎八は「コルシューム」と表記）に出演しているから、是非一度、楽屋を訪れてみるようにというシリル・ボーモントの伝言が届く。時期はおそらく、一九二一年の秋口のことだろう。

治郎八は憧れのカルサヴィナに会えるということで天にも昇る心地がしたことだろう。大英博物館のタナグラ人形とカルサヴィナは二重写しになって、彼のギリシャ熱をかき立てていたからだ。

「私はコルシュームの舞台入口から細長い通路をぬけて彼女の楽屋の戸をたたいた。丁度舞台から上がってきた彼女は純白のチュチュのまま鏡台の前の椅子に腰かけて同じ舞台姿の弟子の踊り子達が彼女の汗をふき舞踊靴のヒモをほどいていた」（「美の烙印」『せ・し・ぼん』）

ロンドン・コリシウムというのは、チャリング・クロス通りがセイント・マーティンズ通りと合流する地点に一九〇四年に造られたイタリア・ルネッサンス様式の劇場で、ヴァラエティものを得意としていた。レイモンド・マンダー＆ジョー・ミッチェンソンの『ロンドンの劇場』（ルパート・ハート・デイヴィス書店）によれば一九一八年、一九二四年、一九二五年にロシア・バレエ・シーズンがここで開幕している。

コリシウムの楽屋ではシリル・ボーモントの紹介だったので、治郎八もだいぶ落ち着いていて、「大理石の如き手に接吻」するということはなかったようだ。それはさておき、このとき、二人の間でどのような会話が交わされたのだろうか？

「『こんな取乱したところで失礼します。』

と冒頭して、

『バレーの構成をなさっているそうですね。大変面白いものだとききましたが。』

と彼女の紫すみれのように深い瞳が私を見守った。

『どんなものになるか解りませんが、日本の古典からヒントを得たのです。一人の美女（つまり美の精ですね）がまどろんでいるのです。暁光の中で、そこへ土蜘蛛の怪物が現われて網を張り出すのです。土蜘蛛すなわち死神なのです。ここで美女と怪物との死闘がはじまるのですが、終に美女は怪物のために絞殺されてしまうと言う筋なのです。これを日本式にすれば二場になって美女の魂が現れて怪物を地下に追いこんでしまうと云ったところでしょうが、それじゃ芝居になってしまうので私の構想はあまり美しいものには魔がさすといったテーマなのです。好事魔多し、これも東洋思想ですがね。あまり美しいものに接すると歓喜と同時に一種の憂愁を覚えるといった複雑な東洋的心理を象徴したのです。』」（「美の烙印」『せ・し・ぼん』）

どうやら、治郎八は、『土蜘蛛』のヒロインをダンカンからカルサヴィナに切り替えて、バレエの構想を語りだしたようである。それに、また、治郎八が構想を語っている『土蜘蛛』はあきらかに、能ではなく、二場の歌舞伎『土蜘蛛』を土台にしている。すなわち、一場の源頼光を美女に、二場の平井保昌を美女の魂に置き換えているのだが、たしかに、それではたんなる歌舞伎のアダプトにすぎない。「好事魔多し」の「東洋思想」を持ち出して説得したのは賢明だったのかもしれない。

果たせるかな、カルサヴィナの顔付きがにわかに変わる。

「微笑を浮べてき［い］ていた彼女の顔が次第に曇り出した。

『面白い構想ね。そして音楽は？』

と尋ねた。

『それなのです。誰か私自身の年位の人のものにしたらと考えているのですが。』

『そうね。然し一寸無理じゃないかしら。フローラン・シュミットかそれともモーリス・ドラージュあたりでないとむずかしくはないかしら。』

そう言った後、彼女はくだけた口調で、

『音楽は音楽として配役の土蜘蛛はあなた自身じゃないの。』

と微笑した。

『そうもゆかないでしょう。素人バレーじゃないし。』

私も笑った。

『兎に角、思うままの演出にして構想をハッキリ表現することね。』

彼女はそう言った後、生活はロンドン、仕事はパリが好ましい等の雑談に移った。当時の彼女はブルース大佐夫人で英国に安住していたので、帝政ロシアの大革命の悲劇から脱出した悪夢を消すには英国の生活の安定感は彼女にとっては生活の第一要素であったろう。

『ではまた倫敦に来たら遊びにいらっしゃって。音楽は余程考えなくちゃ駄目よ。』

と姉が弟にさとすように言った」（同書）

治郎八は、この会見で好感触を得て以来、土蜘蛛に襲われる美女のイメージはタマラ・カルサヴィナと決め、バレエ台本づくりに熱中することになる。

これも「もし」になるが、治郎八が本当に『土蜘蛛』の台本を完成し、それをディアギレフに見せていたら、採用される可能性はかなり高かったのではないだろうか。

というのも、この時期、ディアギレフはロシア・バレエ団の黄金時代を支えた団員の多くが離反し、乾坤一擲をかけたロンドン公演の『眠れる森の美女』も大赤字を出し、苦境に陥っていたので、日本趣味のカブキ・バレエというアイディアに飛びついた可能性があるからだ。

また、ロシア・バレエ団がだめでも、カルサヴィナが『土蜘蛛』の美女を演じていたならば、これもバレエの歴史に一ページを刻むことになったにちがいない。

治郎八はその上演にかかる費用は実家に頼んで負担してもらう心づもりだったようなので、少なくとも資金的には問題なかったはずである。

だが、台本が完成し、バレエが上演に向かって動き出すよりも前に、日本で別の土蜘蛛が大暴れして、「バレエ演出家・薩摩治郎八」の実現を阻止することになる。一九二三年（大正十二）九月一日の関東大震災である。

「私は其の後此のバレーの演出に耽溺したが、関東大震災の物質的理由が上演直前で挫折させてしまった。日本の怪物、土蜘蛛の亡霊が地下で私の美女を絞殺してしまった。さもなければ私は恐らく英仏を地盤にして舞踊団でも結成しておった事であろう」（同書）

実際、大震災で、神田駿河台の治郎八の実家は大損害を被り、資金援助の望みは断たれてしまったのである。

もしも関東大震災が起こらず、治郎八がディアギレフに代わってジャパン・バレエ団を率いていたら、その後の世界の文化史は変わっていたかもしれない。一度くらいは、このパラレル・ワールドをのぞいてみたいものである。

第八章　コナン・ドイルとアラビアのロレンス

さて、本章から、薩摩治郎八の自伝の中で、最も議論の対象とされてきたエピソードに踏み込むことになる。その真偽のほどに対して長らく疑問が呈されてきたエピソード、すなわち、コナン・ドイルとアラビアのロレンスとの邂逅である。

『せ・し・ぼん』の「ロマンティストの花束」と題して纏められた章に、「砂漠の無冠王」というタイトルの文章がある。少し長いが、我慢して読んでいただきたい。

「『ローレンスに会うと言うことは、砂漠の蜃気楼の宮殿のハレムの密室に忍び込むよりも困難な夢だろうね。』

そう言って、アーサー・デーオージーはサベージ・クラブのサロンの安楽椅子から立ちあがった。シガーの紫煙が彼の鼻眼鏡を曇らせていた。

少年の私はコナンドイルと彼の間にはさまれながら、浮々したこの芸術家クラブの雰囲気の中でアラビアの幻影を追っていた。

『まあ、シャロックホームズさえローレンスの存在は摑めないだろうね。』

デーオージーはコナンドイルの手を握りながら言いだした。

『まあ一寸難しかろうね。デーリーメールじゃあラッサに出現したと報道してたじゃないか。』

と著名作家は握手して答えた。

既にシャロックホームズの作者と一夕を過したことでさえ夢のような気持だった私に、偶然デーオージーと彼との会話がトゥターカーメンの奇蹟的発見に移った瞬間、日頃から若い情熱を焦がしていた私がアラビアの無冠王ローレンスを一目でもよいから見たいと告げたので、此の二人のロマンティストの話題がアラビア砂漠に移って行った。粋人で決して『ノー』とは言わぬデーオージーが私の空想を彼自身の望みのように考え出してゆくのがわかった。

コナンドイルが去った後、彼は私と連れだってクラブを出た。

『ソーホーのランデブーで夜食でもして。』

と彼は早足で歩きだした。

『僕はリッチモンド近くに帰るのだから。』

と言う私を引き立てて、此の老紳士はこんな華やかな五月の夜を梟《フクロ》の巣のような郊外に急ぐこともあるまいと仏蘭西料理を安直に食べさせる『ランデブー』の扉を押した。

劇場帰りの男女、その大伴《(ママ)》は大陸人で仏蘭西語、伊太利語を声高に喋《しゃべ》りたてる芸能人種でこの小料理店は賑わっていた」

つまり、治郎八は、アーサー・ディオジーによって、ロンドンはソーホー地区にある高級社交クラブ「サヴェジ・クラブ」に連れていかれ、コナン・ドイルを紹介されたのだが、そのとき、たまたま会話がツタンカーメンの発見に及んだのを捉えて、治郎八がアラビアのロレンスに一目会ってみたいと希望を述べたところ、ディオジーとドイルが上記のような会話を始め、コナン・ドイルが去ったあと、ディオジーと治郎八はソーホーのフランス料理店「ランデブー」で夜食をとったというのである。

しかし、ではこのコナン・ドイルとの出会いがいつのことだったかという点になると、それは「華やかな五月の夜」だったというだけで、いたって曖昧模糊としている。

だが、それから数ページ先には、次のような記述があるので、これは一九二二年の五月のことだったと知れる。

「デーオージーと別れてから二週間程経た或る朝のことであった。一九二二年五月の末、リッチモンドのオンスロー・ロード二十九番のノックス博士のもとに寄寓していた私に宛てた親書が到着した」(同書)

これは後述のように、アラビアのロレンスその人からの手紙であったというのだが、しかし、話をそこに進ませる前に、まず、治郎八がコナン・ドイルと出会ったのは、本人が記しているように本当に一九二二年の五月の中旬だったのか、その日付の確定を試みなくてはならない。

なぜなら、先の引用の箇所の情報を精査すると、いろいろと疑問が出てくるからである。とりあえず、コナン・ドイルのアリバイである。

一九二二年五月中旬にコナン・ドイルはソーホーの「サヴェジ・クラブ」に現れることができたのか?

この点に関しては、コナン・ドイルの研究家でもある新井清司氏が「ドイル書誌調査余談――若き薩摩治郎八、ドイルに会う」という連載記事（「本を選ぶ」ライブラリー・アド・サービス）を送ってくださったので、それを参考にしたい。新井清司氏は次のような指摘をされている。

「一九二二年の五月には、コナン・ドイルはアメリカに講演旅行中でイギリスにはいなかったはずだ」

えっ！　である。アメリカ旅行中では、治郎八がコナン・ドイルに「サヴェジ・クラブ」で会えるはずがない！

では、コナン・ドイルと会ったというのはデタラメなのか？

じつは、証言の信憑性を疑わせる記述はほかにもあるのだ。それは、「トゥターカーメンの奇蹟的発見」という箇所である。

同じく新井清司氏の指摘によると、ツタンカーメンの発掘は、一九二二年でも十一月のことなので、五月にディオジーとコナン・ドイルがこれを話題にしたというのは完全なアナクロニズムであるというのである。

ふーむ、これは困った。証言の中に二カ所も事実とちがう箇所があったのでは、治郎八が一九二二年五月中旬にコナン・ドイルと会ったというアリバイが完全に崩れてしまう。

しかし、だからといって、口から出まかせを言っていると簡単に片付けることができないのが、治郎八の証言の難儀なところである。

そこで、一九二二年五月中旬という時期をもう一度再検討してみるとどうなるのか？

歴史探偵にとって、アナクロニズムに突き当たった場合、同じ作者が別の箇所に残した証言と付き合わせてみるというのが大原則である。

そこで、コナン・ドイルとの会見を語った文章はないかと探すと、次のようなものが見つかった。ロンドン、とりわけソーホー地区の魅力について語った「霧のロンドン」（『ぶどう酒物語』）の一節である。

「このソーホーの唯中に、有名な『野蛮人クラブ』が控えている。この異色なクラブはロンドンの異色文化人種の集会で、私をはじめて引きこんだのは誰あろうノックス博士を私に紹介したアーサー・デーオージー老その人であった。（中略）丁度私が招待された夜は、彼とコナン・ドイルが同伴で、私はシャロックホルムズの作家にはからずも面接した。その席上で私は、当時憧れの胸を燃していた神秘的密偵アラビヤのローレンスの話をした。これが動機となって、私はデーオージーのキモ入りで、神出鬼没のローレンスと会見する奇蹟を実現した。それはそれとして、当時日本から着いた藤原義江青年が、その天才的美声をきかせた。彼は即興の日本歌謡を唄いまくった。私は彼の天才に魅了され、親のスネカジリの財布の底をはたいてウイグモア・ホールを借り、彼のレシタルを後援した。これもソーホーの結んだ奇蹟の一つである」

文章の前半は「砂漠の無冠王」の記述とほぼ同じで、とりたててヒントとするものはない。問題は後半の藤原義江に関する部分である。なぜなら、もし、藤原義江がその美声を聞かせたのが「サヴェジ・クラブ」で、しかも、それがコナン・ドイルとの出会いと同じ日ならば、同定は可能になるかもしれないからである。

では、藤原義江は「サヴェジ・クラブ」でいつ歌ったのか？

この点に関しても、新井清司氏が藤原義江の自伝『流転七十五年　オペラと恋の半生』（主婦の友社　昭和四十九年）に当たって、日時を割り出している。同書収録の「吉田茂さんの思い出」という文章の中に藤原義江が自身の日記を引いているのである。

「十一月二十六日、吉田〔茂〕さんに連れられ、ロンドンで有名なサヴェージクラブへ行く。ここでは毎月一回、高名芸術家を招待してリセプションが開かれる。（中略）画家、文士、音楽家、俳優などが約二百人いた。ピアノのマーク・ハンバーグ、セロのフェリックス・サモンドが演奏した。それが終わると、ハンバーグが突然僕に歌えと言い出したので、吉田さんの許しを得て、ハンバーグの伴奏で二曲歌う」

新井清司氏によれば、「十一月二十六日」とは一九二一年十一月二十六日のことである。この日に、たしかに藤原義江は、当時、在英日本大使館の一等書記官だった吉田茂に連れられて「サヴェジ・クラブ」で歌ったのである。

吉田茂は、一九一九年に始まったパリ講和会議のため、岳父の牧野伸顕次席全権に随行してフランスに渡り、会議終了後はロンドンの日本大使館に居残って、一九二一年五月には外遊中の裕仁皇太子を迎えてすべてを取り仕切っていた。十一月といえば、一連の激務も終わり、ほっと一息ついた頃だから、前年にヨーロッパに渡った藤原義江を伴って「サヴェジ・クラブ」で息抜きしたのも理解できるところである。

ただ、そうなると、「サヴェジ・クラブ」で、治郎八は、藤原義江ばかりではなく、吉田茂とも会っていることになるのだが、なぜか、吉田茂に関しては、治郎八の書いたものにはまったく言及がない。治郎八が戦後、日本に帰国して、文筆稼業を始めた頃には、吉田茂は内閣総理大臣だから、この沈黙は少し解せない気もする。というのも、治郎八は、吉田茂の岳父の牧野伸顕や、講和会議首席全権の西園寺公望とは親しい間柄だったから（後述のパリ国際大学都市日本館建設の件で名前が登場する）、吉田茂となんらかのかたちで交渉がなかったはずはないからである。〔注記：新井清司氏のその後の調査によると『The Drinks』（昭和三十八年五月号）で治郎八は、藤原義江、吉田茂とともに「サヴェジ・クラブ」に行ったと書いているという。〕

だが、ここは吉田茂との関係はさておいて、日付の同定に戻ろう。

一九二一年十一月二十六日に、藤原義江が「サヴェジ・クラブ」で歌ったことは事実で、そこに治郎八も居合わせたらしい。

しからば、治郎八がコナン・ドイルと「サヴェジ・クラブ」で会ったのも、同じこの日だと同定していいのだろうか？

どうも、そうは簡単にはいかないようである。

というのも、治郎八と藤原義江の関係を洗い直すために、治郎八の記述をもう一度確認してみると、またまたアナクロニズムが生じてきてしまうからである。『せ・し・ぼん』の「半生の夢」には、藤原義江に関する次のような思い出が綴られているのだ。

「倫敦で藤原義江に邂逅した話は、私のまだ少年時代のことで、当時を語ることは、この稿においては、既に遥か後戻りをすることになるが、思いついたままに書き誌しておこう。その頃の藤原は貧乏のどん底で、伊太利人の給仕の家に間借りしていて部屋代も払えず、ネクタイまでも質に入れてドナッテいた。日英協会のデーオージー副総裁はその声と人物に惚れて、確かサベージ・クラブで唄わせ倫敦芸能界に紹介したが、私も彼の精進一途の姿には頭の下がるものがあり、感激して、財布の底をはたいて、ウイグモア・ホールに於ける同君の第二回音楽会の費用に宛ててもらった。これが藤原君の欧州楽壇へのデビューとなった。一九二一年十月三十日の日曜の夜八時十五分開演でアイヴィ・ジェルミン嬢のヴァイオリンを添え、伴奏はマンリオ・デ・ヴェロリであった」

この後、音楽会の細目が語られているので、治郎八がなにか資料を見て書いていることは明らかである。となると、一九二一年十月三十日という日付は確かなものということになるが、それだとすると、先の藤原義江の日記の「一九二一年十一月二十六日」の「サヴェジ・クラブ」デビューと矛盾してしまう。

つまり、順当に考えれば、「サヴェジ・クラブ」でのデビュー、ウイグモア・ホールでのリサイタルという順序のはずなのだが、藤原義江と治郎八が持ち出している日付は、この逆である。ウイグモア・ホールでのリサイタルがあって、「サヴェジ・クラブ」デビューということになってしまうのだ。

それとも、どちらかの日付が間違っているのだろうか？

しかし、われわれの当面の問題は、コナン・ドイルおよびアラビアのロレンスとの出会いだから、藤原義江問題の細部は当面脇において、コナン・ドイルの方に集中しよう。

つまり、いったい、どのように考えれば、コナン・ドイル、藤原義江、それにアラビアのロレンスという三人の人物との出会いの日付が整合性をもってくるのかということである。

まず考えられるのは、コナン・ドイルと邂逅した「華やかな五月の夜」というのが、治郎八の記憶違いで、一九二二年ではなく、一九二一年の五月だったかもしれないということである。

しかし、この可能性は極めて薄いといわざるをえない。というのも、第六章で指摘したように、この時期には、治郎八はパリのトロカデロ宮で、イザドラの公演を見て大感激していたはずだからである。

それに、一九二一年五月のロンドンは、先に触れたように、裕仁皇太子の訪英で沸き立っていたから、ジャパン・ソサエティのディオジーは大忙しで、治郎八を「サヴェジ・クラブ」に伴ったり、アラビアのロレンスとの出会いをセッティングしたりする暇はなかったと思われる。コナン・ドイルに関して研究されている新井清司氏も一九二一年の可能性を否定されている。

では、治郎八がコナン・ドイルと出会ったのは一九二三年五月ではなかったのかというと、この可能性はゼロである。新井清司氏の指摘は明白である。

「一九二三年については不可能である。というのは、ディオジーは一九二三年一月二日に亡くなっているのだから」

なんとしたことだ。完全に「振りだしに戻る」で、「華やかな五月の夜」というのは、やはり一九二二年の五月しかないのである。

第九章　アラビアのロレンスとの握手

薩摩治郎八は一九二二年五月の中旬に、コナン・ドイルと会うことができたのか？

前章で検討した疑問はこれだったが、結論から先にいうと、やはり、この日付はどうあってもありえない。ジョン・ディクスン・カーによる詳細な伝記『コナン・ドイル』（大久保康雄訳　早川書房　昭和三十七年）にはこうあるからだ。

「一九二二年四月九日、彼は《バルチック号》で、ふたたびニューヨークへ近づきつつあった」では、コナン・ドイルがニューヨークに到着後、とんぼ返りでロンドンに引き返したということはないのか？　残念ながら、その可能性はない。というのも、「一九二二年にニューヨークで、コナン・ドイルは、あらゆる講演のレコードを破った」とあるからだ。心霊研究にのめり込んでいたコナン・ドイルは死後世界の福音の使徒となって、精力的にアメリカ人を説伏しようとしていたのである。

となると、薩摩治郎八がコナン・ドイルと会見したとしても、それは一九二二年の三月以前ということになる。つまり、治郎八がディオジーと連れ立ってフランス料理店「ランデブー」の扉を押したのが「華やかな五月の夜」だとしても、その晩にはコナン・ドイルとは会ってはおらず、コナン・ドイルとディオジーと三人で「サヴェジ・クラブ」で歓談したのは、それ以前、たとえば三月の中旬だったと考えるほかはないのである。治郎八は、二つの晩の出来事を記憶違いで一つに合わせてしまっているらしい。

ここでは、そう考えないと話が先に進まないので、コナン・ドイルはさておいて、この「華やかな五月の夜」なにが起こったかを見ていくことにしよう。「ランデブー」でソール・ムニエールを突つき、甘口のソーテルヌを飲みながら、ディオジーはこう切り出したのである。

「実はローレンスの話だがね。わたしには或る手蔓があるんだ。勿論神出鬼没の定評ある彼のことだから何時何処でということは解らないが、まあ人間のことだもの消えてなくなるわけもなし、何とかして会う機会もあろうさ。新聞記者に絶対秘密にしておけばだね」(「砂漠の無冠王」『せ・し・ぼん』)

このあと、「砂漠の無冠王」の記述は、アラビアのロレンスをめぐるいささかロマンティックな評判記に移るのだが、そこで治郎八が強調しているのは、ロレンスの冒険家気質と表裏一体の詩人気質は、まさに自分自身のそれであるということだ。

「私がローレンスに対して無限の憧憬を抱いたのも、彼の性格が私の理想的人生の表現であったからである。

デーオージーに対して私はローレンスを精神的師範であり、私自身の抱く最大の夢の人格であると告げたが、その頃の彼に対する世評は彼を一種の劇的人物として、世界の好奇心の対象とし

て扱っていた」（以下、同書）
つまり、治郎八は、わかりやすくいえば、世界広しといえども、ロレンスを真に理解できるのはオレ一人とまで思い詰めていたのだが、そんな治郎八のもとに、一九二二年の五月末、ハンマースミス局の消印のある手紙が届くのである。

「親愛なる薩摩君《ディアー・ミスター・サツマ》
我々の友人アーサー・デーオージーから貴君の私に対する厚意ある友情を知らされました。五月三十一日、午後五時、ベースウォーターのデーオージー君のフラットに立寄りますからお知らせします。
貴君の忠実な　L……」

治郎八は続けて、こう書いている。

「署名はLの頭文字のみが判然としていたが、他の字は崩されて読めず、末字のｃｅが辛じて判読できるくらいであった。

併し私はこの封書の主がローレンスであるという予感に打たれた。と言うのは決して『ノー』と言わぬデーオージーであり、また彼が『ランデブー』の食卓でジロリと私を見たときの表情を思い浮べたからである」

もし、治郎八が受け取ったというこの「L……」という署名入りの手紙が現存していれば、すべては解決するのだが、そうしたことは期待薄なので、ここでは、治郎八が書いている内容の信憑性についてかんがえてみよう。

とりわけ、「他の字は崩されて読めず、末字のｃｅが辛じて判読できるくらい」という点はどうなのか？

一般に、欧米人の署名というのは、日本人にとっては非常に解読しにくい。というよりも、たいていは、他人が真似できないようにわざと崩して書くから、「末字のｃｅが辛じて判読できるくらい」というのは、たしかに納得がいく。逆に、もし「Lawrence とはっきりと書かれていた」とあったら信憑性は一気に揺らいでしまうはずである。

いずれにしろ、手紙がロレンスのものと確信した治郎八は、ノックス博士夫妻にも一切告げずに、「此の封書を受取ってから一週間という日時を」リッチモンドのテラスのベンチで、聖書を繙きながらすごした。その日はついにやってきた。

「忘れもしない五月三十一日、私はサイドカーを引き出してリッチモンドの丘を降りて行った。ロンドンの五月の甘い空気、ガソリンの臭いに混ってアカシヤの芳香がたちこめている路を走り続けて、ベースウォーターのデーオージーのサービス・フラットの前庭に下りたった私の胸は高鳴っていた」

治郎八がベースウォーターと書いているのは、ロンドンの西端でシスル・ケンジントン・ガーデンズに面した街区ベイズウォーター Bayswater のこと。ベイズウォーターはいまではＢ＆Ｂ（ベッド＆ブレックファースト）と呼ばれる民宿が立ち並ぶ街になっているが、もとは長期滞在者用のアパルトマン・ホテルの街だった。サービス・フラットというのは、こうした長期滞在者用アパルトマン・ホテルに対するイギリスの呼び名である。東京でいえば、一昔前の本郷の旅館街のようなところか。

そのイメージを頭に入れておくと、ディオジーがベイズウォーターのサービス・フラットをロレンスとの会見の場に指定したことの意味がわかる。つまり、マスコミ関係者や、社交界人士と顔を合わせる可能性が最も薄い街区をディオジーは選んだのである。

治郎八がサービス・フラットの扉を叩くと、バトラーが無言で中に招じ入れた。

「彼は物静かに白手袋をドアのハンドルにかけた。応接室に続いた書斎にデーオージーと向い合った長身の紳士が振り返った。私は世界の神秘的存在ローレンスが眼前に出現したという奇蹟に直面したのであった。

『わたしの親しい若い友人……』

デーオージーの紹介に、

『お目にかかれて幸せです。』

と紳士は低い声で言った。

私は唯無言で彼の差出した手を握った。彼の手、大英帝国の元首に最高の勲章と名誉ある軍刀を返上した手、私は彼の深い瞳に惹きつけられていた。

デーオージーは相変らず愛烟のシガーをくわえていたが、ローレンスは煙草も喫わずに静かに椅子に腰掛けた」

劇的というには、あまりに物静かな会見シーンである。あるいは、治郎八は憧れの人に会った興奮から、言葉が出なかったのかもしれない。

ところで、中東研究家牟田口義郎氏は、その著書『アラビアのロレンスと日本人』（ＮＴＴ出版　平成九年）の中で、治郎八の会見記を取り上げ、次のように指摘している。「署名がＬと末尾のｃｅしか読めなかったというのは真実味がある。煙草を喫わないというところも。だが『長身の紳士』とはいただけない。彼は身長一六六センチの小男で、『ちび君』とか『小猿君』とか呼ばれていたのだ」

しかし、これは、私も経験があるのだが、初対面の人の背丈というのは、出会ったそのときの状況によって、いかようにも印象が変わるものである。

たとえば、長顔の人というのは、実際の背丈が低くても、長身に見える。逆に丸顔の人は背丈が高くても、それほど長身には感じられない。つまり、顔とのバランスがかなりものをいうのだ。その印象は、面と向かって握手した場合でも変わらない。横にならんで見て初めて「あれ、相手はこんなに大きかった（小さかった）のか！」と驚くことも少なくないのである。だから、緊張しまくっている二十一歳の青年が、長顔で細身のロレンスを見て、「長身の紳士」という印象を受けたのは、ある意味、当然のことであり、握手しても、印象に変化がなかったことも十分にうなずけるのである。

会見記の先を続けよう。

「『では大分仕事の目鼻はついたと言うわけですな。』」

とデーオージーは私の到着で跡切れた会話のよりを戻した。

『そうです。何分にも全部ノートがあるわけじゃなし、相当むずかしいのですがね。どうしてもやりとげる考えなのですよ。』

『勿論ですな。二十世紀のコーランですからね。』

此のデーオージーの言葉にローレンスは頭を下げた。

『まあ全力を尽してね。』』

ディオジーとロレンスの会話は、ロレンスが『知恵の七柱』の序に記した執筆と印刷、改訂の時期から判断する限りでは、かなり信憑性がある。というのも、「ロンドンで一九二二年完成」された原稿は、ロレンスにとっては「依然として散漫かつ不満に思われた」ので、筆を加える必要が生まれたが、「しかし安全性を考えて一九二二年の上四半期にオックスフォードでオックスフォード・タイムズ社の幹部の配慮の下に、活字に組まれ原形どおりに印刷された」。ただ、ロレンスはあくまで、これをたたき台にして、改稿しようと考えていたので、この私家版は「製本はされないままであった」（以上『知恵の七柱』柏倉俊三訳　東洋文庫　平凡社）

つまり、ロレンスは、治郎八とベイズウォーターのサービス・フラットで会見した一九二二年五月三十一日には、『知恵の七柱』を完璧なものにしようと、さらなる改稿を考えていたはずだから、治郎八が耳にしたディオジーとの会話は、十分にリアリティがあるのだ。

ディオジーとの会話はバトラーがお茶を運んできたので途切れたが、バトラーが去ると、ロレンスは治郎八に向かって、ギリシャ研究をしているとの話だが、自分も出発点はギリシャ研究だった、東洋人はサンスクリット語とパーリ語の研究にも熱心だし、古典というのはできるときにやっておくとよいと忠告を与えたあと、フランス語も学んでいるかと尋ねた。おそらく、東洋研究はフランスの方が盛んだから、こう聞いたのだろう。これに対して治郎八がいずれフランス語とイタリア語も手掛けるつもりだと答えると、ロレンスは無言でうなずいた。

では、治郎八が間近で見たロレンスに対して抱いた印象はというと、それは次のようなものだった。

「紺の縦縞の背広に濃紺の無地のネクタイ、ボックスの黒靴の簡素な身ごしらえには、何等の奇もなく軍人的な臭味は全く欠け大学教授とでも言った雰囲気が彼を包んでいた。唯彼の澄みきった眼光だけはアラビア砂漠の夜空にきらめく星のような神秘さを秘めていた。

アラビアのローレンスの口からオートバイのモーターやスピードの話が漏れたことは意外だったが、ローレンスは英国人一流の正確さでモーターの話からタイヤの善悪などについて私に質問した」

この印象も、イメージしていたロレンスと実際に見たロレンスとの落差が表現されていて、現実味がある。とりわけ、ロレンスがオートバイの細部について驚くべき知識を有していて、サイドカーで乗り付けた二十一歳の青年に、モーターやタイヤのことなどについていろいろと質問したというのも、妙なリアリティが感じられる。

しかし、大いなる幻影を抱いて会見に臨んだ治郎八としては、アラビアのロレンスとオートバイのことを話したというのでは納得できないので、蜃気楼の神秘について尋ねてみた。すると、「あなたも蜃気楼を知っているでしょうね」と逆に聞かれたので、治郎八が「スエズ湾の真中で蜃気楼の幻像をしばしば見たことがあります」と答えると、ロレンスは、蜃気楼で現れる町はメダンとかメッカとかアラビアやトルコの風景で、メソポタミアの町の一角と確認したこともあるといってから、こう述べた。

「砂漠の自然、ありのままの大自然の威力、白昼の炎熱、また夜半の冷気、もの凄い砂嵐や砂漠の住民達から起る危険、その唯中に自分を投げこんだ数年の過去を回想する——そのこと自体が蜃気楼的存在でしたね」

そして、治郎八は、こう語ったロレンスを次のように描写するのである。

「ローレンスは超人的な神秘や英雄的行為、大英帝国いや世界人類の運命や歴史の最も浪漫的《ロマネスク》な一頁をつくりあげた彼自身の人生の一片の幻像を追うかのように、その彼特有の深い瞳を沈ませると再び彼の唇は結ばれてしまった。

ローレンスは堅く結ばれた唇から淡い憂愁にも似た微笑を浮べて無言のまま我々を凝視《みつ》めた」

こういうところは、逆にリアリティが薄い印象を受ける。いかにもという感じがするからである。しかし、治郎八が、自分の好奇心を満足させるような話題を持ち出す無礼を自覚して、話題を音楽に転じた箇所では、ロレンスに実際に会った人間でなければ聞けないような話が飛び出してくる。

「ローレンスは音楽に対しても芸術的なたかい教養をもって話しだした。彼の口からドビッシーの名が漏れた。デーオージーはリストとかショパン等を論じたが、ローレンスは仏蘭西の印象派作曲家たちに興味を持っていることを暗示した」

ここでドビュッシーという名前が登場してくるのを見た瞬間、『知恵の七柱』を読んだことのある読者は思わず「オッ！」となるだろう。というのも、その「第一巻　フェイサル発見」の最初の箇所（第八章）には、イギリスの若手将校ストーズがトルコ軍にいた退役大佐アジーズ・エル・マスリーとドビュッシー論を始めるくだりがあるからだ。すなわち、治郎八の会見記は、ここに至ってにわかに信憑性が強くなってきたのである。

だが、会見記はここで終わる。ロレンスはこれからウォーターローの駅まで行くからと立ち上がり、「お目にかかれて幸せでした」と治郎八の手を握った。治郎八はこのときのことをこう記している。

「少年の私の憧憬の瞳と彼の視線が交錯した瞬間、私はアラビアのローレンスとの会遇が自分の運命を支配する鍵の一つになるということを予感した」

では、自らの運命の鍵を予感した治郎八は、このあと、いったい、どんな行動を起こしたのだろうか？

第十章　外人部隊に入隊す

薩摩治郎八は、戦後日本に帰国した後、最も滞仏経験の長かったフランス通として、さまざまなマスコミに登場して談話を発表しているが、その中でなんといっても異色を放っているのが、昭和三十二年（一九五七）八月十八日付『東京毎夕新聞』の記事だろう。

というのも、「外人部隊とカスバの女　薩摩治郎八氏入隊の思い出」という見出しのもと、彼がフランス外人部隊に入隊したときの思い出が語られているからである。

とりあえず、件の記事の冒頭部分を引用してみよう。

「外人部隊に飛び込んだのが二十歳のとき、一九二一年の十二月だった。そのとき私はイギリスのオックスフォード大学に在学、古典と経済を勉強していた」

このあと、外人部隊に志願した動機が語られているのだが、それは後ほどまた考察することにして、とりあえず、事実関係だけをおさえておくと、おおむね次のようになる。

入隊志願した場所は、フランスの軍港ツーロン。同行したのはオックスフォードの同級生のイギリス人が二人。その中には、「名前をいえば誰でも知っている、前の英内閣の大臣のひとり」

がいた。ツーロンの部隊で二等兵として三カ月の初年兵教育を施された後、アルジェリアに送られたが、「入隊後六カ月目にカサブランカの郊外の戦闘に出て腰に弾を食って入院した。そのため早期除隊をした」。

このインタビューを載せたメディアが、当時、エロ新聞扱いされていた『東京毎夕新聞』であったこともあいまって、治郎八研究者の間では、このエピソードの真偽を疑う声も強かった。

しかし、事実かどうかを確かめるためにも、さしあたって、彼が証言している他のエピソードの日付との間に矛盾はないのかを検討してみなくてはならない。

まず、入隊の「一九二一年の十二月」という時期について考えてみよう。

治郎八がエッセイなどではっきり日付を記しているのは、一九二一年十月三十日のウイグモア・ホールにおける藤原義江リサイタルである。これは、「藤原君の欧州楽壇へのデビュー」であり、治郎八が「財布の底をはたいて」後援したものである。

また、藤原義江が「サヴェジ・クラブ」で歌ったのは一九二一年十一月二十六日のことである。とすると、この日付の前後関係の問題はあるにしても、外人部隊入隊の十二月よりは前であり、矛盾は生じない。つまり、一九二一年十二月に治郎八がツーロンに赴いて外人部隊に入隊することは可能だったことになる。

では、除隊の時期についてはどうか？

「入隊後六カ月目」にカサブランカ郊外の戦闘で被弾して入院、早期除隊したということだが、これは十二月入隊から数えると、最速で五月上旬となる。

ベイズウォーターのサービス・フラットで、ディオジーの仲介によってアラビアのロレンスと出会ったのが、「忘れもしない五月三十一日」だから、治郎八がモロッコのカサブランカからリッチモンドに戻ってくるのにはなんとか間に合う計算になる。

すなわち、治郎八がはっきりと日付を記しているこの二つの出会いだけをとるならば、彼がその間にフランス外人部隊に入隊して訓練を受け、負傷して除隊することは不可能ではないことになる。アリバイは成立するのだ。

だが、日付を記していない出会いまでを勘定に入れるとなると、そう簡単にはことが運ばなくなる。例えば、コナン・ドイルとの出会いはどうだ？　治郎八が言うように一九二二年の五月中旬なら問題はないが、実際には、コナン・ドイルは一九二三年四月九日には「《バルチック号》で、ふたたびニューヨークへ近づきつつあった」から、まだ外人部隊にいる治郎八が会うことはできない。

となると、コナン・ドイルと出会ったのは、前章で書いた「一九二三年の三月以前」ではなく、治郎八が外人部隊に志願する一九二一年十二月以前ということになる。つまり、藤原義江が「サヴェジ・クラブ」で歌った十一月二十六日と前後して、治郎八はコナン・ドイルと「サヴェジ・クラブ」で出会っていたのでなければ、計算が合わなくなるのだ。

いっぽう、イザドラ・ダンカンとタマラ・カルサヴィナとの出会いはどうか？

われわれの推定によれば、イザドラ・ダンカンとの出会いは一九二一年の五月か六月、タマラ・カルサヴィナとのそれは同じ年の九月か十月ということなら、これは外人部隊入隊とは矛盾しない。カルサヴィナをコリシウム劇場に訪れたのは一九二二年だった可能性もあるが、それなら五月以降ということになる。いずれにしても、この二人の大物との邂逅は、外人部隊入隊とは矛盾せず、さしたる問題はない。

というわけで、一九二一年から二二年にかけての治郎八の足跡を彼の証言に即してたどれば、次のようになる。

——一九二一年一月か二月　ホイットチャーチのハービー牧師邸を去り、ロンドン近郊リッチモンドのノックス博士邸に寄寓する。大英博物館のタナグラ人形室を見学したり、カルサヴィナの公演に出掛けたりしてギリシャ美術研究を志す。三月下旬か四月　パリを訪れる。五月か六月イザドラ・ダンカンの公演をロンドンのクイーンズホールで見て感激。九月か十月　オックスフォード大学（あるいは準備カレッジ）に登録。この時期、タマラ・カルサヴィナをロンドン・コリシウム劇場の楽屋に訪れる（翌年の五月以降の可能性もある）。十月三十日　藤原義江のウイグモア・ホールでのリサイタルを後援する。十一月「サヴェジ・クラブ」でディオジーの紹介でコナン・ドイルと会見（治郎八は翌年五月中旬と記載）。十一月二十六日「サヴェジ・クラブ」で藤原義江のデビューに立ち会う。十二月　ツーロンのフランス外人部隊に入隊。一九二二年二月　訓練を終えてアルジェリアに移動。五月上旬　カサブランカ郊外での戦闘で負傷し、入院。早期除隊。五月三十一日　ディオジーの仲介でアラビアのロレンスと出会う。

つまり、全体として見ると、外人部隊入隊は、少なくとも時期的には彼の経歴の中にスッポリと収まることになるのである。

ただ、それはあくまで「時期的に」であり、「印象的に」はまだ疑問が残る。

たとえば、アラビアのロレンスに会見したあとにフランス外人部隊入隊が来ているのだったら、これは動機としては最高で、われわれも大いに納得できる。しかし、治郎八は一九二一年の十二月といっているので、われわれは大いに当惑することになる。

では、フランス外人部隊への志願動機はいったいなんだったのか？　『東京毎夕新聞』の記事をもう一度見てみよう。

「外人部隊に飛び込んだのが二十歳のとき、一九二一年の十二月だった。そのとき私はイギリスのオックスフォード大学に在学、古典と経済を勉強していた。若さがそうさせたのか、その当時の国際情勢が、アメリカのウィルソン大統領が国際連盟を提案、そのあげく自国の利益のためにアメリカだけ不参加という、青年の正義心をフンガイさせるようなこともあり、文明国家に対するレジスタンスとでもいうか、とにかく世の中がつまらなくなった、というワケで、リクツをつければ階級的なモノからにげたい、とか、人間追求の道を外人部隊に求めて、とかいろいろあるようだが、フランス文化のアコガレがそうさせた、ともいえるようだった。文化精神をもって世界を抱こう、というフランス文化に自分たち若者の精神と共通したモノを見出して、国境の無い世界、第二の国際連盟の創造を希望している自分たちは、従来の一切を清算しなければならない、そのためにはフランスの三色旗をかかげる外人部隊の中に飛び込んで、人間として最低の条件のもとに生きてみるに限る、とまあこんな理由と希望のもとに、フランスのツーロン軍港まで出掛けていった」

ようするに、青年らしい理想主義とロマン主義、それにフランス文化への憧れがアマルガムとなって治郎八を外人部隊入隊という唐突な行動に駆り立てたというわけなのだが、しかし、同世代のマルロー、サン゠テグジュペリ、リンドバーグ、ヘミングウェイ、ジョージ・オーウェルといった人々の間にこの決断を置いてみると、それは決して突然変異的なものではなく、むしろ、戦争に遅れてきた世代に共通の行動パターンとさえ見なすことができる。つまり、外人部隊入隊に典型的に現れているような、戦争と冒険への憧れは一つの「時代病」であったのだ。

げんに、治郎八は、ツーロンに赴いたのは自分一人ではなく、オックスフォードの同級生二人も一緒だったと証言しているではないか。

ではこの「名前をいえば誰でも知っている、前の英内閣の大臣のひとり」というのはだれのことだろう?

『東京毎夕新聞』の記事が一九五七年八月十八日付であることを考えに入れると、前の内閣というのはこの年の初めに総辞職したイーデン保守党内閣と思って間違いはない。

イーデン内閣は一九五五年四月にチャーチル内閣の後を受けて組閣され、同年の十二月に改造を施したが、一九五六年にナセル大佐のスエズ運河国有化宣言に対抗し、フランスとともに出兵した強攻策が世論の支持を得られず、五七年一月に総辞職したのであるが、出兵当時、日本のマスコミに頻繁に名前が登場した主要閣僚はというと、外相(マクミラン→セルウィン・ロイド)、蔵相(バトラー→マクミラン)、国防相(セルウィン・ロイド→ウォルター・モンクトン卿→アンソニー・ヘンリー・ヘッド)あたりということになる。

このうちセルウィン・ロイドとバトラーは年齢的にはそれぞれ一九〇四年生まれと一九〇二年生まれとほぼ条件に適うのだが、いかんせん、ともにケンブリッジの出身だから除外するほかはない。ヘッドも陸軍士官学校出身だし、一九〇六年生まれだから少し若過ぎる。

オックスフォード出身者は、首相のイーデン（一八九七年生まれ）、マクミラン（一八九四年生まれ）、モンクトン（一八九一年生まれ）だが、こちらは年回りからいって、治郎八と語らって外人部隊に入る年齢ではない。

ということで、『イーデン回顧録』（みすず書房）に記されたイーデン内閣の閣僚名簿に当たって、その出身大学を洗い直してみると、オックスフォード出身者としてさらに三人ほど該当者がいることがわかる。第一次、第二次と大法官を務めたキルミュア卿（一九〇〇年生まれ）、自治領相（第一次）・連邦関係相（第二次）のヒューム卿（一九〇三年生まれ）、それに農相（第一次、第二次）のヘスコート・エイモリ（一八九九年生まれ）である。この三人なら、年回りも治郎八と接近しているから、一九二一年の十二月にフランス外人部隊に飛び込むだけの若さと大胆さを備えていたかもしれない。とくに、後に首相になるヒュームは、若いときにはクリケットに熱中していた遊び人なので、治郎八と肝胆相照らすことはありえたはずだ。

では、このうちのどれかで決まりかというと、例の「名前をいえば誰でも知っている」という形容が気にかかる。キルミュア、ヒューム、エイモリの名前を出しても、この時に、日本でその名を知っている人はそれほど多くなかったはずだからである。

これは困った。オックスフォード出身者という条件で探索すると「名前をいえば誰でも知っている」の条件はクリアできなくなる。

しからば、逆はどうか？　すなわち、「名前をいえば誰でも知っている」という条件だけで探索してみるのである。すると、有力な二人の該当者が浮かび上がる。内相のロイド・ジョージと枢相のソールズベリー卿（ともに第一次・第二次留任）である。二人とも、イギリス史に名を残す名首相の息子であり、たしかにこれなら「名前をいえば誰でも知っている」ことになる。

ところが、人名辞典を引いて、その年齢と出身校を調べてみると、治郎八とフランス外人部隊に志願した人物とはとても思えないのである。

まず、内相のロイド・ジョージだが、これは一九一六年から二二年にかけて内閣を組閣し、戦後、ヴェルサイユ条約に調印したデイヴィッド・ロイド・ジョージの息子で、一八九四年生まれ。しかも大学はオックスフォードではなくケンブリッジである。

一方、枢相のソールズベリー卿はというと、こちらは、十九世紀末に保守党党首となって三度内閣を組織し、一九〇二年には日英同盟を締結した名宰相ロバート・アーサー・タルボット・ソールズベリーの息子である。この名前なら、戦前の日本人は「誰でも知っている」。

しかし、生年を調べてみると、やんぬるかな、一八九三年である。治郎八とは年が離れている。一九二一年には二十八歳だ。フランス外人部隊に飛び込む年でもあるまい。また、もう一方の条件であるオックスフォード出身ということだが、これはあらゆる人名辞典を引いても未確認である。

このように、イーデン内閣の閣僚を総点検した結果、「そして、だれもいなくなった」ということになりそうなのだが、ここで「待てよ」と考えた。こんな仮説が思い浮かんだのだ。

治郎八が、一九二一年の十二月にフランス外人部隊に飛び込んだとき同行したのは、たしかにオックスフォードの同級生で、ロイド・ジョージかソールズベリー卿の息子（たぶん、後者）だったが、それは、イーデン内閣で閣僚を務めた人物ではなく、その弟だったというものである。すなわち、後にイーデン内閣の大臣となるソールズベリー兄（ロイド・ジョージ兄）のほかに、オックスフォードで治郎八と机を並べたソールズベリー弟（ロイド・ジョージ弟）がおり、これが一九二一年に外人部隊に入ったのだが、治郎八はこの兄弟を混同した、という仮説である。

このソールズベリー弟（ロイド・ジョージ弟）、案外、ここらあたりが真相というような気もする。いずれにしろ、治郎八フランス外人部隊入隊のエピソードは、まだまだ検討の余地がありそうである。

〔注記：前記の小林茂氏の本によると、『話の広場』（昭和三十三年十月一日号）に治郎八の談話が載っており、外人部隊に一緒に入隊したのは、チャーチルの息子ランドルフであったという。また、小中陽太郎氏が治郎八にインタヴューした「花の巴里は夢に似て老蕩児いま徳島に若い妻と」（『サンデー毎日』昭和四十八年一月七日号）では、同行したのはチャーチルの息子ロバートだったと語っている。だとすると、「前の英内閣」とはイーデン内閣ではなく、チャーチル内閣のことであったのか？　かくて、また振り出しに戻るのである。〕

第十一章　除隊までの六カ月

さて、前章で一九二一年十二月にフランス外人部隊に入隊し、六カ月目に除隊したという薩摩治郎八の証言を検討したが、そのさい、少なくとも「時期的に」はアリバイが通るとは言ったが、「印象的に」はまだ疑問が残ると留保を加えておいた。というのも、彼の他の証言、とりわけ、アラビアのロレンスとの会見記と比較検討すると、いろいろと矛盾が生まれてきてしまうからである。

たとえば「砂漠の無冠王」の次のような一節。

「バトラーが去った後、ローレンスは私に向って

『希臘研究をしているとの話でしたが、私も希臘から出発したのですよ。東洋人にはサンスクリットとパリの研究熱もあるし、古典は是非できるときに研究しておくものですね。仏蘭西語もやりますか。』

『仏蘭西語、伊太利語は是非ものにしたいと思っています。』

ローレンスは無言でうなずいた」(『せ・し・ぼん』)

すでに指摘したように、ロレンスとの会見が行われたのは一九二二年五月三十一日。治郎八がフランス外人部隊に入隊したのは一九二一年十二月で、除隊は五月であるから、「時期的に」は問題はないが、内容的には、この順序ではいかにも変なのである。

なぜかといえば、フランス外人部隊に六カ月間も入隊して激しい訓練を受けていたならば、フランス語は相当に上達していなければならないはずである。しかるに、治郎八は、フランス語はまだものになっていないと答えているのである。これはやはり変だ。

しかし、こう書くと、当然、次のような反論が出るだろう。すなわち、荒くれ者ばかりの外人部隊では、フランス語がうまくならなくてもしかたないのではないかと。

ところが、実際にはそうでもないようなのである。

日本におけるフランス外人部隊関連書の中で最も詳しい柘植久慶『フランス外人部隊　祖国を捨てた男たち』（原書房　昭和六十一年）に拠ると、一八三一年三月にルイ・フィリップ王のもとで創設された外人部隊《レジオン・エトランジェール》は当初、それぞれの出身地別の部隊編制をしていたが、それだと、兵士たちが一向にフランス語を覚えようとせず、自国語で話しているので、一八三五年のスペイン出兵から全部隊の混成化を実施し、以後、この方式が定着したという。

では語学の問題はどう解決したかというと、おおよそ、次のような形を取っているようだ。

「外人部隊の志願者は、多くの場合曲りなりにもフランス語が喋れる。けれど一部には全くフランス語を知らずに志願してくることもある。

原則は簡単なフランス語会話を理解することになってはいても、その志願者が犯罪者リストに載っておらず、若く適性を有しているとしたら、入隊許可が出ることが多い。入隊直後に基礎教育を受けるが、それではたいてい不十分で、ろくに解らないままに訓練に入る。

そうなるとまず単語、それも必要の優先順位の高いものから憶えてゆく。文法などは後回しだ。しばらくすると単語をつなぎ合わせただけの会話が始まる。

一般的に外人部隊で用いられるフランス語は、特有なものになっている。正確なフランス語とは少し違う。これはドイツ人が多かったためだと言われているが、確かなことはわかっていない」

つまり、お互いにフランス語を母国語としない者同士がフランス語で意思疎通を図ろうとするから、単語優先、文法後回しのクレオール化現象が起きるのである。ただ、それでも外人部隊に半年も籍をおいていれば、まがりなりにもフランス語での会話は可能になったはずなのだ。だから、治郎八がロレンスに向かって、「仏蘭西語、伊太利語は是非ものにしたいと思っています」というのは、よほど謙遜が強くて自分のフランス語はダメだと思っていない限り、ありえない発言なのだ。

ところで、それまでの治郎八のフランス語学習はどうなっていたかというと、「半生の夢」にこんな記述がある。

「[リッチモンドのノックス] 博士は米国の大学で殆ど半生を教授生活で過した人であるが、その人が私に対する忠告は、先ず仏蘭西語を習得せよということであった。仏蘭西と聞けば、これぞわが憧憬の地の事ゆえ、早速一英老婦人に就いて始めたが、爾来三十年に亘る巴里生活を経た今日にあって、なお私の仏蘭西語が未だに英国風のアクセントから抜けきらぬのは実にこの老婦人のレッスンが祟って了ったものである。少年期の耳の影響は全く驚くべきものがある」（『せ・し・ぼん』）

してみると、治郎八は一九二一年の初めにリッチモンドのノックス博士邸に下宿を始めると同時にフランス語の勉強を始めていたことになる。

ならば、その基礎の上に外人部隊での実践が加われば、ロレンスと会見した一九二二年五月三十一日には、たとえイギリス式アクセントが残ろうと、相当習熟しているはずだが、ロレンスに自己申告しているのは初心者のそれである。

いったい、これはどういうことなのだろう？

それればかりか、「砂漠の無冠王」には、もう一つ矛盾する箇所があるのだ。

ロレンスがオートバイの話ばかりしているので、治郎八が蜃気楼の神秘について問いかけたときの会話である。

「『あなたも蜃気楼を知っているでしょうね。』

ローレンスが反問した。

『はっきりと町の景色の映像を見た経験はありませんが、紅海の黄昏、殊にスエズ湾の真中で蜃気楼の幻像をしばしば見たことがあります。』」（同書）

もし、治郎八が外人部隊の一員としてアルジェリアに駐屯していたとしたら、当然、サハラ砂漠での蜃気楼体験の話も出てくるはずではないか？　なのに、日本からスエズ運河を通って地中海に入ったときの記憶しか語られていない。これもやはり変である。

では、外人部隊入隊というのは、治郎八が記者を喜ばすために適当に考えついたホラ話なのか？

そうともいいきれないものがある。というよりも、クロノロジーが変わりさえすれば、以上のような矛盾は矛盾でなくなるのである。

なんのことかといえば、治郎八が入隊した時期としている「一九二一年の十二月」を「一九二二年の十二月」と一年ずらすことである。こうすると、治郎八は、アラビアのロレンスと一九二二年五月三十一日に出会い、その「影響」で外人部隊に志願したことになり、右に矛盾と指摘したようなフランス語の習熟度や蜃気楼にかんする部分もまったく矛盾ではなくなるのである。

しかも、治郎八の場合、談話や文章の多くが記者による聞き書きなので、クロノロジーにおける誤りは決して少なくない。というよりも、間違いはこうしたクロノロジーに集中しているとさえいえる。これについては、すでに何度か見たとおりである。

しからば、治郎八の外人部隊在籍を一九二二年十二月から一九二三年五月までの六カ月間とすると、矛盾は生じないのか？

その逆である。むしろ、整合性が出てくるのである。特に六カ月間という期間をもう少し短くして、三、四カ月とすると、信憑性が強くなるといった方がいいかもしれない。

一例をあげると、入隊時に関する次のような証言は、これが一九二二年の十二月だとすると、俄然、リアリティが増してくるのだ。

「とにかく外人部隊志願兵の受付に行った、体さえ丈夫で動物としての人間のキカクに合えばそれでパス、ウルサイことは何も聞かない、三色旗に忠誠を誓えば良いのだ。そこで五年間の服役ということになった。ツーロンにも部隊がある、入ってみて驚ろいた、いままでウワサに聞いていたが、あらゆる国籍の人間がいる、彼らは決して自分の過去を語ろうとはしないが、その話の様子から、一字も書けない者から大学の先生まで、なかには人殺しをしてにげ込んで来た者までいる。シャバに帰ればギロチンが待っているが、五年間バレずに外人部隊の生活を勤めおおせればカンベンしてもらえる、なかには死刑が当然だが、殺すには惜しい男だというので外人部隊に放り込まれる者もあるという始末」(「外人部隊とカスバの女」)

まるで映画に出てくる通俗的な外人部隊のイメージそのものだが、驚いたことに、一九三一年に外人部隊が創立百年を迎えて入隊資格検査が厳しくなるまでは、実際にこの通りだったようである。柘植久慶の外人部隊ものの続編『フランス外人部隊から帰還した男』(飛鳥新社　昭和六十二年)にはこうある。

「外人部隊の志願は、二十四時間いつでも受付ける。それが特徴だ。
だから遠い昔などは、人を刺してその足で外人部隊に駈《か》けつける者もいた。今では手配されたら入隊できないが、一九三〇年以前はそんなこともあったと聞いた」

一九三一年を境に外人部隊は大きく変わったのであり、治郎八は変革以前の伝説的な時代に入隊したことになる。

さらに詳しく調べてみると、一九二二年は、モロッコでアブデル・クリムの反乱が起こって、外人部隊が大増設された時期に当たる。そのため、外人部隊は定員不足に陥り、前科者だろうと犯罪者だろうと片端から入隊させていたらしい。

なかでも、とくに多かったのが、第一次世界大戦で敵国となったドイツ、オーストリア出身の兵士だった。

「第一次世界大戦後は、同盟国側のドイツ人とオーストリア人が大量に志願してきた。この数が非常に多く、そして大半が歴戦の兵士たちだったので、彼らは新たに編成された第3および第4歩兵連隊にそっくり配属されたのである」（『フランス外人部隊　祖国を捨てた男たち』）

こうしたドイツ人の多さに関しては、治郎八もちゃんと証言を残しているのである。

「国民性から来るモノか、ドイツ人が一番多かった。フランスにとっては敵国人なのに、これはちょっと面白いコントラストだった」

では、入隊後の勤務に関して、治郎八は、具体的になんと語っているのだろうか？

「最初は二等兵として三カ月の初年兵教育のあとアルジェリアに送られた。生活はカンゴク以上の辛さだ、といえるようだった。五カ年間の服役期間中を生きて通せる、という者は少なかったようだ。正規軍ではモッタイナイから、というところへ外人部隊を行かせるくらいだから、苦しいのが当然だろう」

『フランス外人部隊から帰還した男』によると、検査に合格した志願兵は全員、南仏のオバーニュにある第一外人連隊に送られて、そこで四カ月の基礎訓練が行われるが、一九二〇年代には、連隊ごとに徴募が行われ、訓練も別個に簡単になされていたので、ツーロンで応募した治郎八がそこで三カ月だけ初年兵教育を受けたのは事実にかなっている。

ちなみに、外人部隊の在隊期間が三年に短縮されたのは、ミッテラン政権になってからのこと。治郎八が入隊したときには、まだ五年が義務だった。

また、治郎八がアルジェリアに送られて入隊したのは、オラン近郊にあるシディベルアベスだと思われる。一九六二年のアルジェリア戦争終結まで、アルジェリアにおける外人部隊はずっとここを司令部として、練兵場を設けていたからである。

では、このシディベルアベスの兵営での生活はどのようなものだったのだろうか?

「兵営の中は映画と同じだ。ひと部屋にベッドが三十、私の両ドナリはアメリカ人とブルガリア人、私が除隊するまで、とうとうどういう人間だかわからなかった。やはり私刑なども行われていたが将校はほとんどが貴族出身者で立派な人が多かったから、ヤクザな人間にも非常にしたわれていたようだ」

この証言にあるとおり、外人部隊では、兵士・下士官は志願した外国人だが、将校は士官学校出のエリート軍人で、外人部隊は職業軍人にとっての出世コースとなっている。とくに、戦前はそうした傾向が強かったようだ。

それはさておき、治郎八の談話の中で、とくにリアリティが感じられるのは、次の箇所である。

「部落民とのトラブルがほとんどだがそのほかのときは苦力と同様か、それ以上の労役をさせられる。おかげでいまでもスコップを持って土方をやらせれば誰にも負けないくらいだ。入隊の初夜、これでシャバとお別れかとうれしかった気持ちなどは何処かに吹き飛んでしまった」

これを『フランス外人部隊　祖国を捨てた男たち』の「戦争がない時は道路工夫」という章と対比して読むと、治郎八の証言の信憑性がにわかに強まるのである。

「平和が訪れると、外人部隊兵の最大の任務は、道路などの建設となる。ところがこれがまた恐しく単調そのものの作業になってしまう。

砂漠や荒地の工事など、一週間くらいでは目に見えた進展がない。一か月でようやく少しばかりといった程度だ。

そうなると刺戟を求めて入隊してきた外人部隊兵は、たちどころに沈みこんでくる。脱走する者もいれば自殺する者もある。

外人部隊の歴史において、幾度も道路工事人夫の集団に陥りそうなことがあった。

大きな叛乱を徹底的に鎮圧すると、それからかなりの間、道路工事が主な任務となってしまうからであった」

たしかに、こんな労役が毎日続いたのでは、「これでシャバとお別れかとうれしかった気持ちなどは何処かに吹き飛んでしまった」にちがいない。

では、実際の戦闘に出撃することはなかったのかといえば、やはり、何回かゲリラ鎮圧に出掛けたようである。

「私は入隊後六カ月目にカサブランカの郊外の戦闘に出て腰に弾を食って入院した。そのため早期除隊をしたが、出動は何回もした」（「外人部隊とカスバの女」）

このほか、いかにも治郎八らしいカスバの売春宿での体験も語られているのだが、総じていえることは、実際に経験した人間でなければわからないような細部も多く、信憑性はかなり強いということである。

　時期さえ一九二二年十二月にずらすなら、治郎八の外人部隊入隊は、現実にあったことと見なしていいような気がするのだが、いかがなものだろう？

第十二章　ミ・カレームの日、パリに上陸す

「半生の夢」には、最初のパリ体験に関して、こんなことが書かれている。
「私はしばしば仏蘭西に渡った。そしてピサロの画に親しんだり、ヴァン・ゴッホの平民的・美術修道者的な風格を懐かしんだものだが、このようなことがその頃の私の性格に与えた影響は非常に大きく、私は南デボンシャーのトーキー海岸で英国の貴公子的享楽生活にピリオドを打ち、やがて巴里に移った。
私が巴里の土をふんだのはあたかも春の初めのことで、ミカレームの祭日であった。グラン・ブルヴァールを花車をひいた群衆が盛装の『マドモアゼル巴里』を乗せた車を取り巻いてお祭り騒ぎをしていた光景を、当時巴里に滞在していた巴里育ちの一条公爵夫人に同伴して見物し、夜はモンマルトルの歓楽場の盛り場にあったキャバレーで裸体女の活人画を見たのを記憶している」(『せ・し・ぼん』)
これは、薩摩治郎八文体のサンプルのようなもので、よくその特徴が出ている。ひとことでいえば、伝記作者にとっては、泣きたくなるほどに曖昧なのである。

第一に問題としたいのは、「私が巴里の土をふんだのはあたかも春の初めのことで、ミカレームの祭日であった」という文章。これは、治郎八が初めてパリを訪れたときのことを指すのか、それとも、「しばしば仏蘭西に渡った」後、「英国の貴公子的享楽生活にピリオドを打ち、やがて巴里に移った」ときのことなのか？

文章の流れから行けば、後者ということになるが、印象からいうと、前者の可能性も捨てがたい。「初めて見たパリ」というのは、だれにとっても強烈な思い出を残し、それがあとあとまで映像として保存されるからである。

そう思って、前者の可能性から洗うべく、治郎八が書き残した他の文章を精査したところ、案の定、『ぶどう酒物語』収録の「パリは金髪美人《ブロンド》」にこんな箇所が見つかった。

「私が二十の青春の日に、はじめてかいまみた花のパリ、その日はちょうどミ・カレームの祭日で大並木通り《グラン・ブルバール》からオペラ広場にかけて、『巴里姫《マドマゼルドパリ》』を載せた花山車がひかれていた。まだ肌寒い春先だというのに花山車の上には白衣の軽羅をまとった娘達が花冠りをいただいて、こぼれるほどの微笑で群衆に接吻を投げていた。霧深いイギリスの田舎から出てきた私は、さながら桃色の光の世界に飛びこんだような印象を受けた。ゴツゴツ骨ばったイギリスの女をみつけた眼に、柔かい夢のようななで肩を露わにむきだしたパリ娘の嬌姿が花束のように映った。私はイギリス好みのトゥイードの旅行服を着ていたし、靴には麻の真白なゲートルをつけていた。どう見てもイギリス趣味で、この若い異国人《エトランジェ》を人混みに連れ込んだのは派手好みのパリジャンヌ一条公爵夫人経子の方であった」

やはり、治郎八が初めてドーヴァー海峡を渡り、パリを訪れたのがミ・カレームの日だったのである。第六章ですでに論じたように、治郎八は一九二一年の初夏にはすでにパリにいたはずだし、この点に関しては後述するように確定的な証言があるので、「ミ・カレーム」というのは「一九二二年のミ・カレーム」だと断定してよい。

では、「一九二二年のミ・カレーム」というのは、何月何日のことだったのか？

しかし、これを示す前に、ミ・カレームの祝日とは何かを説明しておかなければならない。だが、ミ・カレームを云々するには、とりあえず復活祭というものを解説する必要がある。というのも、ミ・カレームは、移動祝祭日である復活祭（フランス語ではパック、英語ではイースター）との関連で決まってくるので、まず復活祭の定義から始めなければならないからである。

復活祭とは、イエスが死後に復活した日を祝う祝日であるが、それは第一回ニケア公会議で「春分の日の次の満月の後の最初の日曜日」と定義された。春分の日はグレゴリウス暦を採用しているカトリック教会では、三月二十一日と決まっているので、最も早い復活祭は三月二十二日で、最も遅いそれは四月二十五日ということになっている。

ミ・カレームとは、復活祭に先立つ日曜を除いた四十日間（四旬節。フランス語でカレーム、英語ではレント）の中日（三週目の木曜日）のこと。子供たちが仮装して遊ぶことから遊楽木曜日とも呼ばれている。

このミ・カレームの祝日は、現在のパリではほとんど祝われることはないが、治郎八がパリに滞在した一九二〇年代前半には、謝肉祭（フランス語でカルナヴァル、英語でカーニヴァル。普通、復活祭の四十六日前の灰の水曜日に先立つ三日間を指す）に次いで賑やかなお祭りで、治郎八の描写にあるように、花車を連ねた仮装行列がグラン・ブールヴァールを練り歩いた。

しからば、ミ・カレームは、一九二一年には何月何日だったのか？

幸い、手元に、ルーヴル・デパート発行のこの年のアジェンダ（家計簿を兼ねた暦）があるので、これを引くと、ミ・カレームは三月三日（木曜日）とある。ちなみに、復活祭は三月二十七日（日曜日）。比較的に復活祭の早く来た年だったのである。

なるほど、三月三日であれば、「あたかも春の初めのことで」「まだ肌寒い春先だというのに」という治郎八の描写には当てはまる。

おそらく、治郎八は、一九二〇年のクリスマスの頃にロンドンに到着すると、コンノート・ホテルに数日滞在した後、ハンプシャーはホイットチャーチのハービー老牧師邸に一九二一年の二月の末頃まで滞在し、そこからパリに渡ったのだろう。

では、この時期にパリを訪れた治郎八の動機は何だったのか？

ホイットチャーチでの田園生活に飽きたということもあるが、それ以上に、一足先に、音楽の勉強のためにパリに行っている妹、つた（蔦）からの便りで、夢想がかきたてられ、どうしてもパリの土を踏みたくなったようである。

つたは、横浜からヨーロッパに来るとき、北野丸に同船した一条公爵夫人経子と親しくなり、夫人から紹介されたアパルトマンで看護婦の佐藤さだとともに暮していたのだ。薩摩治郎八をモデルにした獅子文六の小説『但馬太郎治伝』には、こうある。

「その船に、一条公爵夫人、黒木伯爵夫人が、乗り合わせてた。前者は、パリ大使館づき武官の良人の許に、行く途中だったが、初旅の若い太郎治とその妹を愛して、よく面倒を見てくれた。貴族と金持は、同類であるから、彼女も木綿王の但馬家に、好意を持ったのだろう。また但馬家の方でも、二代目太兵衛は、非常な貴族好きだった」

獅子文六は、実際に、晩年の薩摩治郎八に会って、わずかながらも、話を聞いているから、この辺りの記述は信じていいだろう。一条公爵夫人は北野丸の船中で知り合い、その縁で、治郎八がパリ見物をしたときには、案内を買って出たのである。

それでは、ぽっと出の治郎八を、いきなり、グラン・ブールヴァールからモンマルトルのキャバレーに連れていった一条公爵夫人とは、どのような女性だったのか？　治郎八は、「パリは金髪美人《ブロンド》」の続きで、こう描写している。

「経子夫人は珍らしい生粋のパリジャンヌ、父君公爵が海軍武官時代の幼時をセーヌ河の水で磨いて育っただけあって、庶民趣味の貴婦人。ツリ上がった眼だけが日本女性で、あとのすべてはパリジャンヌ。そのパリなまりの俗語《アルゴー》の流れ出す紅唇をみていると、まったくのマドマゼル巴里」

ようするに、一条公爵夫人経子というのは、いまでいう帰国子女で、幼いときからパリ滞在の経験があり、外見は日本人だが、中身は完全なパリジェンヌだったのである。

ちなみに、一条公爵家というのは、藤原道家の四男實経が分家して興した一条家のことで、公家の中では五摂家の一つに数えられる名門。安政五年（一八五八）に内大臣をつとめた一条忠香の三女壽栄君が明治天皇に嫁ぎ、天皇の崩御後、昭憲皇太后となったことで知られる。一条家では、直系男子に恵まれなかったのか、代々、婿養子を取る慣習があり、経子の父である海軍大佐一条實輝も、四条家からの養子。経子もまた、大炊御門幾麿侯爵の甥である實孝を婿養子として迎えている。ために、一条實輝の長男であった實基は分家して一条男爵家を興している。

ところで、この一条公爵夫妻、イギリスの片田舎から出てきたばかりの治郎八にとっては、輝くばかりにまぶしいパリ生活の体現者と見えたようで、夫の一条實孝公爵についても、治郎八はこんな記述を残している。

「夫君の一条海軍大佐はこれまた日本人離れのした真黒のチヂレ髪天然パーマの偉丈夫で、仏人間から『メキシコ殿下』の異名を呈せられていた。この珍夫妻といっては失礼だが、異国情緒タップリの外交団夫妻が、私にパリの洗礼《バテーム》を与えてくれた。一条公は語学は見かけ倒しでプリンス一条には一本とられていたが、トランプ、競馬にかけては、花の巴里でもたいした顔で、勝てば勝つ、負ければ負けるでの大盤振舞。とうに閉店してしまった大並木通り《グランブルバール》の名料亭『バイヤール』が御ひいきで、原始的ルノー車で乗りつけたものだ」(同書)

つまるところ、治郎八はパリ到着後にいきなり一条公爵夫妻の豪遊ぶりを見せつけられ、たちまち、その虜になってしまったというわけだ。治郎八が後にパリで展開することとなる金ぴかライフのモデルの一人は、確実に一条公爵であったようである。

ところで、この一条實孝公爵という人物、人名辞典などを引くと、日本近代史においてまったく別の側面で名を残した人のようだ。すなわち、一条實孝公爵は、フランス駐在武官を務めた後に、大正十三年に退役して貴族院議員となるや、国家主義的傾向の強い火曜会に所属し、天皇機関説問題では最強硬の立場をとって、美濃部達吉教授を追い詰めることに成功した。後に、大日本護国勤王会・興亜滅共連盟等、多くの右翼団体の総裁・会長をつとめ、戦時中は、大政翼賛会調査委員等の要職に就いたことで知られている。

しかし、この一九二〇年代前半には、治郎八の描くように、むしろ、ダンディーな遊蕩児としてパリで勇名をはせていたらしい。

それはさておき、一条實孝公爵がパリで湯水のように金を浪費していたのと同じ頃、ロンドンでは、實孝の義弟（経子の弟）に当たる一条實基男爵が負けじとばかりに札ビラを切っていた。それを伝えるのは、オペラ歌手で、治郎八がロンドン・デビューに一役買ったと自負している藤原義江。

「一条実基、森村勇、目賀田綱美の諸氏を僕に紹介してくれたのは、日本人クラブの桜井書記長であった。当時のロンドンには、前記の三氏のほかにも、いわゆる名門の御曹子がかなり集まっていたが、この三氏は何かにつけ際立っていた。その生活ぶりの豪奢なことは、日本人間はもとより、イギリス人の間にも有名であった。衣服にしても、すべてが最高級の、それもいっさい特別注文で、シャツならビール・アンド・イムマングかサルカで、靴ならラップかマックスウェルで、帽子ならリンコルン・ベンネットかスコットで、服はセヴィル・ローの老舗《しにせ》で、といった具合。そして、服を除いては器物はほとんどボンド・ストリートが中心とされていた」（『流転七十五年　オペラと恋の半生』）

この時代、ロンドンはすでに自動車の洪水で、ありとあらゆるタイプの自動車が溢れていたが、そのカテゴリーは三つに限られていたという。一つは大金持ちが乗るロールスロイス。もう一つは、ダイムラー、サンビーム、ウーズレーなどの自国製高級車、及びキャデラック、パッカード、ベンツなどの外車、そして最も下のジャンルはフォードとシヴォレー。つまり、自動車には、ロールスロイス、高級車及び外車、それにフォードとシヴォレーの大衆車という三階級が存在すると言ってよかったが、一条男爵は、この三つの階級のいずれにも属さない車に乗っていた。

「一条、森村両氏は、ロンドン人さえあまり知らないノーマという特別あつらえのオープン・カーを乗り回し、それもたいていの場合、二人は相談をして二台のノーマをならべて走り、ボンド・ストリートやピカデリーの目抜きのところに停車する。これが人目を惹かないはずがない。はなはだしい時は、人だかりで交通巡査が整理したこともあった。さすがのロールスロイスも、このノーマには、こうした場合、敵ではなかった。この人だかりの中へパイプをくわえた二人の日本人が、手袋をはめながらゆうゆうと乗り込んで、見物にかるく会釈《えしゃく》して走り去る。いつも便乗していた僕は、この光景を見るたびに、ロンドンで最も大日本帝国の国威を発揚しているのは、この二台のノーマだとさえ思った」(同書)

治郎八は、ロンドンで間違いなくこの一条實基男爵とも懇意にしていたはずだから、よし、おれもいずれは、と闘志を燃やしていたにちがいない。一条實基男爵が贅沢ライフでロンドンを席巻したなら、おれはパリでそれをやってやると心密かに誓ったのだろう。

実際、この時代には、一条公爵や男爵のほかに、治郎八が手本と仰ぎたくなる贅沢ライフの実践者がパリにはメジロ押しだったのだ。

第十三章　侯爵夫妻に憧れる

薩摩治郎八が、一条公爵夫人に案内されてグラン・ブールヴァールを練り歩くミ・カレームの行列を見学した一九二一年（大正十）春、パリは、日本人の皇族・華族・大富豪たちであふれかえっていた。

みな、大戦中の好景気によって急に強くなった「円」をパリで派手に使いまくろうと手ぐすね引いて待っていたのだが、大戦が長引き、渡航許可が下りなかったので、休戦と同時に一斉に渡航申請を出したのである。

先陣を切ったのは、皇族のプリンスたちだった。

後に終戦直後の内閣首班となる東久邇宮稔彦王は、その自伝『やんちゃ孤独』（読売文庫　昭和三十年）の中で、一九二〇年にパリに留学したときの思い出をこう語っている。

「第一次世界大戦がすんだので、その後しばらく休んでいた皇族留学が再開されました。今度は朝香宮と私の順になっていました。ある日、参謀本部の欧米課長が来たので、『いったい金はいくらかかるのか』と質問すると、『いま、パリはなかなか金がかかりますが、宮様をパリに出して、パリのまん中で、醜態になるようなことがあってはいけません』といって溝口直亮伯（新発田の藩主、後に陸軍少将、陸軍政務次官）が、私のお付武官になって、留学の予算を立ててくれました」

第一次世界大戦後の日本は、アメリカほどではないにしても、債務国から一転、債権国となり、ヨーロッパ通貨に対する円の力が日々大きくなっていたのである。円高は、留学生にとっては、まことに強い味方で、東久邇宮でさえも、こう書いている。

「外国にいると、為替相場に敏感になります。日本の円がだんだん上がって来たのと、フランスの生活にも慣れてきたので、そのうちに自分の気に入った家に移ることにしました」（同書）

フランの下落のおかげで、日本人はひとしなみに「一等国」の国民という意識を持つようになり、金持ちはみな「フランス人に馬鹿にされないように」と、ステータスに見合った散財を厭わないようになったのである。

こうした背景も手伝ってか、一九二二年からは、皇族留学ラッシュとなり、北白川宮成久王と朝香宮鳩彦王がそろってパリに現れた。二人は、翌年、ノルマンディーの避暑地ドーヴィルまでドライブに出掛けたが、北白川宮が運転を誤り並木に激突、ほとんど即死だった。同乗の北白川宮妃房子内親王と朝香宮も重傷を負うという悲惨な事故となった。治郎八は、この事件についてこう語っている。

「皇族では北白川宮、御微行の名『北伯爵』の豪華振りだった。が、パリの鎌倉ドーヴィル海岸へのドライブ途上、昼餐の名ぶどう酒がキキすぎて、ハンドルを切りそこなって転覆惨死を遂げてしまった。一緒に放りだされたフランス美女は名門の出身。一命をとりとめて、イカレルどころか『チタイナ』の文名で南海あたりをフラフラ跳ね歩き、大いに売出したが、現在は文豪アンドレ・マルロー夫人に納まり返っている。マルローの『王道』を実演して彼諸共カンボチヤで御用となった冒険談なども今は昔のかたり草だ」（『パリは金髪《ブロンド》美人』『ぶどう酒物語』）

外交史料館の史料に当たると、一九二三年四月一日午前十時半、北白川宮の自動車は、パリより百キロの地点で車が並木に衝突、北白川宮は危篤となり、直後に死亡、同乗の房子妃と朝香宮は重傷。さらに、同乗していたフランス婦人も重傷とあるので、治郎八のいうように、「一緒に放りだされたフランス美女」がいたことは確認できる。

しかし、このフランス美女が「名門の出身」で、「現在は文豪アンドレ・マルロー夫人に納まり返っている」というのは驚きだ。というのも、この記述からすると、「フランス美女」とは、マルローとともにカンボジアで盗掘したクララ・マルロー以外にはないが、クララは、マルローと一九二一年には結婚していたから、北白川宮が交通事故死した一九二三年には、マルロー夫人として、北白川宮一行とドライブを楽しんでいたことになるからだ。

あるいは、例によって、治郎八の記憶ちがいかもしれないが、少なくともマルローの伝記には記されていないことなので、もし本当なら、これはちょっとした発見ではある。〔注記：広岡裕児『皇族』（読売新聞社　平成十年）によると、同乗のフランス婦人というのは、御用掛のエリザベート・ソビー嬢。後に旅行作家となったが「マルロー夫人に納ま」った事実はないようである。〕

閑話休題。

パリを目指したのは、皇族ばかりではなかった。旧藩主や公家である華族たちも次々にパリに乗り込んできたのである。

中でも、豪華版だったのが、前田利為《としなり》侯爵夫妻である。

前田利為は前田家分家である上野七日市藩主利昭の息子で、本家の養子に入り、家付き娘の渼《なみ》子《こ》と結婚、加賀百万石の当主となった。華族にしては珍しく優秀な軍人だった利為は、陸軍士官学校では東条英機と同期、陸軍大学校では恩賜の軍刀を拝受したエリート軍人として最後は戦場の露と消えたが、私生活は豪華絢爛そのものだったようだ。

中嶋繁雄『日本の名門100家　その栄光と没落』（立風書房　昭和五十四年）で、前田侯爵家を引くと、利為についてこんな記述に出くわす。

「武人だが、日常は最高の上流生活であった。クルマなど庶民には手のとどかない最高の贅沢品だったころ、すでに外車をのりまわしている。

大正五年にはイタリアのイタラ、英国のビアンキ、そしてキャデラック、ビュイック、マチス、オースチンなどが前田家の車庫におさまっていた。

この当時の前田家の財産は、ひくく見積もって一億円といわれた。いまの時価になおせばざっと一千五百億円である」

この本の初版が出版されたのは一九七九年で、その後、日本の物価は倍にはなっているから、換算率は「一円＝千五百円」の倍の「一円＝三千円」くらいにしたほうがいい。

この三千倍という換算率が正しいことは、『値段の明治・大正・昭和風俗史』(朝日文庫　昭和六十二年)で、物価のメルクマールとなる大卒公務員(国家公務員一種試験合格者)の初任給を比較してみるとよくわかる。すなわち、大正九年の高等文官試験合格の大卒公務員の初任給は月給七十円くらいで、現在のそれは初任給二十一万円くらいのはずだから、まさに三千倍。前田侯爵家の資産は「ひくく見積もって」三千億円だったのである。

では、こうした莫大な財産を引っ提げてパリに登場した前田侯爵夫妻は、いったい、どのような豪遊をしたのか?

これに関しては、薩摩治郎八自身がこう書き記している。

「一条、黒木などの『イカレ』型の貴族に対して、これまた王者も及ばぬ豪華を誇っていたのは前田侯爵夫妻だ。今はユネスコ本部に化した『ホテル・マジェスチック』の一角に家の子郎党を引きつれての陸軍武官生活は全パリをアッといわせるゼイ沢振りだ。今日の貧乏日本人から考えたらシンデレラ姫も及ばぬ夢の世界。これが当時はマトモな人生だったのだから、大名生活とはよくいったものだ。が、月にむら雲花に風はチョット古いが柳腰の麗夫人浪子の方はその栄耀の唯中で日本から引きつれてきた侍医の手当も空しく客死してしまった」(「パリは金髪美人《ブロンド》」『ぶどう酒物語』)

治郎八は「浪子」と書いているが、正確には「さんずい」に「美しい」という字で「渼子《なみこ》」と読ませる。この渼子夫人は、実際に、治郎八がパリに滞在していた一九二二年(大正十一)に、在仏日本大使館に駐在武官として赴任した前田利為に付いてフランスに渡り、パリ社交界の花形として、男たちの熱い視線をあつめた。流行の肖像画家バッシュ（バック）が描いた肖像画が残っているが、それは「断髪で胸を大きくあけたイブニング・ドレスをまとっている」。

この渼子夫人は、華やかな社交生活の日々を『花筐』という短歌集に残しているが、治郎八が記しているように、異郷で目を患い、やがて盲目となったあげくに、「ホテル・マジェスティック」の一室で客死してしまった。

治郎八は、数年後、結婚してパリに舞い戻り、パリ社交界でデビューすることになるのだが、しかし、夫人がパリで病床に伏せるというところまで、前田侯爵夫妻にならってしまうとは思わなかったにちがいない。

しかし、それはまだ先のこと。

しばらくは、治郎八が憧れの対象としていた皇族・華族の遊びぶりを眺めてみよう。

たとえば、治郎八が先の引用で「イカレ」型の貴族と書いている黒木三次伯爵（治郎八は「参次」と書いている）。この黒木伯爵も、治郎八にとって「人生モデル」となった一人である。

黒木三次伯爵は、日露戦争で第一軍を指揮した黒木為楨《ためもと》陸軍大将の長男だが、結婚した相手が、華族銀行と呼ばれた十五銀行頭取松方巌（明治の元勲松方正義の長男）の娘竹子だったこともあり、フランス贔屓となり、第一次大戦後、すぐにフランスに渡った。というのも、竹子の叔父が川崎造船所社長で、後に松方コレクションで知られることになる松方幸次郎だったため、その命で、絵画の収集係をおおせ付かっていたからである。

「この粋王「エドワード七世」の名をとったエドワード七世ホテルの階上の一角には十五銀行頭

取松方巌侯爵の愛婿、黒木参次伯爵が栄耀栄華の極を尽して陣取っていた。明けても暮れても画廊回りと美女漁りに浮身をやつしていたこの貴公子は『金の泉』然として名匠モネーを訪ね、後年パリの美女《ボーテ・ド・パリ》の妖名で売りだしたエドモンド・ギーを軽劇場バ・タ・クランのワンサ中から発見して、彼女の瞳大のエメラルドをその指にはめさせ、粋人振りを誇っていた。この女優後年イタリヤの名家、文芸復興時代から連メンと続くメデチ侯の愛姫となり、終には有名なスパイ、マタハリ事件の主人公マルビー内相夫人となって、美人薄命、四年前に老夫君の後を追って散ってしまった。が、この一世の麗人をピョコピョコ裸脚を跳ねあげるワンサの中からひろいだした黒木伯の慧眼だか色眼は、彼終生の美術的創造であった」(「パリは金髪《ブロンド》美人」『ぶどう酒物語』)

　治郎八が、黒木伯爵のことをこのように書いているのは、その美術的審美眼に加えて、美女に対する審美眼が抜群だったからだろう。事実、治郎八は、黒木伯爵の後を追うようにして、日本人画家たちのパトロンとなる一方、モンマルトルの麓のレビュー劇場を巡っては、おのれの「慧眼」を試して悦にいる。エドモンド・ギーも黒木伯爵からもらいうけるかたちになったのである。

　このほか、治郎八が名をあげているパリの豪遊華族には、細川護立侯爵、徳川頼貞侯爵などがいる。

「その後細川侯爵、徳川頼貞侯爵などが出現したが、細川侯は美術専心であまり派手な奇行もなく、頼貞侯は浪費の雄で、乗りもせぬ大ヨットを南仏カンヌの港に浮べて、泡のような金を地中海の水に流してしまった。が頼貞侯の音楽に尽した一事だけは、日本洋楽史に特記してもよい功績だった」(同書)

徳川頼貞侯爵は、随筆集『頼貞随想』（河出書房　昭和三十一年）という本を出しているので詳しいことがわかる。頼貞が第二次外遊の初っ端としてパリを訪れたのは一九二一年の五月であるから、治郎八のパリ滞在期間と重なっている。おそらく、治郎八は、日本を発つ前から徳川頼貞侯爵とはなんらかの面識があり、またともにたいへんなクラシック好きだったこともあって、パリでもコンサートなどで顔を合わせたにちがいない。あるいは、「乗りもせぬ大ヨット」云々のエピソードもその頃に直接耳にしたのだろう。後に、治郎八が日本に帰って、ジル＝マルシェックスの公演にかかわるとき、この徳川頼貞侯爵が相談役の一人となる。

さて、以上、治郎八が名前を出し語っている皇族・華族のパリ豪遊ぶりを見てきたが、治郎八自身は、彼らをどう評価しているのだろうか？

「馬鹿銭を使ったといえばそれきりだが、こんな連中が無心の内に流した金や時間や青春は、彼等の身にもまた国民外交の扉にも役立った。（中略）

これは当時のパリのイカレ人生面ではあったろうが、その円熟しきった貴族趣味は、さながら王朝期の殿上人がルイ十五世の寵姫ポンパドウルの歓心を買うために『軽跳勲章《オルドル・ド・ラ・フリボリテ》』クラブを結成し、その徽章《バッジ》に薫香馥郁たる名花と香水を定め、王朝《ロココ》文化の花を咲かせたのと比較すべきで、パリ、世界の都パリの歓心を獲得して、日本の花を咲かせたいと考えた貴族のイカレ生活も、一種の人生だったといえよう」（同書）

そう、パリで湯水のように金を使ったのは治郎八一人ではなく、たくさんの先達がいて、かれらの生き方から、治郎八は「散財」の美学を学びとったのである。

ただし、皇族や華族は、いかに金満家とはいえ、あくまで無駄遣いは「散財」に止めて、すべてを「蕩尽」するまでには行かなかった。

この点において、治郎八は、先達の皇族・華族を確実に越えている。パリで全財産を使いきったからである。金額よりも、使い切ったという点に彼の美学があり、また誇りもあったのだ。

第十四章　ブルターニュ旅行

理解の浅い人の書いた薩摩治郎八のミニ・バイオグラフィーの類いを繙くと、治郎八は一九二〇年代の前半にロンドンからパリに生活の拠点を移すや、ただちに大散財を開始して、気前よく札ビラを切ったようなことが書かれているが、これはおそらく一九二六年（大正十五・昭和元）のフランス再渡航以後の治郎八の生活から類推した「想像」にすぎまい。

では、最初の頃のパリ生活はというと、意外に地味だったのではないかと思われる。それは、「半生の夢」の次のような記述にも表れている。

「当時の巴里には前田侯爵夫妻、一条公爵夫妻等が華やかな交際社会に出入しておられ、帝国大使館には石井子爵を筆頭に、若手外交官としては芦田（前首相）夫妻や沢田節蔵氏等が活躍しておられた。特に当時芦田書記官夫人は巴里社交界でも最も美麗優雅な日本女性の代表の評判が高かった。然し、いずれにしてもこのような空気の巴里の社交気分は私にとってあまりに派手すぎたので、私は間もなくパッシーの片隅に日本人との交際をさけた生活をはじめ、音楽会、演劇、美術展覧会のみに足を運び、かたわら巴里女をモデルにして彫刻をやったりして暮した。一九二〇年の頃で、今にして思えば、まことに文字どおり、国にも人にも黄金時代であった」(『せ・し・ぼん』)

注目すべきは、「このような空気の巴里の社交気分は私にとってあまりに派手すぎた」というところである。後には、社交的雰囲気を愛することになる治郎八が、この時代にはいま一つなじめないものを感じていたというのだ。

なぜなのか?

一つは、パリの社交界では子供は相手にされないという大原則があることだ。

一九〇一年生まれの治郎八は、一九二一年にはまだ二十歳である。いくら背伸びをしたところで、徹底した大人社会であるところのフランスで、しかも、まだ『失われた時を求めて』の空気が色濃く残っているジェロントクラシー(老人支配)の社交界で、日本人の一少年が受け入れられるわけがない。

もう一つは、治郎八が単身者だったことである。

パリでは、今日でも、社交界のパスポートは「男女のカップルであること」だ。カップルでない者には社交界の扉は容易には開かれないのである。

この点に関して、自身、いろいろと痛い目にあったことがあるとおぼしい獅子文六は、治郎八をモデルとした『但馬太郎治伝』で、こう指摘している。

「放恣と贅沢を行うなら、独身の方が便利だろうと思うのは、日本的な考えであって、見事に金を使うのには、妻帯者でないと、工合が悪い。妻帯者でないと、一人前に扱ってくれない、風習がある。社交界に出入りするにも、独身はよろしくない」

つまり、一言でいうと、単身者のみが集うロンドンのクラブとは異なり、カップルが基本のパリ社交界では、治郎八は身を置くべき場所が見あたらなかったのである。

しかし、いっぽうには、単身者の若者であればあるだけ入り込みやすい社会もある。それが、「音楽会、演劇、美術展覧会」などの芸術鑑賞の世界である。そこでは、家柄や系譜よりも、センスや趣味が幅をきかせる。パリ社交界に馴染めなかった治郎八は、最初、こちらの世界に付き合いの糸口を見いだそうとつとめたにちがいない。

なかでも、フランス語がまだ巧みでない治郎八が入り込めたのは、パリにピアノ習得のために留学している妹のつたのコネクションを介した音楽関係者の世界だったようだ。明治屋のPR誌『嗜好』（429号　昭和四十年九月）に寄せたエッセイ「フランス食べ歩き　地方編16」で、治郎八はフランスに足を踏み入れた頃の思い出をこう語っている。

「私がはじめて聖マローを訪れたのは1921年の夏で、ロンドン郊外のリチモンドのノックス博士の家からパリにいた妹の家にバカンスできていた時、作曲家の小松玉巌先生に誘われて、妹と付そいの家庭看護婦の佐藤貞女と一緒に、ではシャトーブリアンの眠る島を訪れてモンサンミッシェルまで行こうということにしてパリを汽車で出立した。同行には随筆家の美川徳之助君が立った。今から44年前のことで、われわれは子供で妹は小松先生の紹介で、コンセルバトワールのフォッシェさんにピアノを習っていた」

これは治郎八関係文書としては、時期と同行者がはっきりしているという点でかなり重要なドキュマンである。

まず、一九二一年の夏という時期に目をとめよう。『せ・し・ぼん』は日付と年代の誤記が目立つが、このエッセイでは記憶はしっかりしている。つまり、一九二〇年の暮れにロンドンに着いた治郎八は、翌一九二一年のミ・カレームの日に初めてパリを訪れたが、いったんロンドンに戻ってリッチモンドのノックス博士邸に下宿した後、ヴァカンスのためにパリにやってきたのだ。

次に注目すべきは、「小松玉巌」という名前だろう。

小松玉巌とは、フランス近代音楽の紹介者として知られる小松耕輔の雅号である。

小松耕輔は、明治十七年（一八八四）に秋田県に生まれ、明治三十九年に東京音楽学校を首席で卒業すると同時に学習院の声楽講師となり、大正九年（一九二〇）九月に在職のままパリに留学している。滞在期間は三年に及び、大正十二年にアメリカ回りで帰国しているから、治郎八兄妹のそれとほぼ重なっている。

小松耕輔は学習院で昭和天皇に声楽を教えるという立派なキャリアの持ち主だったから、治郎八の父治兵衛は、娘のつたがパリへのピアノ留学を希望したとき、小松に身元引受人を頼んでフォーシェ（フォッシエ）に紹介してもらったのだろう。

それはさておき、これだけ具体的に小松耕輔の名前が出ているなら、小松の側にも、治郎八との接触を示す資料がなにかあるのではないかと探したところ、パリでの治郎八の足跡を知る上でまたとない貴重な文献が出てきた。小松が晩年に著した回想録『音楽の花ひらく頃　わが思い出の楽壇』（音楽文庫　音楽之友社　昭和二十七年）である。というのも、この回想録には、「巴里日記」と題したパリ滞在中の小松の日記がそのまま載録され、しかも、そこに治郎八の名前が頻繁に登場するからである。治郎八がいつパリにいて、いつ不在だったかというアリバイを調べることができるのだから、これは治郎八研究にとっては、一級の資料というべきものである。

一九二一年七月十九日（火）の日記に、治郎八の名前が次のようなかたちで登場しているのは、ヒントになる。

「午後からフォーシェ氏を訪う。その帰り薩摩治郎八氏を訪ね、夕食の御馳走になる」

この年、小松耕輔は三十七歳、治郎八は二十歳である。これ以後も、会食したときには、かならず治郎八がレストラン代はもっている。治郎八の財布は、一介の音楽教師のそれをはるかに凌いでいたようである。

もう一つ、この短い記述から理解できるのは、両者が会見したのはこれが初めてではないということ。やはり、治郎八は、六月にはすでにパリに現れ、小松と会っていたようである。

さらに日記の日付を追うと、八月に入ってからは治郎八の名前が頻出している。

「［八月］七日　午後薩摩氏を訪ね、共にロダン博物館を見物する。それからボアをドライヴした」

ロダン博物館は、アンヴァリッド（廃兵院）の横にあるロダンのアトリエを改造した美術館。「ボア」というのは、「ボア・ド・ブローニュ」、つまりブローニュの森のこと。ドライブというからには、タクシーではなく、運転手付きの貸し自動車を借りたのだろうが、その費用は当然、治郎八持ちのはず。生活は地味目でも、懐は、水準から比べれば、十分に豊かだったようである。

ちなみに、小松が「薩摩氏」と書くのは、薩摩治郎八を指す。妹の薩摩つたの場合は、「蔦子さん」と記している。

「十二日　薩摩氏来訪。山川夫人来訪」

「十三日　午後から薩摩氏を訪い、旅行の打合わせをした」

ようやくここで、サン・マロとモン・サン・ミシェルへのブルターニュ旅行のことが出てくる。旅行出発はこの三日後である。

「十六日　午前八時三十五分、レ・ザンヴァリードの停車場を出発して、午後五時四十五分ブルターニュのサン・セルヴァンに着く。ここは海岸で風景のいい所である。一行は薩摩氏兄妹、美川徳之助氏、それに私である。私はリカール氏の紹介で、ラ・パイユール街二十七番地のジョルジュ・ジェフロア氏宅に泊った」

いっぽう、旅行初日のことに関して、治郎八は、先に引用した文章のあとで、こう書いている。

「美川君は当時のことを思い出して粋人酔筆に書いていた。私は車窓から明るいフランスの田舎の風景を宛らピサロの画そのものだと感じた。汽車は古い2等車であったのを覚えている。そして午後に聖マローに着くと、丁度バカンスの最中なのでどこもホテルは満員で駅に出迎えの車の運転手が、ではサン・セルバンに行ったらといわれてサン・セルバンのホテルに案内されていった。美川君と同室で食堂は中産階級のイギリスのバカンス客がスモーキングに夜会服で食事していた。まだ戦前（第1次大戦）の匂いがしていたころなので、ショートパンツにビキニなんて客は皆無で行儀よく安夕食をエンジョイしていた」

両者の記述を突き合わせてみると、このブルターニュ旅行の詳細がよくわかる。最初、一行はサン・マロに着いたのだが、宿泊先の決まっていた小松以外は、サン・マロのホテルが満室なので、サブロン湾を挟んでサン・マロ旧市街の対岸にあるサン・セルヴァン＝シュル＝メールに宿を取ったのである。

それはさておき、この旅行が、治郎八が書いているような「貧乏旅行」だったのかというと、決してそうではない。

まず、「汽車は古い2等車であった」という記述だが、これはこの時代までブルターニュやノルマンディーを走っていた旧型の車両のことを知らないと理解できない。

すなわち、治郎八たち一行が乗車したのは、片側に通路があってコンパートメントがずらりと並んでいるタイプのヨーロッパ型客車ではなく、通路がなく、それぞれ独立したコンパートメントに外付きの扉から入っていくタイプの十九世紀型の客車なのである。これだと、一等車は三人、二等車は六人、三等車は十二人というようになっているので、治郎八兄妹にお付き家庭看護婦の佐藤さだ、小松耕輔、美川徳之助の合計五人の一行は、全員一緒の車両に乗れるということで二等車を選んだのであろう。

また、「食堂は中産階級のイギリスのバカンス客がスモーキングに夜会服で食事していた」というところを見ると、サン・セルヴァン＝シュル＝メールでも格上のホテルに泊まったことが想像される。治郎八は「安夕食」と書いているが、こちらもそれほどの安さではなかったものと思われる。あくまで、後にニースやカンヌで豪遊することになる治郎八の心の中での比較にすぎない。

しかし、まだフランスに親しんでいなかった時代に、年長の小松耕輔と出掛けたこのヴァカンス旅行は、若き日の治郎八には強い印象を残したらしく、こんな思い出を書き記している。

「デビッシーとフォーレを愛されていた先生とサン・マローのシャトーブリアンの眠っている島のはかを訪れ、あげしおでようやく岸にかけ戻った思い出を忘れられない」(同前)

ブルターニュ旅行は、二十日まで続き、夜行で二十一日の朝にパリに戻った。小松の日記には、それから一週間後の二十八日に、「午前薩摩氏兄妹来訪」とあるから、後日、日を改めて、治郎八が妹を伴って、旅のお礼にやってきたのだろう。おそらく、旅行中に撮影したスナップ写真をこの時に渡したにちがいない。これをきっかけに、治郎八は小松と頻繁に会うようになり、日記にも連日のように登場する。

「[九月]四日　午後薩摩氏を訪ね、一緒にオデオン座で『レ・ミゼラブル』を観た。これで二度目である。ジャン・バルジャンは相変らず大成功だつた。それより公園を散歩し、一緒に拙宅に帰る」

もっとも、治郎八はこの後、翌日か翌々日にロンドンに帰ったらしく、翌年の四月まで小松の日記に「薩摩氏を訪う」という記述はない。あるのは、手紙のやり取りの記録のみである。

「[九月]七日　薩摩氏石塚氏から来状」

「[十月]三十日　久我貞三郎氏と薩摩氏に手紙を出す」

このように、一九二一年の治郎八の交友関係は、小松耕輔を中心として広がる円周上の人物に限られていたようだが、その中で注目すべきは、やはり、ブルターニュ旅行に同行した美川徳之助だろう。

というのも、今日では誰一人としてその名前を記憶していない「随筆家」である美川徳之助なる人物は、その二冊の著作『愉し　わがパリ　モンマルトル夜話』（カッパブックス　光文社　昭和三十二年）、『パリの穴　東京の穴』（第二書房　昭和三十八年）を読む限りでは、治郎八よりも一足早くパリに渡り、モンマルトルの盛り場をくまなく探索して、その道ではかなりの通になっていたとおぼしいからである。つまり、ブルターニュ旅行でサン・セルヴァン＝シュル＝メールのホテルで同じ部屋に泊まって以来、どうも、治郎八はこの遊び人を介して、パリのもう一つの顔に触れたようなのである。

第十五章　モンマルトル案内

『音楽の花ひらく頃』に載録されている小松耕輔の日記（以下、『小松日記』）を拾い読みしていると、一九二一年（大正十）の初夏から九月にかけてパリに滞在していた薩摩治郎八の交友関係が、妹の身元引受人である小松耕輔を中心にして広がっていく様が手に取るように理解できる。たとえば、岩崎雅通（太郎）という人物。治郎八は、「音楽批評家の岩崎雅通氏は私の交際していた唯一の日本人であった」と「半生の夢」に書いているが、この岩崎雅通とは、小松耕輔を介してパリで知り合ったものと想像される。

それというのも、『小松日記』には治郎八がパリに滞在していたのと同じ時期に、岩崎の名前が頻出するからである。

岩崎雅通は七月にパリに着いたばかりで、親しかった小松耕輔がパリ案内を買って出たと思われる。以後、夏の間、二人は毎日のように行き来している。

一方、治郎八と小松との関係を見ると、小松は岩崎がパリにやってくる以前に治郎八とは知り合っていたらしい。七月か八月の間に小松は二人をどこかで引き合わせたにちがいない。

では、この岩崎雅通（太郎）とはいかなる人物なのか？　『大人名事典』（平凡社）によると、来歴は次のようなものである。

「岩崎雅通（１８８７—）本名、太郎。筆名、日向素郎。音楽教育家。明治二十年東京都に生まれた。大正二年東京音楽学校卒。同十年渡仏、昭和四年までパリに滞在。その間、約二年マルセル・トゥルニエについてハープを学んだ。（中略）昭和十九年東京女子体育短期大学講師となった」

小松は明治三十九年に東京音楽学校を卒業しているから、岩崎の七年先輩ということになるが、実際の年齢差は三歳だけだから、むしろ友人のような関係だったのだろう。日記からも二人の親密さが窺える。

では、治郎八と岩崎がいつごろから親しく行き来するようになったのかといえば、おそらく、一九二二年の四月からではないかと思われる。というのも、『小松日記』の四月二十六日には、こう記されているからである。

「二十六日（水）曇。正午十二時ガール・デュ・ノール駅から出発、倫敦に向う。一行は岩崎君、薩摩君、私の三人である」

『小松日記』には四月二日に「薩摩氏を訪う」という記載があり、以後、頻繁に行き来していた様子があるので、三月から四月にかけて治郎八がパリを再訪し、小松と岩崎を誘ってロンドンに戻ったと見るのが適当のようだ。つまり、ロンドンに居を据えて、いちおう「留学」をしていた治郎八は、前年のパリ見物の際に世話になった小松と岩崎をロンドンに招いて、いろいろと案内をしたにちがいない。

『小松日記』にはロンドン滞在中の三人の交際については触れられていないが、小松が別に残した記事「英国の音楽」(『音楽の花ひらく頃』に収録)には、かなり詳しい足取りが記されている。中で注目すべきは、ロンドン到着の翌々日の二十八日に、キュー・ガーデンとリッチモンドを訪れたという記載があることだ。既述のように、リッチモンドは、治郎八がノックス博士邸に下宿していたロンドン郊外の町である。

「二十八日は朝から郊外に出かけた。キューガーデンからリッチモンド、それからテムス河の上流へ行つた。河上にはもうそろ〳〵ボートを漕いでいる人たちを見掛けた。リッチモンドから此辺の景色は、ターナーの絵そつくりである。少し黒ずんではいるが、ゆつくりと落付いた気持は何ともいわれない。私達はリッチモンドの小さな公園で茶を飲んだ。恰度小雨がしと〳〵と降り出して天鵞絨のような芝生に音もなくそゝいでいる。雀が其上をチョン〳〵と軽い足取りで歩いている。此処から我々はテムスを遠望することが出来るのである。何という静かな落付いた景色だ。私はロンドンの市中は嫌いだが、郊外の景色は好きだ」

小松が「我々」と記しているのは、当然、治郎八と岩崎と自分のことだろう。この日、治郎八は小松と岩崎を案内して自分の住んでいるあたりを散策して歩いたのだ。小松の書き方からして、リッチモンドにおける治郎八の落ち着いた暮らしぶりがしのばれる。

小松は五月九日にロンドンを出発し、夕方にパリに帰着した。五月十三日の日記に「日仏銀行より五百フラン引出す。四ポンド、為替で倫敦の薩摩氏へ送る」とあるから、ロンドン滞在中に借りていた金を返却したのだろう。

　では、次に治郎八がパリを訪れたのはいつかというと、二カ月後の六月中旬のようだ。

「[六月]十四日(水)晴。午後より曇。薩摩氏を案内して、ベル・ヴュューの方面にホテルを探しにゆく。夜は夕食を御馳走になる」

　ここで興味を引くのは、ベル・ヴューという地名である。というのも、ベル・ヴューとはパリ西郊の美しい町ムードンのある一帯のことだからだ。

　おそらく、治郎八は、何度か訪れるうちにパリが次第に好きになり、パリ定住を考えるようになったのだろうが、そのさいに彼の頭に浮かんだのは、ロンドンに対するリッチモンドのような落ち着いた近郊の町だったのだろう。たしかに、ムードンはリッチモンドによく似ていた。まず、ムードンは、ロンドンとテームズ河を遠望するリッチモンドと同じような環境にあった。ベル・ヴューという名称も、十八世紀半ばにルイ十五世の愛妾だったポンパドゥール夫人が購入した領地がセーヌとパリを見晴らす美しい眺め(ベル・ヴュー)を持っていたことにちなむ。

だが、ここで疑問なのは、いかにリッチモンドからの類推とはいえ、パリにはまだ不案内な治郎八がいきなりベル・ヴュー(ムードン)のことを思い浮かべたかどうかということである。やはり、ムードンという土地のイメージは、小松の頭の中から浮上したものと考えたほうがいい。

　では、小松はいったいどこからムードンのホテルのことを思いついたのだろうか?

　ここで、われわれの話は、治郎八が一九二一年の夏に一緒にサン・マロとモン・サン・ミシェルに旅行した美川徳之助のパリ体験のほうに入っていくことになる。なぜなら、ムードンのホテルには、美川徳之助が住んでいたからである。

美川徳之助の『愉し　わがパリ　モンマルトル夜話』には、こんなことが書かれている。

「そのころの私は、ロンドンからパリへ移ってまだ数カ月あまり。『日本人とつきあうとフランス語をおぼえないから。』というK氏の意見で、セーヌ河にのぞんだ下ムドン《バ》の小さなホテルに住んでいた。どうやらこうやら片言ででも用がたせ、ひとり歩きができるようになっていたが、K氏が、N万兄弟を案内するのにくっついて、いっしょにエッフェル塔に登ったり、ルーブル見物、ベルサイユ行きなど、行を共にしていた。そんなふうな見物あるきのあいだは無難だったが、とうとう、そのうちに、夜遊びまでいっしょにすることになってしまった」

ちなみに、ここに登場するK氏とは、別の箇所の記述から判断する限り、小松耕輔ではないようだ。というのも、このK氏はなかなかの遊び人で、パリに到着して間もない美川徳之助をメゾン・クローズ（公認の売春宿）で遊ばせてやったりしているからだ。昭和天皇の声楽教師だった小松耕輔にはとてもそれだけの度胸も金もないはずである。

では、右の引用の著者、美川徳之助とは、いったいどんな人物だったのだろうか？　美川徳之助は、明治三十一年（一八九八）七月、横浜に生まれた。父親は松屋銀座の前身である鶴屋呉服店の番頭をつとめ、後に丸菱デパートの社長に転じたデパート業界の雄である。妹は美川きよといって、戦前にはかなり名を知られた女流作家。昭和五十三年に、夫の画家、鳥海青児との愛をつづった自伝的長編『夜のノートルダム』（中央公論社）が出版されて話題になったことがある。

美川は日本橋の浜町小学校からエリート中学の府立一中（現在の日比谷高校）に入ったが、永井荷風や谷崎潤一郎に耽溺したことから成績不良となり、大阪の市岡中学に転じ、かろうじて卒業。三高、神戸高商の受験に失敗した結果、大正九年（一九二〇）、当時大阪大丸の専務をつとめていた父親の勧めで「デパート研究」の名目でヨーロッパに留学に出かける。一年ロンドンにいた後、一九二一年から五年間、パリに居座り、モンマルトルで娼婦のヒモのような生活までしたあげく、フランス人女性と知り合って結婚、帰国後、『時事新報』『読売新聞』などの記者をつとめ、パリ体験を綴った軟派の随筆で人気を集めた。

この経歴からもある程度想像がつくように、美川も治郎八も裕福な商人の息子で遊び好きという点で、お互い気が合ったらしく、サン・セルヴァン＝シュル＝メールで同じ部屋に泊まって以来、なにかと情報交換をしていたようだ。

とりわけ、モンマルトルのメゾン・クローズに関しては、美川は先輩顔をして自分のセックス体験を微に入り細を穿って語ったにちがいない。このときのことが念頭にあったのだろう、治郎八は、前章で引用したブルターニュ旅行の紀行文の中で、美川について語っている。

「安ホテルの安めしをドレッスアップして行儀よく楽んでいたあのころ。美川君も小松先生もドレスこそ持っていないものの黒服で食事したのを覚えている。以後美川君は読売の記者入りをしたがこれでさえ当時では異色で、美川君はモンマルトルにいるというわさだった。今になり美川君の粋筆を読むと、おたがいの少年時代のサンマロ行きを思い出す」

では、美川が治郎八に語ったであろうモンマルトル体験とはいかなるものだったのか？

『愉し　わがパリ　モンマルトル夜話』の「第四話　娼婦スジイ」に記されているところによる

と、美川は、パリについて間もない頃、K氏によって、大阪の料亭N万の養子Eと一緒にメトロのウーロッパ駅のそばにあるメゾン・クローズに連れていかれた。メゾン・クローズの目印は番号付きの赤ランプが灯っている建物である。勝手知ったるK氏は呼び鈴を押し、門番女に行き先を告げて三階に登っていく。奥の客間に案内され、ソファーに座っていると、マダムが現れ、シャンパンを出した後に合図をすると、隣の部屋から七、八人の女たちが一列縦隊で姿を現し、横にずらりと並んだ。

「靴と靴下のほかは何も身につけていない肥えた女、パジャマの下だけはいた、乳房のみごとな中年増、桃色のパンタロンだけの若い女、おさげに大きなリボンをつけて、子供っぽい長い寝間着を着た若い女、三十貫もあるかと思われる、太股など一かかえもあるような大女、何かの中毒らしく、四肢をこまかくケイレンさせている女など、おそらく明るい所で見たら百鬼夜行の行列であろうが、薄暗いシャンデリアの下、くすんだ暗紅色の壁紙のこの部屋で見ると、おかしくもない。私とて、そのとき童貞だったわけではないが、あまりにも何もかもむきだしの女の行列には目を伏してしまった。そのときはじめての印象で、金髪の女の恥毛が、妙に明るい色で、猫みたいだなと思ったりした」

同行のEは閲兵でもするように順番に女たちを子細に検分していったが、美川は上目使いにチラチラと女たちを見るのが精一杯。そのうち、子供っぽい身なりをしたお下げにリボンの女と目が合った。女はかすかに笑って誘いの色を見せた。

マダムが「Ça y est（よろしい）」と言うと、女たちは一斉にカーテンの後ろに引き下がった。

マダムが「どのマドモワゼルを選んだか」と尋ねる。Eは乳房の大きな二番目の女を選び、美川はお下げにリボンの娘を指名する。それがスジイだった。

「マダムが呼鈴を押して女中を呼び、私たちの好みをつげた。やがて、さっきの女たちの中から、二人だけあらわれた。二人とも部屋着をはおって、それぞれ私たちの隣りに腰をおろした。シャンパンが抜かれて、マダム、女中も加わって『ア・ボートル・サンテ（健康を祈って）』と乾杯した。K氏は前金で二人のお泊まり代を払って先に帰った」

それぞれの部屋に行く前に、女中がガラス戸棚からタオルを取って女たちに渡すと、女たちが小銭を渡した。タオル代は女たちの負担らしい（実は客が払っている）。

「私もスジイに腕をとられて廊下に出た。小部屋が、両脇にずっと並んでいる。スジイの部屋は、中型のダブルベッド、小さなテーブルに椅子が二つ、洗面台、あとで教わったが、その台の下のカーテンの中に、洗浄器がしまってある」

スジイは美川が服を脱ぐのを手伝いながら、いろいろと話しかけてくるが、美川にはさっぱりわからない。

「押しこむように私をベッドに入れると、自分も、ガウンも寝巻もぬぎすてて、傍らにやってきた。さすがに商売女だけあって、すばらしいテクニックである」

この体験で、美川はスジイにぞっこんほれ込んでしまい、やがて三日にあげず通い始めることになる。以上は、あくまで美川のモンマルトル初体験だが、治郎八もほぼ同じような通過儀礼を経て、自らもモンマルトルの「顔」になってゆくのである。

第十六章　失われた純愛

さて『小松日記』に記された治郎八の足跡を追いながら、一九二二年から二三年にかけてのクロノロジーを再構成してみよう。

一九二二年では、治郎八の名前が次に登場するのは一カ月おいた七月である。

「十二日（水）晴。夜、オペラ座へゆき、『バレー・フランセーズ』を見る。（中略）神川、薩摩、岩崎の諸君へ手紙を出す」

「十七日（月）晴。午前薩摩君来訪」

「十九日（水）晴。フォーシェ氏を訪う。薩摩君より手紙来る」

「二十四日（月）時々雨。薩摩、中川、藤原義江の諸君来訪」

「二十七日（木）曇。薩摩氏に夕食の御馳走になる」

「二十八日（金）曇。オペラ座の楽屋見物にゆく。伴野、久米兄弟、岩崎、薩摩、佐藤の諸君と一緒である」

この後、『小松日記』には治郎八の名前は十二月まで登場しない。ということは、おそらく、治郎八は六月中旬にパリにやってきて七月を過ごした後、八月にはどこかにヴァカンスに出掛けて、そのままロンドン(リッチモンド)に戻ったものと思われる。

これと前年の『小松日記』の記述を突き合わせてみると、一九二一年から二二年にかけての治郎八の年間行動パターンのようなものが浮かび上がってくる。

すなわち、治郎八は、どちらの年も、まず三月の復活祭休暇をパリで過ごした後、四月にロンドンに戻り、六月に夏休みが始まると、それを利用して二、三カ月パリに滞在し、秋口にロンドンに帰ってから、十二月末にクリスマス休暇でまたパリを訪れるというスケジュールで二都を往復している。

これが何を意味するか明らかだろう。治郎八は、オックスフォード大学に正式登録したとまではいわなくとも、リッチモンドかあるいはロンドンの語学カレッジのようなところに籍を置き、一応「イギリス留学」という名目は立てていたのである。そうでなければ、休暇になってからパリに来るというパターンはありえない。

もちろん、その間に、ロンドンでは、アーサー・ディオジーに導かれて、コナン・ドイルやアラビアのロレンスに会ったり、あるいはロンドンの劇場でタマラ・カルサヴィナを始めとする踊り子や歌姫に熱をあげていたというようなことはあったのだろう。だが、それでも、ロンドン時代の治郎八は「留学生」の身分であったのだ。

このロンドン留学時代のことを扱った書き物はあまりないが、その数少ない一つが『ぶどう酒物語』の掉尾に配された「霧のロンドン」というエッセイである。そこには、パリで放蕩の味を覚える以前の、まだ行儀正しい青年だった頃の治郎八の初恋が感傷的な筆致で綴られている。

「こんな無軌道な、我儘一杯の生活の日々を送っていた私ではあったものの、私はあくまで心身の清純を守り通していた。そしてピカデリーの劇場エンパイヤーの若い歌姫ハミルトンの妖笑にひかれたものの、二人の交際はプラトニックで、アカシヤの花片が小蝶の翼のように肩にふりかかる、甘美なリチモンドの丘のベンチに、劇場の公休日の日曜の朝、彼女と固く手を握りしめながら、夢のようなテムズ河流を眺めあった。彼女とはじめての接吻を交したのもこの丘の芝生の小径で、春の夜の夜鶯がまどろむような唄を囁いていた」

なんともロマンティックな初恋物語というしかないが、この記述が本当なら、一九二二年の春頃までは治郎八は童貞であったはずで、後の放蕩生活を思わせるものはなにもない。イギリス時代には、「一代の蕩児・薩摩治郎八」は出現していなかったのである。

実際、この歌姫ハミルトン嬢との恋も、プラトニック・ラブに終始していたようだ。

「デイジー――これが彼女の名――はヴイナス的な肢体をもった女性で、S卿の思いものだった。舞台の上で、妖艶な姿で観客を悩殺してはいたが、彼女は純情な淋しい一れんの哀愁を漂わした恋人だった。S卿はロマンス・グレーの遊び人で、彼女をもてあそんでいた。劇場との関係も複雑で、彼女はこの有力な後援者に従っていた。彼女は私との密会を日曜の日課とするようになっていった」(同書)

このなにげない描写から、わかるのは、次のようなことである。

その一。ロンドンにおける治郎八は、留学生の身分だとはいえ、ディオジーに連れられてソーホーのレストランやピカデリーの劇場街に出入りするほどには遊んでいた。その二。気に入った歌姫がいると楽屋にまで訪ねて、直接本人に面会を申し込み、日曜朝のデートにこぎつけるほどの大胆さは身につけていた。その三。とはいえ、歌姫のパトロンになったり、劇場の後援者になるほどの図々しさも金力もまだ持っていなかった。

すなわち、ロンドン時代の治郎八は、普通の留学生に比べればかなり裕福だが、後にパリで送る王侯貴族に等しい豪奢な生活とはほど遠かったのである。この点、後の散財生活と混同してはならない。

それがためか、ハミルトン嬢とのプラトニックな恋も破局に終わることになる。

「この交際をカギつけたデーオージー老は、若い二人のためにS卿とハッキリ別れて結婚をと敢言したが、その計画が実現せぬ内にデイジーはS卿自身の従弟に求婚され、印度軍将校夫人として、遠い海の涯の基地に旅立つことになってしまった。S卿の復讐？　二人は最後の離別をハイドパークホテルの舞踊会ですごし、彼女の旅具のつまれた一室で最後の夜食を共にした。

『どうせ別れるならオペレットのような微笑みで……』

といったものの、デイジーの瞳からは真珠のような涙がとめどなく流れだした。

室を出てゆく私の首すじに彼女は熱い接吻をあたえたが、胸一杯の少年の私はふりむきもせず、華燭燈が皎々と輝くホテルの大理石階段をかけ降りた」(同書)

さながら、戦前の大甘なハリウッド映画の一場面のようではないか。もっとも、恋というものは傍から眺めていると、およそ見ちゃいられないものなのだが、当人たちにとっては胸の張り裂けるような思いなのである。それは、この後の一節を読むとよくわかる。

「どこへ行くあてもなくハイドパークレーンを歩きだすと、外国調の英語で一人の女が呼びとめた。この辺をシマにする夜の女の一人にきまっている。私が無言で歩きつづける後から、女は今度はフランス語で、『シエリ』と呼びかけた。私はいまでもこの見知らぬ女声の響きを想いだす」（同書）

このフランス人娼婦の叫び声が、二十一歳の治郎八に一つの踏ん切りを与えたのか、それとも、失われた純愛の痛手をいやすためか、治郎八は、一九二二年の暮にはロンドンを離れ、パリに姿を現している。『小松日記』にはこうある。

「［十二月］二十八日（木）曇。前の日記帳を日本へ送る箱の中に入れてしまい、その後しばらく記載を怠つていたが、今日からまた新しい日記帳に書き続けることにした。

午前は久米君を、午後は薩摩君を訪ねた。内と森茉莉子さんに手紙を書く。

米国へ出発の日も、追々せまつてきた。

二十九日（金）雨。午前薩摩氏を訪う。中食を御馳走になる。午後堀君を訪う。

夜は折竹君の帰国を停車場に送る。北澤、久我、一條、千葉、三浦、久米の諸君へ手紙を出す」

この後、小松耕輔は一月四日にパリを離れ、海路でアメリカに向かって三月に横浜に帰着するので、『小松日記』に治郎八が登場するのはこれが最後となる。

そこで、問題となるのは、先に検討したフランス外人部隊入隊の時期である。というのも、治郎八が残している「外人部隊に飛び込んだのが二十歳のとき、一九二一年の十二月だった」という記述だが、これだと、右に見てきたような一九二二年の『小松日記』と完全に矛盾する。治郎八は、この年は三月から四月にかけてロンドンとパリを往復して、小松耕輔と頻繁に会ったり、一緒に旅行しているのだから。

これに対して、われわれが推測したように、外人部隊入隊を一九二二年十二月だとすると、その時期といい、その動機といい、にわかに辻褄が合ってくるのだ。

すなわち、一九二二年の暮れも押し詰まった十二月二十九日に治郎八は、パリで世話になった小松耕輔と最後の会食を済ませた後、オックスフォードの同級生二人と落ち合って、フランスの軍港ツーロンに赴き、そこで外人部隊に入隊した。その動機は、結婚まで考えた歌姫ハミルトン嬢との純愛の破局である。治郎八も、二十一歳の、まだ純情な青年であったから、これらの推測は、決してあり得ないものではない。

おそらく、治郎八は、自ら告白しているようにツーロンの訓練所で三カ月の初年兵教育を施された後、アルジェリアに送られたが、「入隊後六カ月目にカサブランカの郊外の戦闘に出て腰に弾を食って入院した」のだろう。そのため早期除隊をしたのだろう。

そして、その後、ロンドンを完全に引き払って、一九二三年の六月頃からパリに本格的に居を定めたにちがいない。

では、外人部隊を除隊した後の治郎八の足跡を知るのに手掛かりになるような証言はないのかというと、これがなかなか見つからない。

『小松日記』に登場してくる日本人の名前をもう一度精査し、小松が立ち去った後もパリに残って治郎八との接点を持った日本人の一九二三年の日記のようなものがあると一番ありがたいのだが、そんなおあつらえ向きの文書などあるのだろうか？

まず、一番期待できそうなのが、前章で少し触れた音楽教育家の岩崎雅通（岩崎太郎。ペンネームは日向素郎《ひなたそろう》）である。治郎八自身が岩崎雅通とは親しく付き合ったと書いているからだ。しかし、残念ながら、この人は、『私たちの音楽旅行記』（音楽之友社　昭和三十三年）という少年少女向けの紀行文があるだけで、在仏日記か詳細な回想があるか否かは不明である。

次に可能性があるのは、右の『小松日記』に名があげられている折竹錫《おりたけたまう》である。第三高等学校のフランス語教官をしていた折竹は、一九二〇年（大正九）からほぼ三年間、パリに留学し、小松耕輔とも親しく行き来していたからである。折竹錫にはこれと言った著作はないが、たまたま古書店で『折竹錫先生遺稿集』という非売品を見つけたので、パリ日記が収録されていないかとページをめくってみたが、かろうじて年譜がわかった程度で、治郎八への言及は皆無である。

だが、『折竹錫先生遺稿集』には思わぬヒントが隠されていた。折竹錫は一高・東大仏文の後輩である内藤濯《ないとうあろう》と極めて親しく、留学の時期も一部重なっているらしきことがわかったのである。

これはもしかすると行けるかもしれないと感じた。なぜなら、『星の王子さま』の訳者として知られる内藤濯には、御子息の内藤初穂氏が編纂された『星の王子パリ日記』（グラフ社　昭和五十九年）という本があり、内藤がパリに滞在した一九二二年十一月二十七日から翌年の十二月二十四日までの日記が載録されているからである。

そこで、この『星の王子パリ日記』を片端から調べ始めたところ、なんと、見事に出ていた。ほんの二カ所だが、確かに治郎八への言及があり、かなり貴重な情報が記されているのである。

まず、一九二三年六月二十九日金曜日の日記（以下、『内藤日記』とする）。

「朝、ヌエット氏がくる。

午後、加藤君の案内でシャトレーに近いリヴォリの通りで、巴里滞在記念の写真を撮らせる。主人が中々の達弁でさかんに写真芸術論をやる。思わず時を過ごす。加藤氏の友人サツマ君（薩摩治郎八）をプラース・ヴァンドーム横の写真器店に案内し、かえりに石井氏をたずねて、あしたモーにブーランジェー氏をたずねる約束をする」

この記述により、少なくとも一九二三年の六月下旬には、治郎八がすでにパリにいたことが証明される。外人部隊除隊の時期ともほぼ一致する。

内藤は治郎八と、前々から付き合いのあった「加藤君夫妻」を介して知り合ったのだろう。おそらく、治郎八がカメラ機材を揃えたいと言い出したので、カメラ好きだった内藤が知っているカメラ屋に連れて行ったのだ。

「加藤君夫妻」については、頻繁に『内藤日記』に登場するが、詳細については不明。次に治郎八が『内藤日記』に登場するのも、この加藤夫妻とのからみである。

「　　　　　　　　　　　　　　　　　　　　　七月三十日　月曜日

午後デュクローズ夫人を案内して、アンリ・マルタンの薩摩氏の宅にゆく。同君が夫人の指南で仏蘭西語の稽古をするためである。

加藤君が隣り合わせなので序《つい》でにたずねる。奥さんの病気は大分よいそうであるが、やせが著《いちじる》しく見える。約束に従ってそこへ来合わせた石本、山口両君と再びパテに行って、仏蘭西音楽のディスクを買う」

これは貴重な情報と言わざるを得ない。なぜなら、治郎八がパリは十六区のパッシー地区に住居を持っていたらしいことは分かっていても、通りまでは突き止めることができないでいたからだ。そう、治郎八は、加藤夫妻と（おそらくは）同じアンリ・マルタン通り（現マスネー通り）のアパルトマンに住んでいたのである。

アンリ・マルタン通りというのは、ブローニュの森に接するミュエット門から始まるアンリ・マルタン大通りとは別の通りで、パッシー通りからヴィタル通りに至る短い通りである。

ちなみに、右の日記にあるデュクローズ夫人というのは、内藤が同じ時期にパリに留学していた地震学者石本巳四雄（一八九三—一九四〇）の紹介で知り合った上流階級（という触れ込み）のマダムで、凱旋門近くのマク・クオン通りに住んでいた。なかなかの知日家で、内藤が一九二三年の七月十九日に自宅を訪ねたときには、夫人からポール＝ルイ・クーシュという医者の俳諧研究を教えられて一驚を喫している。

ちなみに、クーシュはアナトール・フランスの主治医で、日露戦争の直前に来日し、日本の俳諧をフランスに紹介した哲学者として知られる。最近、日本でも研究書が出た。

第十七章　伯爵夫人のバタフライ

一九二三年の六月下旬、パリは十六区、アンリ・マルタン通り十七番地の閑静なアパルトマンに居を定めた薩摩治郎八は、とりあえず、フランス語の勉強から始めることにしたようだ。

フランス語に関しては、リッチモンドの下宿先のノックス博士から「先ず仏蘭西語を習得せよ」と勧められ、「早速一英老婦人に就いて始めた」が、どうにもイギリス風のアクセントが抜け切らなかったので、もう一度、ゼロからやり直そうと考えたのだろう。外人部隊経験がこの間に挟まっていたとしても、外人部隊のフランス語もまたかなり特異なものだったはずだから、これもあまり力にはならなかったものと思われる。

そこで、治郎八は、アンリ・マルタン通りの隣人加藤夫妻を介して、一高教師の内藤濯に家庭教師の紹介を頼んだらしい。あるいは、内藤が勝手に気を利かせたのかもしれないが、いずれにしても、七月三十日、内藤は日記にあるように、知り合いのデュクローズ伯爵夫人を伴って、治郎八のアパルトマンを訪れたのである。

このときの訪問については、治郎八自身がかなり詳細な思い出を残している。『せ・し・ぼん』

収録の「ロマンティック」というエッセイである。

「『ああ、あの女か。』

と私の物語を一読したら、現在厳しい学界の権威と仰がれる数人の学者たちは、三十年前の留学時代の思い出をよび起すだろう。

と言うのは、私がロンドンからパリに到着した当時、仏蘭西語の教師として紹介されたD伯爵夫人と名乗る彼女が私の仮寓の呼鈴を押したのであった。

彼女の言に依れば数名の同邦人を相手に語学を教えているとのこと、是非試してくれとのことで私はしぶしぶ承知した」

『内藤日記』の記述とは多少ニュアンスが違うが、とにかく、治郎八が一九二三年の夏からデュクローズ伯爵夫人に付いてフランス語を勉強したことは事実である。

では、デュクローズ夫人を迎えた治郎八の心構えはどのようなものだったのか？

「語学を習うには女と寝ろとは殆ど外国人の間で常識になっているが、二十歳の私にはそんな女性に対する態度は許し難いものだと言った所謂英国式の保守的教育の感化もあり、多数の友人や知己を持っていた私には語学教師、ましてや今日のレディーガイド的女性の必要もなかったわけであった。だが彼女の場合は、その良人が詩人でヴェルレーヌの親友だったという特別条件がついていたので、ヴェルレーヌ愛誦家だった文学青年の私には、何か魅惑的な幻影が彼女の訪問に添えられていた」（同書）

治郎八が「詩人でヴェルレーヌの親友だった」と書いている夫のデュクローズ伯爵については、

群小詩人やマイナー文学者の名前まで拾っている人名辞典やヴェルレーヌの伝記を調べたが、どうもそれらしき人物は見当たらない。ヴェルレーヌの周りには、自費出版の詩集を出しただけという自称詩人がたくさん出入りしていたから、あるいは、酒場で酔い潰れているヴェルレーヌと少し言葉を交わした程度の「親友」だったのかもしれぬ。そう思ってあきらめかけたところ、辰野隆の『ふらんす人』（講談社文芸文庫　平成三年）収録の「ル・パントゥーン・デ・パントゥーン」というエッセイを開いたら、この老伯爵らしき人物が「コント・ド・クロオズ」という表記で出ていた。

「私にサン・ポル・ルウを読めと勧めたのは放浪の貴族コント・ド・クロオズである。始めて石本理学士に紹介されてクロオズに会った時、私は彼の堂々たる風丰《ふうぼう》を眺めて、『立派な男だな』と思った。齢は五十の境を越えて、なお幾つかを算《かぞ》えたろう。（中略）

彼はディレッタントである。ユイスマンと親しかった彼、また其当時の芸術家の中に多くの仲間《コパン》を有し、而《しか》も既に其の大半を失なった今日の彼は、現代の文壇の一隅に、淋しく残された旧友と会して寧ろ過去を語る人であった」

ここに「ユイスマンと親しかった」とあるのに注目して、ロバート・バルディック『ユイスマンス伝』（岡谷公二訳　学習研究社　平成八年）を繙いてみたところ、ユイスマンスが『大伽藍』を執筆するさいに手伝ってくれた若き友人の一人として、オースタン・ド・クローズという名前が一カ所だけあげられていた。

「国立図書館で中世の動物誌からの覚え書を取って来た年下の友人オースタン・ド・クローズの

助力を得た」
辰野が「コント・ド・クロオズ」と記している老詩人は、まず、この人物と見てまちがいなかろう。すなわち、内藤濯が「デュクローズ」と表記し、治郎八が「D伯爵」としている老詩人は、正確には「オースタン・ド・クローズ」だったのである。

したがって、当然ながら、その夫人はデュクローズ夫人ではなく、ド・クローズ夫人としなければならないわけである。では、この「ド・クローズ」夫人はどんな女だったのか？　治郎八は風体をこう書き留めている。

「だが彼女の服装やメーキャップには一驚を喫した。と言う理由は、小柄の肉付きのよい女盛りの彼女は、さながらミュッセの詩の中に出て来るようなロマンティックな帽子、一八三〇年スタイルそのものであったからである。眼のふちとりから胸の開き方、何と言っても芝居がかりの彼女の出入は自分にとって迷惑そのものだったので、では彼女の家に出かけてミュッセでも読もうと云う話に持っていった」（「ロマンティック」『せ・し・ぼん』）

パリに慣れていない若き治郎八は驚いているようだが、じつは、いつの時代でもパリには、こうした「タイムマシンに乗った時間旅行者」風の服装をした人物はたくさんいる。そして、自分では、そんなに風変わりな格好をしているとも思わずに街を歩いているし、道行く人々もそれを見とがめたりしない。それがパリなのである。

それはさておき、ド・クローズ夫人のアパルトマンに出掛けて治郎八が眼にした夫妻の生活ぶりはというと、おおよそ次のようなものだった。

「彼女の家は凱旋門の近くの古い家屋の何階かの古色蒼然としたアパートで、転落の老伯爵は僅かに詩の評論などで辛うじてパンを得ている慢性的斜陽族。そして二十五、六の彼女は一見してフランス座の下積みの端役女優か画家のモデル上りかといったタイプ。老伯爵の貧乏生活を若い肉体で支えているといった印象を受けた」（同書）

ド・クローズ夫妻が住んでいたアパルトマンは治郎八のいうように、「古色蒼然」としていて、室内も落魄の気分を漂わせていたようである。

また、訪れてくる日本人を相手にするのが、ド・クローズ伯爵よりも、若い夫人の役割だった点についても、辰野はこんな証言を残している。

「私は始めて彼に会った時若し暇があるなら、一週に二三回、会話の相手になって下さらぬかと頼んだ。彼は早速快諾して呉れたが、目下ある仕事を目論んでいるので、予め日を極めてお目にかかる事は出来ぬ。然し自分が忙しい時は妻が代理をするだろう。妻も芸術が好きである。それを前以て承知して下されば何時でも歓迎すると云う。私は彼の好意を嬉しく思った。（中略）クロオズが不在の時、在宿でも机に向って忙がしそうに書きものをしている時などは、小柄な快濶なクロオズ夫人が愛想よく話相手になって呉れるのであった」（「ル・パントゥーン・デ・パントゥーン」『ふらんす人』）

ド・クローズ伯爵夫人が芸術や文学には造詣が深かったことは、治郎八も認めている。

「だが彼女のロマンティックな教養はそう上滑りのものでもなく、アナトール・フランスや、ポール・ブルジェらとも知遇であり、十八世紀好みの私をロココ趣味の貴公子扱いにするところは一種の姐御気分でもあった」（「ロマンティック」『せ・し・ぼん』）

問題は、彼女の大胆な接し方と、住まいの侘しさとのミスマッチであった。

「彼女は薄物の部屋着で自分と対座したというよりは接近した。だが彼女の小サロンには台所から匂ってくるポトフの匂いが漂っていて如何にも世帯臭いにおいが鼻をついた」（以下、同書）

治郎八が抑制した態度を崩さないでいると、ド・クローズ夫人はそれをじれったがっているように見えた。そうした点が余計に治郎八を引かせてしまった。

ある晩のこと、治郎八がレッスンを受けに入っていくと、夫人が例によって薄物のドレスで現れ、こう言った。

「ねえあなた、今夜これから美術家連の祭典に出かけません？　伯爵はもう老年で夜更しは駄目なのよ。それに丁度詩人の集会があって留守なので、実はあなたにでも一緒に来ていただけたらと思ってさっきから身支度していたんだけど……」

このときはまだ、治郎八はロンドン仕込みの紳士であったので、パリの画学生たちの乱痴気騒ぎほど嫌いなものはなかった。十六区に住んだのも、カルチエ・ラタンの喧噪から遠ざかろうとしたからにほかならない。

そこで、残念ながら、今日は帰って彫刻でもやろうと思ってと答えた。事実、治郎八はこの頃、彫刻に夢中になっていたのだ。

すると、夫人は、彫刻をするなら、美術家連中の祭典に一度くらいは顔を見せてもいいのではないか、きれいなモデルも来ていることだからと、なおも言い張ったので、治郎八は根負けしたかたちで「では行きましょう」と口を滑らしてしまった。

それでは、コートを着てくるからと言って戻ってきた夫人を見ると、タフタの襞のかたまりのような時代がかった代物、ロマン派時代の化石のような外套だった。

「どうこの外套は、本当のロマンティックよ」

驚いた治郎八が、舞台の上かなにかならまだしも、このなりで外を歩くのはちょっとと口ごもると、夫人は、「どうしてよ。じゃ車を呼んで来て下さらない」と譲らない。

治郎八は、しかたなく、ロマン派外套を着込んだ夫人を車に押し込み、カルチエ・ラタンの会場に到着した。

二人が入って行くと、五、六十人ほど集まっていた芸術家連中は歓声をあげた。一人の中年男が伯爵夫人の手に接吻して外套を預かりましょうと手をかけた。

「その瞬間ワーッという歓声だか嘆声だかが湧き起った。

私が夫人の方を振り向いたとき、彼女は全裸で男たちに囲まれていた。そして彼女の局部には申し訳ばかりのバタフライがきらめいていた。

彼女は私を見て
『どう、ロマンティックでしょう。踊って下さらない。』

と微笑した」

伯爵夫人の大胆な露出がきっかけとなり、その場に居合わせた女たちは、芸術家たちに囲まれて全員、素っ裸にされてしまった。もともと、パーティにやってきていたのは画家や彫刻家たちのモデルがほとんどだったから、全裸になるのは抵抗がなかったし、それに、こうしたハプニングは芸術家の宴会ではよく起こったのである。

だが、女たちがみな丸裸になると、伯爵夫人の局部に付けられていたバタフライだけが異彩を放つことになる。伯爵夫人は、治郎八の手をバタフライに持っていってこう言った。

「ねえ、あたしだけがロマンティックなのよ。あとは皆シュールリアリストなのよ」

バタフライ一枚の伯爵夫人と治郎八が踊り始めると、夫人は耳元でささやいた。

「これが文明というものなのよ。大自然だって人工が入らなけりゃ汚い姿でしょう。女の裸体だって同じことなのよ。これ一個の力であたしだけが成功したのよ。一輪の菫《すみれ》、リラの花の一片それだけでロマンティシズムが生れるものと同じこと。このキャシュ・セックス一片だけであたしの裸体は芸術化されたのよ」

祭典は暁方まで続き、芸術家たちはそれぞれ裸体の女たちを抱いて家路を急いだ。

出口に来ると、伯爵夫人は、治郎八に向かってこう言った。

「じゃあ、あなたのアトリエでこれからポーズするわ、お仕事のお邪魔してしまったお詫びに」

治郎八が、もう朝ですよと答えても、夫人は「いいじゃないの、朝の太陽を浴びた裸女は駄目?」と軽く受け流す。

アトリエに着くと、夫人は無言で外套を脱ぎ捨て、ロマンティシズムの象徴も落としてしまったので、治郎八は思わず「それだけはつけておいてくれないと」と叫んだ。

すると、夫人はこう答えた。

「だって此処じゃあたしはモデルでしょう。あなたがすべての美もアクセサリーも創造するのでしょう。あたしのロマンティシズムはあたし自身の創造なのよ。さあどうでもポーズをきめて頂戴」

なるほど理屈は通っている。しかし、いまは感心している場合ではない。事態は切迫していたのだ。

「そう言った彼女の瞳は豊麗な乳房におとされて熟れきった果実のような肉体が息づいていた。無言の一瞬が二人の間に流れた。

『もうこれ以上、あたしを待たすつもり。』

彼女はそう言ってデバンの上に仰向けに寝ころがった」

さて、このあとどうなったのか？

治郎八は、伯爵夫人のロマンティシズムを尊重したのか、末尾を次のような、ロマンティックな描写で結んでいる。

「太陽を浴びた裸女の創造は私の腕では到底及びもつかぬロマンティックなものであったが、彼女の露出された肉体は早朝のアトリエであらゆるフォルムで展開された。

そして夕方まで彼女の名づける美の展観を続けた後、悩ましい目付きで彼女の唯一の『文明』をつけてアカシヤの芳香の漂うパッシーの黄昏の裡に消えて行った」

こうして、パリのロマンティシズムの洗礼を浴びた治郎八はロンドン時代の節制を捨て、おおいなる冒険《アヴァンチュール》の世界へと入っていくのである。

第十八章　藤田嗣治との出会い

一九二三年六月下旬にパリに居を定めた薩摩治郎八は、ド・クローズ伯爵夫人からフランス語のレッスンを受けるかたわら、さまざまな芸術家や文人と交流を深めていく。

そのうちの一人に藤田嗣治がいた。

藤田は薩摩治郎八の伝記において一つのカギとなる重要人物で、治郎八自身もたびたび言及しているが、両者の交流の細部については依然として不明な点が多い。

第一、最初に二人が出会ったのがいつなのかもはっきりしていないのである。

まず、「半生の夢」の藤田嗣治に関する部分を挙げてみよう。

「音楽批評家の岩崎雅通氏は私の交際していた唯一の日本人であった。又天才的バイオリニストと謳われた古典趣味の林龍作氏を紹介されたのもこの頃であった。当時自分にとって最も深い印象を与えた邦人芸術家は、漸く売り出した藤田嗣治である。英国流のエチケットの抜け切れなかったその頃の私には、藤田の異彩あるポエム趣味の容貌は近づき難かったが、或る日マドレン広場のベルネーム画廊で、氏のうしろ向の裸婦図を見てからは、氏に心を惹かれ、ついにモンパルナス、ドランブル街の画室の戸をたたいた」(『せ・し・ぼん』)

これとは別に、治郎八が藤田との出会いを語った文章はないのかと資料を探索してみたところ、昭和四十三年(一九六八)八月にノーベル書房から出た『猫と女とモンパルナス』という本の中に「華やかなるモンパルナスの彼」と題する治郎八の回想が見つかった。さまざまな情報が詰まっているので、引用してみよう。

「私が藤田と知りあったのは、一九二二年だった。藤田のドランブル街のアトリエに訪ねて行った。アトリエといってもガレージで向いあいが台所になっていた。英国スタイルの私を見て、彼は心よく迎えてくれた。たしかドランブル街の四番地だったと思う。彼のアパートは階上にあったが、妻君のフェルナンド・バレー(女流画家)が彼の弟子小柳と同居してしまって、彼の住まいはバレーと小柳にとられてしまい、彼は階下のアトリエと台所に住んでいた。すでに次の女ユキができており、彼は夕方にはユキとのランデブーに出ていった。ユキの肖像画をかいていたが、小遣いはデッサンを描いてあてていた」

治郎八ははっきりと「一九二二年だった」と記しているが、例によって治郎八の年代・日時の記憶は疑ってかかったほうが安全だから、このクロノロジーが証言の他の部分と矛盾しないかを確かめておく必要がある。

一九一三年(大正二)六月、三年の約束でフランスに渡ったとき、藤田は既に結婚していた。前年に東金高等女学校教員の鴇田登美子(とみ)と大恋愛の末に結ばれていたのだ。最初、藤田は妻をフランスに呼び寄せるつもりだったが、第一次大戦が長引いたことや、パリで名を揚げるまでは帰国しないと固く決心したことなどがあり、一九一六年に登美子に手紙を書き、離婚を申し出ることになる。

藤田がフェルナンド・バレーと知り合ったのは、近藤史人『藤田嗣治「異邦人」の生涯』（講談社　平成十四年）に従うならば、一九一六年の冬のことである。

「藤田はこの年［一九一七年］三月、パリ14区の区役所で二度目の結婚式をあげた。相手はフェルナンド・バレエという年上のフランス女性だった。（中略）

フェルナンドは、モンパルナスのカフェにたむろするモデルたちの中でもひときわ目を引く大柄な女性だった。褐色の髪を持つ彼女はいつも男たちを相手に乱暴な言葉でしゃべっていた。

二人が親しくなったのは前年の冬のことだった。ある日、藤田はドランブル街にある彼女の家に招待された。寒い日だったが、彼女には薪を買う金がなかった。しかし、『平気よ』と言った彼女は突然斧を取り出し、椅子をこわしはじめた。やがて暖炉に椅子を燃やしたフェルナンドは何事もなかったようにお茶を淹れた。その姿が、藤田の心を鷲づかみにしたのだった。

フェルナンドは、藤田の生活を支えるとともに、その画家としての才能を愛した。姉御肌で夫の成功を何より願う妻との暮らしの中、画業にうちこんだ藤田に最初の幸運が訪れた。ある雪の降る日、初めて絵が売れたのである」

フェルナンド・バレーとの結婚生活は、結局、一九一七年から二四年まで七年続くことになるが、実際には、一九二三年の初め頃からかなり危ういものになってきていた。一九二一年にパリにやってきた若き画学生小柳正が、藤田のアトリエに出入りしているうちにフェルナンドといい仲になってしまったからである。近藤史人は、この間の経緯をこう語っている。

「藤田に絵を学ぼうとしばしばアトリエを訪ねてきていた小柳は、俳優の早川雪洲に似た美男だった。アトリエで会話を交わすうち親しくなった二人は、藤田のアトリエの階上にあるフェルナンドの部屋で公然と逢い引きを続けた。藤田自身もその関係を知っており、またフェルナンドも隠そうとはしなかった」(同書)

問題は、フェルナンドと小柳との関係が発生したのは、藤田がフェルナンドに飽きがきていたので、わざとそうなるよう仕組んだという説があることで、げんに、蘆原英了は「小説　藤田嗣治」で「藤田はフェルナンドと別れたく思っていたので、これを体《てい》よく後輩へ譲ったものと思われる」と書いている。


これに対し、藤田嗣治未亡人に取材した近藤史人はこの説を否定し、こう述べている。

「藤田が夫人に語ったのは、フェルナンドの不倫を知ったときは本当に驚いたが、追及することもできず悲しんだ、自身は不倫を許そうとしたがフェルナンドのほうの気持ちを優先して、やむを得ず別れることになったという事情だった。

『夏堀用手記』の中で藤田は小柳についてこう書いている。

〈私は散々不良の小柳氏に苦しめられました。小柳氏はただ食べるために我が家を目標として入り込み、絵もそれから始めたような男です〉

『小柳に苦しめられた』。晩年になってもそう述懐する藤田の心境を思い合わせると、蘆原英了の観察は外れているように思えてならない」(『藤田嗣治「異邦人」の生涯』)

どちらが本当か、当事者たちをあの世から喚問して証言させても、おそらくは真相は「藪の中」だろう。一つ確かなのは一九二三年の春頃には、すでに三角関係が出来上がり、藤田がこれを苦慮していたということである。

実は、この点に関して、かなり精度の高い情報を提供しているのが、ほかならぬ、我らが治郎八なのである。先に引用した『猫と女とモンパルナス』の「華やかなるモンパルナスの彼」の少し先の文章にこうあるからだ。

「彼がサロン・ドートンヌに『家族』と題してバレーと自分の肖像を描いて出品（この画は彼の傑作だった）したのは、これによってバレーの気持をとり戻し、彼女が彼のもとに戻ってくるだろう？と考えたからである。

だが、この望みもバレーには通ぜず、小柳との仲はつづいて行った。そして、バレーをあきらめた彼はユキに打込んでいった」

ここで治郎八が引き合いに出している『家族』とは、「藤田嗣治展」のカタログに『室内、妻と私』（笠間日動美術館蔵）という題で出ているそれだろう。最初の出展は、治郎八の記述と違ってソシエテ・ナショナール・デ・ボザールだが、その出展時期は一九二三年五月（「藤田嗣治展」年譜）である。つまり、治郎八の言うように、藤田は『家族』（『室内、妻と私』）を描いた一九二三年春にはまだフェルナンド・バレーに未練はあった可能性が高いのだ。ユキとの関係が深まるのはその後である。

では、ユキと藤田はいつ、どのようにして出会ったのか？

ユキは本名をリュシー・バドゥといい一九〇三年にパリ八区のパンチエーヴル通りに生まれている。パンチエーヴル通りは高級ブティックの立ち並ぶフォブール・サントノレ通りと交わる道だから、階層としては比較的上の方である。ユキ自身も伯母が北フランスで大規模農場を経営していたので家庭は裕福だったと語っている。十五歳で母と祖母を一度に亡くし、遺産を相続したため働く必要がなかったので、当時、流行し始めていたモンパルナスのカフェ・ロトンドに出入りするようになり、そこでオカッパ頭の藤田に出会った。知り合いの画家から藤田の名前を聞き出したユキは知り合う機会を狙っていたが、やがてその願いは叶えられる事になる。仲間十人ほどとアトリエを訪ねたユキに、藤田はその晩にロトンドで食事しようと約束してくれたからである。結局、その夜はモンパルナスのキャバレーで徹夜し、それから三日間、モンパルナスのホテルで過ごした。以来、藤田はユキをモデルにした裸婦を描きはじめた。

ところで、このアトリエ初訪問のさい、藤田は『五人の裸婦』を描いていたとユキは証言しているが、これは一九二三年十一月開催のサロン・ドートンヌに出品された大作である。つまり、ユキとの出会いは一九二三年の夏か初秋ではないかと推測される。

では、こうした藤田のクロノロジーを治郎八のそれと突き合わせるとどうなるのか？

先に引用した「華やかなるモンパルナスの彼」の文章には、治郎八が初めてドランブル通りの藤田のアトリエを訪ねたとき、フェルナンド・バレーは同じ建物の階上にあるアパルトマンで小柳正と同棲を始めており、藤田はアトリエと台所で寝泊まりしながら、すでに関係を持っていたユキとのランデブーに出かけたと書いている。また、ユキの肖像を描いていたともある。

ということは、治郎八と藤田の出会いは、藤田とユキの関係ができた直後の一九二三年の夏か初秋と見るのが最も正しい。

これは、藤田が描くユキの肖像画の制作年からも傍証できる。「藤田嗣治展」のカタログに掲載されている『座る女性と猫』（鹿児島市立美術館蔵）と『タピスリーの裸婦』（京都国立近代美術館蔵）は、いずれも一九二三年制作で、モデルはまずユキと見ていいからだ。

かくして、ようやくにして、二人のクロノロジーがクロスオーバーして交点が弾きだされることとなる。

治郎八が初めて藤田のアトリエを訪れたのは、彼がアンリ・マルタン通りに居を定めた一九二三年六月下旬以降の夏か初秋であり、一九二二年ではありえないと。

第十九章　仮装舞踏会

　薩摩治郎八が証言しているところによると、ドランブル通り五番地（治郎八は四番地と誤記）にある藤田嗣治のアトリエを彼が初めて訪ねていったとき、藤田はフェルナンド・バレーと新しい愛人の小柳正によってアパルトマンを閉めだされ、階下のアトリエで暮らしていたが、すでにこの頃からユキ（リュシー・バドゥ）との関係ができていて、夕方にはユキとのランデブーに出掛けていったという。時期は、前述したように、一九二二年ではなく、一九二三年の夏か初秋である。

　治郎八は、藤田嗣治とユキのランデブーにはかなり近くから立ち会っていた模様で、同じ証言の先の箇所で、こんな言葉を記している。

「その頃藤田は、モンパルナスの駅前のホテルをユキとのランデブーに使用していた。真新しいホテルの室は、藤田にしては天国だったらしい。

　他の友人弟子は禁制で、私だけは木戸ごめんで彼の室に入って行った。

ユキの友達に月という女がいた。洋服屋の娘でロンドンで英語を覚えたという娘で、藤田は私に、アミー（めかけ）にしろとすすめた。が、私のタイプではないので知らん顔をしていた」（「華やかなるモンパルナスの彼」『猫と女とモンパルナス』）

　これだけを読むと、藤田がユキとのランデブーに使っているモンパルナスのホテルの室に入っていって、そこでユキの友達の「月」という女を紹介されたように感じるが、実は、これらの文章の間にはかなりの時間的な開きがあるようなのだ。つまり、治郎八が「木戸ごめん」で入っていった藤田とユキの「愛の巣」は、最初のうちこそモンパルナスのホテルの一室だったかもしれないが、すぐに別の場所に変わるのである。

　この点に関して、当事者であるユキが、藤田との関係の始まりについてこんな言葉を自伝に書きつけている。

「わたしたちはモンパルナスのホテルで三日間一緒に暮した。わたしの堅気根性と、家番をはばかる気持が、自分の家に男を連れてくることを妨げたのであった。一方そのあいだ、フェルナンド・バレー（フジタの正妻）は彼女のためにフジタが自殺したのではないかと考えて、屍体公示所《モルグ》まで人をやって彼の屍体を探させたということである。

　この頃にはすでに家賃がだいぶたまっていたので、わたしたちはパシー町［通り］のそばのマスネー町［通り］に家具付きのアパートを借りることにした。もしわたしたちに少しでも生活の知恵があったなら、カルディネ町［通り］のわたしのアパートをそのまま借りていたであろうに。しかし、結婚もしていないのにそんなことをするのはわたしはいやだったのだ。そのことを考えると、今でもほほえましくなってくる。

ヴァレリーは年が寄りすぎていると言ってパシーまでついてくることを望まなかったので、アパートにあったものを全部彼女に与えた。ずっと先のことになるが、彼女が死ぬときまで住んでいたトックヴィル町［通り］の家にわたしは会いたいときには出かけることにしていた」（ユキ・デスノス『ユキの回想　エコル・ド・パリへの招待』河盛好蔵訳　美術公論社　昭和五十四年）

ユキの文章も飛躍が多くて、理解に苦しむが、「この頃にはすでに家賃がだいぶたまっていた」とあるのは、藤田とユキが愛の巣にしていたモンパルナスのホテルの月極め（あるいは週極め）の家賃（部屋代）のことだろう。パリのホテルはこうしたシステムを取るのが普通だからである。

二人はこのモンパルナスのホテルの一室で半同棲関係にはなっていたものの、藤田の生活の本拠はドランブル通りのアトリエ、ユキのそれは十七区のカルディネ通りのアパルトマンにあったが、ドランブル通りのアトリエはフェルナンド・バレーの所有なので、藤田としては、新しい住まいがどうしても必要となったのだった。いっぽう、ユキはといえば、カルディネ通りのアパルトマンは、一緒に住んでいた祖母と母が五年前に亡くなったため、十五歳のときから女中のヴァレリーと二人暮らしだった。だから、藤田がユキのアパルトマンに転がり込めば、それで住宅問題は解決だったのだが、ユキはまだブルジョワ的な体面に囚われていたため、「結婚もしていないのにそんなことをするのはわたしはいやだった」のである。

では、二人が（おそらくは一九二三年の暮れから翌年の初めに）移り住んだ高級住宅地十六区のマスネー通りのアパルトマンとはどういう部屋だったのだろうか？

「そこでわたしたちはマスネー町［通り］のわたしたちの生活を再びつづけた。このアパートの家具は相当にみすぼらしかったが、住み心地は悪くなかった。それに、一九二四年は、物価も安く、商売も繁昌だった。フジタは有名になり始めていた。わたしたちは、愛し合っていたし、慎しみ深くて、親切で、どんなことにも満足していた」（同書）

「再びつづけた」とあるのは、サロン・ドートンヌの際にフェルナンド・バレーが「正妻権」を主張してユキを侮辱したため、ユキがショックを受け、藤田との関係にヒビが入りそうになったことを指す。それはともかく、ひとつ確実なのは、このマスネー通りのアパルトマンで二人が一九二四年を過ごしたということである。

この事実は、われらが治郎八との関わりという点からはかなり重要となる。なぜなら、十六区のパッシー地区から西に走るマスネー通りは、治郎八が住むアンリ・マルタン通りが一九二四年に名前を変えた同じ通りで、治郎八が立ち寄ろうとすれば、一、二分もかからない距離だったからである。したがって、「私だけは木戸ごめんで彼の室に入って行った」と治郎八が記しているのは、このマスネー通りのアパルトマンであると思われる。「お隣同士」だったからこそ、親密な付き合いが可能になったのだ。

では、藤田が治郎八に「アミー（めかけ）にしろとすすめた」「月という女」はいったい誰なのだろう？

ユキは交際範囲が広かったので友人はたくさんいたが、いつも行動をともにしていたのは、同い年の従妹ジェルメーヌである。ジェルメーヌが「洋服屋の娘でロンドンで英語を覚えた」娘であるかどうかははっきりしないが、ユキの従妹なら、治郎八を弟分として扱っている藤田であれば「アミー（めかけ）にしろ」とすすめることはありえるのではないか？「ユキ（雪）」の名前を与えた藤田が、その従妹を「ツキ（月）」と命名する可能性は十分あるからだ。

それはさておき、マスネー通りに身を落ち着けた藤田は、宴会好きの気性が高じて、自宅でもパーティを催すようになった。

「土曜日ごとにフジタのバーで、ささやかなレセプションがあった。わたしはカーニヴァルの仮面が大好きだったので、わたしたちはニコル・グルー（ポール・ポワレの妹）の店のデザイナーの助けを借りて仮装をした。彼の名はジョッフロワで、布切れで波形のひだを作るのが真似手のないほど巧みだった」（同書）

ユキは、この後、パーティに参加した有名人の名を列挙しているが、それは直接関係がないので省くとして、われわれとしてはむしろ、ポール・ポワレの妹ニコル・グルーという名前を記憶にとどめておくことにしよう。

というのも、治郎八は、後述のように、人生における最初の恋人ともいえる絶世の美人と知りあって、ポール・ポワレ主催の夜会に出席することになるのだが、それはおそらく、こうした十六区の隣人同士である藤田コネクションを介して出来上がったものと思われるからだ。

実際のところ、この当時にはまだ、治郎八はロンドン仕込みのイギリス紳士の振る舞いが抜け切れていなかったので、いかに藤田と親しんでも、モンパルナスの芸術家たちのドンチャン騒ぎにはかなり顰蹙していたらしい。また芸術家の方でも治郎八を敬遠していた様子である。

「藤田は私を大変歓迎してくれ、従弟だと称してモンパルナスの芸術家連に紹介してくれたが、モンパルナスの画家やモデル達は私のような英国風な風采の者には、むしろ冷淡だった。私を友人として、その画室の扉を快く開いてくれたのは海老原喜之助氏ぐらいのものだった」(「半生の夢」『せ・し・ぼん』)

こんな調子だから、藤田とユキがモンパルナスを離れて、十六区の一角に開いた「土曜日ごとのバー」は、治郎八にとっては、ドームやロトンドなどのモンパルナスのカフェよりもずっと居心地がよく、十六区社交界との知己を得るきっかけをつくってくれたことになる。

こうした十六区での両者の交流から拡がった輪の一つに、マリーズ・ピラ夫人のサロンがあった。マリーズ・ピラ夫人は、ノアーユ夫人と並ぶ上流社交界の花形の一人で、藤田もその肖像を描いているようだが、治郎八はそのコネクションを経由して、ピラ夫人宅で催されたティー・パーティで運命の女性と邂逅することになる。「半生の夢」の中で、治郎八はこのときのことを感動込めて回想している。

「華やかな二十二年、二十三年は夢のように過ぎ去って、一九二四年四月の忘れもせぬ十五日、巴里社交界の花形P夫人の茶宴で青年期の最初の恋人に邂逅した。春雨が煙るエトワールに近いP夫人のサロンで初めて会った彼女は、雨宿りを口実に、玄関口で私の帰りを待っていた。当時売り出しのマリー・ローランサンの理想的なモデルとして描かれた美人で、彼女を通して私はロンサールを知り、ルイズ・ラベを愛誦した。そしてヴェルサイユ宮殿の奥深い庭園は我々二人のランデブーの場所となった。ということは、彼女との交際はやがて恋愛に変って行ったことを意

味する」（同書）

恋人を得て、ようやくパリの流儀にもなれてきたらしい治郎八は、身についてしまったイギリス風のギコチなさを捨て、この頃から積極的に舞踏会や仮装舞踏会に出掛けていくようになった。その経験は当然、自分の恋人を社交界の人々に見せびらかし、自尊心と嫉妬をないまぜにした恍惚を味わう最初の機会を彼に提供したようである。

「その頃、巴里流行界を風靡した衣裳創作家ポール・ポアレの店で催された『印度夜会』に彼女と招待を受けたことがある。私は印度の服を着、リュー・ド・ラ・ペ［リュ・ド・ラ・ペ］のベルリオーズ宝石店提供のダイヤ、ルビー、エメラルド等をちりばめたチュルバンを輝かし、彼女は半裸体の印度の舞姫に扮した。列席客は印度王族カプタラ殿下をはじめ、パリ社交界の美男美女たちをすぐったが、その中で当時人気の頂点にあったオペラ女優ジェネヴィヴ・ヴィクスと私の彼女とは二つの星のようにかがやいて、某ラジャーから結婚の申込みを受けるという騒ぎまであった」（同書）

後にパリ社交界の寵児となる治郎八だが、この頃までは、社交界では、ほんの駆け出しの坊ちゃんにすぎず、完全に無名の存在である。それが、モード界の革命児と謳われ、いまや最高に売れっ子のデザイナーとなったポール・ポワレが催す仮装晩餐舞踏会「印度夜会」に、ご自慢の恋人とともに招待を受けたのだから、その自尊心の満たされようは尋常ではなかったにちがいない。

おそらくは、こうした自尊心の満足が、治郎八をして、二〇年代の社交界生活に没入せしめる動機となったのだろう。

では、このポール・ポワレの「印度夜会」の招待がどのような経路で届いたかといえば、それは先ほど述べたような藤田とユキのコネクション、すなわち、ユキが贔屓にしていたデザイナーがポール・ポワレの妹ニコル・グルーのメゾンで働いていたことが大いに関係していたものと思われる。

このように、一九二四年に至って、ようやくわれわれは、いわゆる「薩摩治郎八」に接することができるようになったわけだが、その一方では、留学中の治郎八のもとに、不吉な知らせがとどいていた。一九二三年（大正十二）九月一日に日本で起こったあの関東大震災である。

関東大震災のニュースは、翌日の九月二日の夜にはパリに伝わり、三日の朝刊で大々的に報じられて、在留邦人のあいだに深刻な動揺をもたらした。初めのうちは、新聞の報道はおおげさではないかと噂しあっていた日本人は、続報が到着し、被害の規模があきらかになるにつれ、みな日本に残してきた家族のことが不安でたまらなくなり、なんとか連絡を取ろうと試みるがままならず、集まっては情報を交換するのみであった。内藤初穂氏編纂の『星の王子パリ日記』には、そのときの様子がこう綴られている。

「九月五日　水曜日

大災害の報、日を追うて確かになって行く。（中略）

夕食は加藤夫妻と支那料理でやる。大使館の町田君がそこへやって来たので、政府から何かしかな知らせがあったかと聞いてみる。東京の下町は悉く潰《つい》え、山の手は一部を余すのみで死傷者十数万であるという事より以上には知る事ができない。かような場合にかような遠い所へ来ているのは情けないものだ」

加藤夫妻というのはアンリ・マルタン通りで治郎八の隣組だったから、当然、こうした情報は治郎八にも伝わり、不安は伝染していったにちがいない。

そして、その影響は、ようやく恋人を得ることができた治郎八にも及ぶことになるのである。

第二十章　マリー・ローランサンのモデル

一九二四年四月十五日に、「春雨が煙るエトワールに近い」パリ社交界の花形マリーズ・ピラ夫人のサロンで知りあった例の「青年期の最初の恋人」に関して、治郎八は「当時売り出しのマリー・ローランサンの理想的なモデルとして描かれた美人」という形容以外のヒントを残してはいないが、じつは、このヒントは思いのほか重要なのである。

というのも、治郎八は、頭隠して尻隠さずの伝なのか、それとも、最初からあまり隠すつもりがなかったのか、「マリー・ローランサンのモデル」という符丁のもとに同じ人物と思われる女性にたびたび言及し、最後にはその身元まで明かしてしまっているからである。

たとえば、『せ・し・ぼん』収録の「モンパルナスの秋」にはこんな文章がある。

「『私はマリー・ローランサンのモデルだった』という女友達がアカデミーで画を描きだしたので、よく彼女をドームの片隅で待ち受けた。われわれ仲間でメリサンドと仇名した彼女は、感覚的な詩を書き、マチスの家に出入して、画はいわゆるマチス張りな色彩派であった」

「女友達」というのはフランス語でamie。日本語に訳すと、たしかに「女友達」となるが、日本語の「友達」というニュアンスはほとんどなく、実際には肉体関係のある恋人ないしは愛人のことを意味する。恋人であるか愛人であるかは、双方に配偶者がいるか否かという一点で区別されるが、その点に触れると、誰のことを話題にしているか同定できてしまうので、治郎八はわざと、この曖昧なamieという言葉を用いたのである。

それはさておき、この「女友達」と「青年期の最初の恋人」は、「マリー・ローランサンのモデルだった」という点からして同一人物である可能性が高いが、もう一つ「感覚的な詩を書き」という点でも共通している。というのも、「半生の夢」では、治郎八は「青年期の最初の恋人」を通して「ロンサールを知り、ルイズ・ラベを愛誦した」と書き記しているからである。

「モンパルナスの秋」の引用の続きを読むと、共通点はさらに見出せる。

「この美人友達には当時パリ讃美者群が取巻いていてモンパルナスの作家ミッシェル・ジョルジュ・ミッシェルは彼女の宣伝係、名優ジェミニは彼女を一世の女優にと熱を上げ、マチスは画道で一旗上げさせようと力んでいたが、美貌自慢の彼女は蝶々のように飛び立ってしまい、神出鬼没、それに加えて体自慢の露出趣味とあったので、モンパルナス通りを自作の裸体自画像のカンバスを小脇に抱えて、私とのランデブーに飛びこんでくる始末、流石のペリアス気取の私もペッチャンコ。さながらストリップのサンドウイッチマンよろしくの役割で、彼女の後ろから絵具の生乾きのカンバスを捧持して従った」

これを「半生の夢」の「印度夜会」の描写の「彼女は半裸体の印度の舞姫に扮した」と比較してみよう。そこには、自らのパーフェクトな肉体を見せびらかしたいという「体自慢の露出趣味」が見出せるはずである。

ただ、「半生の夢」の「青年期の最初の恋人」と「モンパルナスの秋」の「女友達」はおそらく同じ女性でも、付き合っていた時期は多少ずれているようだ。すなわち、「半生の夢」における逢瀬が一九二四年四月十五日から治郎八がパリを離れるこの年の暮れまでの間のことを述べているとすれば、「モンパルナスの秋」の引用箇所は治郎八が再渡仏した一九二六年以降のことと思われる。モンパルナスで治郎八が藤田嗣治らとボヘミアン・ライフを満喫したのは、再渡仏以後だからである。

このように時期の問題には検討の余地があるにしても、「青年期の最初の恋人」と「女友達」は、「マリー・ローランサンのモデルだった」という点で見事に一致している。

では、この「マリー・ローランサンのモデル」で、詩をよく解し、「体自慢の露出趣味」があった女性とはいったいだれだったのだろうか？

この点について、治郎八が書き残した文章を丹念に当たると、一つ、驚くべき証言をしている箇所にぶつかる。前にも引用したことのある『猫と女とモンパルナス』の中の治郎八の回想「華やかなるモンパルナスの彼」である。

「藤田として『レディ』クラスの女性の画を描いたのはドーリーとマリーズだけだった。そのほか一昨年死んだピアニスト、アンリ・ジルマルシェックス夫人ジャンヌの画も描いている。

ジャンヌは絶世のフランス美人で、マリ・ローランサンがモデルにしていた。あのちょっと目の上がったローランサンの初期のモデルだ。女流画家でマチスが可愛がっていた。

ピラ夫人がいった。
『ドーリーも死に、ジャンヌも死んでしまった』と。

その画を描いたフジタも死んでしまった。女の一生も短いが、男の一生も短いといえる」

まず、この文章の中の人名についていうと、ドーリーというのは治郎八の最初の妻千代子のニックネームで、マリーズとは治郎八が「青年期の最初の恋人」と出会ったサロンの主宰者マリーズ・ピラ夫人のことである。

で、治郎八がここでさりげなく触れている「あのちょっと目の上がったローランサンの初期のモデル」で「女流画家でマチスが可愛がっていた」女性とは誰かといえば、すでに何度も出てきたわれらが「青年期の最初の恋人」で「女友達」である例の女性のことにちがいない。そして、それは、なんと「アンリ・ジルマルシェックス夫人ジャンヌ」のことだったのである。

しかし、いきなりアンリ・ジルマルシェックス夫人と言っても、読者にはなんのことかわからないかもしれないので、まず夫のアンリ・ジルマルシェックスについて、簡単に解説を加えておくことにしよう。

治郎八がアンリ・ジルマルシェックスと記している人物とは、ピアノ演奏者・作曲家として知られるHenri Gil-Marchex（アンリ・ジル゠マルシェックス）のことである。ジル゠マルシェックスは一八九四年十二月十六日にフランス中東部のサン・ジョルジュ・デスペランスに生まれ、パリ音楽院でルイ・ディエメ、リュシアン・カペー、アルフレッド・コルトーらに学んでピアノ最高賞を得て卒業した後、一九二〇年代にはピアノ独奏者として名声を確立、世界各国を演奏旅行して回った。第二次大戦後は、ポワティエ音楽院の院長をつとめ、一九七〇年十一月二十二日に没している。

したがって、右の引用文中の「一昨年死んだピアニスト、アンリ・ジルマルシェックス夫人ジャンヌ」は、「死んだ」がどちらにかかるのか分かりにくかったが、『猫と女とモンパルナス』が一九六八年の刊行であることからして、「夫人ジャンヌ」の方である。

それはさておき、治郎八の生涯においてジル＝マルシェックスがことのほか重要な意味を持つのは、治郎八が一九二五年に帰国した後、私財をなげうって十月から東京で主催した最初の文化事業がこのピアニストの独奏会であったことだ。治郎八は「半生の夢」でその点について、自分の功績をこう力説している。

「さて、仏政府の委嘱と巴里の友人たちの期待をあつめた本邦に於ける欧州近代音楽紹介事業は有名なラヴェル作曲演奏家のピアニスト、アンリ・ジルマルシェックス招致によって実現された。これ又理解ある父の財政的援助に俟つ所が多く、私が執筆出版した解説書は、当時にしては豪華版であり、帝国ホテル演芸場に於ける六回の演奏後、皇后陛下（大正）の御前演奏を仰せつかったことは、主催者の私にも、仏蘭西政府にも光栄であった」（『せ・し・ぼん』）

この演奏会については帰国後の治郎八の生活のところで詳述する予定なので、ここでは触れず、差し当たって、われわれとしては、その企画の隠された意図の中にジャンヌ・ジル＝マルシェックスへの愛情という要素があったという事実を記憶しておくにとどめよう。

つまり、治郎八は、夫であるジル＝マルシェックスの演奏会を東京で企画し、夫妻を来日させることで、十カ月ぶりに最愛の女性との再会を果たしたのである。それはまさに、公的な名声と私的な愛情との文字通りの「一挙両得」だったのである。

さて、以上のような裏事情を頭に入れておいてから、治郎八の文章をもう一度読み返すと、なるほどそうだったのかと膝を打つ箇所が随所に見つかる。

すなわち、例のポール・ポワレの「印度夜会」に出席したという文と、以下の文との繋がり具合を調べると、治郎八の「意識の流れ」がもろに出ていて、その連想がジャンヌから夫のジル＝マルシェックスへ、そして再度、夫から妻へと運ばれていくのがよくわかるのである。

「……その中で当時人気の頂点にあったオペラ女優ジェネヴィブ・ヴィクスと私の彼女とは二つの星のようにかがやいて、某ラジャーから結婚の申込みを受けるという騒ぎまであった。

私はまたこの頃、巴里作曲界の秀星モーリス・ドラージュの家でモーリス・ラヴェル、フローラン・シュミット、ダリウス・ミローなど所謂巴里六人組を中心にした作曲家の仲間に入れてもらって彼等と度々会合する機会を持った。（中略）そして、若年の私がラヴェルを始めこのような楽壇の巨星たちと親しくなった経緯も、話せば限りなくあるが、しばらく措くことにして、さて話を戻そう。幸福だった彼女との交際も、私の欧州滞在期間が終りに近づくと共に当然別離の日が来るべきで、南仏イエールで最後の夜を明かした。それから私は仏蘭西政府から仏蘭西近代音楽紹介の使命を託されて、青春の巴里をあとに帰国の途についた。一九二四年十二月十三日であった」（同書）

まず、ここで治郎八が、モーリス・ドラージュ、モーリス・ラヴェル、フローラン・シュミット、ダリウス・ミロー（ミヨー）などという、親しく付き合った音楽家たちの名前を出しておきながら、あえて一番親しかったジル＝マルシェックスの名前を出していないことがかえって怪しく、フロイトのいう「抑圧」「隠蔽」が行われた疑いを抱かせる。

第二に、ポール・ポワレの印度夜会の話から、作曲家たちとの交際に話題が飛ぶのもいかにも唐突である。ここに「ジャンヌ・ジル＝マルシェックス」→「アンリ・ジル＝マルシェックス」→「音楽家仲間」という連想が働いていると見るのが自然である。

第三の疑問は、「南仏イェールで最後の夜を明かした」と「それから私は仏蘭西政府から仏蘭西近代音楽紹介の使命を託されて」の間の因果関係である。なんのことかといえば、二つの文を結ぶ「それから」が、ある深い意味を持っているように思われることだ。

想像するに、治郎八は、翌日マルセーユの港から日本に出帆するという前日、コート・ダジュールの始まる場所にある観光地イェールのホテルでジャンヌと最後の夜を過ごしたとき、別れを惜しむその寝物語で二人が再会するための手段について語りあったにちがいない。どうすれば一番無理なく二人が日本で会うことができるのか？　「仏蘭西政府」から託された「仏蘭西近代音楽紹介の使命」という名目でラヴェル演奏家として有名なジル＝マルシェックスを招聘することだ。欧米では夫人同伴が当然だから、夫を招けば、夫人も日本に来る。そして、日本側の受け皿は治郎八だから、二人が日本で親密な時間を過ごすことは十分可能になるだろう。「それから」には、これだけの意味が含まれているのである。

では、なにゆえに、治郎八は『せ・し・ぼん』の「半生の夢」では、「青年期の最初の恋人」

の名前を明かさなかったのかといえば、それは、「半生の夢」を執筆した一九五一年の時点ではまだジャンヌ・ジル゠マルシェックスが存命だったからにほかならない。

いっぽう、一九六八年刊の『猫と女とモンパルナス』収録の「華やかなるモンパルナスの彼」ではっきりと書いたのは、前々年にジャンヌが没していたためである。

というわけで、「青年期の最初の恋人」はジャンヌ・ジル゠マルシェックスと同定された上、イエールで別れてから十カ月後に治郎八と日本で再会を果たしたことが確認されたわけだが、治郎八がジャンヌのことを話題にするときに必ずあげている「マリー・ローランサンのモデル」という点に関しては、真実性はどの程度あるのだろうか？

まず、マリー・ローランサンの絵画総目録から、ジャンヌ・ジル゠マルシェックスがモデルをつとめた事実を確認することは、極めて難しいと予想される。なぜなら、よほどの名流夫人でない限り、マリー・ローランサンはモデルになった女性の名前を画題に含めてはいないからだ。「華やかなるモンパルナスの彼」で治郎八が「あのちょっと目の上がったローランサンの初期のモデル」と書いているところから見て、第一次大戦直前にマリー・ローランサンがドイツ人オットー・クリスチャンと結婚しスペインに亡命する以前にモデルをつとめたと見られるので、そうなると同定はより困難である。

では、「マリー・ローランサンのモデル」になった可能性はないのかというと、むしろ逆に可能性は高かったと見られる。

なぜか？

治郎八とジャンヌを結ぶコネクションの結節点を探していくと、ジャンヌがマリー・ローランサンの周辺にいた事実があきらかになるからである。

結節点の一つは、前章にも挙げたニコル・グルーである。

ニコル・グルーは旧姓をニコル・ポワレといい、当時No.1のデザイナーだったポール・ポワレの妹である。夫のアンドレ・グルーはアール・デコのインテリア・デザイナーとして知られる。

治郎八とジャンヌがポール・ポワレの「印度夜会」に贅を凝らした衣装で出席して喝采を浴びたことはすでに見たとおりである。そこでは、ポール・ポワレと治郎八とのコネクションを藤田嗣治の三度目の妻ユキとのかかわりから探った（仮装舞踏会でユキの衣装のデザインをしたジョッフロワがニコル・グルーの店のデザイナーだった）が、もし、ジャンヌがマリー・ローランサンのモデルだったとすれば、ジャンヌもまたニコル・グルーと接点を持つことになるのである。

というのも、ニコル・グルーは一九一一年に、アンリ＝ピエール・ロシェ（フランソワ・トリュフォーの名作『突然炎のごとく　ジュールとジム』の原作者）の紹介でマリー・ローランサンと知り合い、その作品の熱心なコレクターとなったばかりか、親密な（つまりレズビアンの）友達となり、亡命中のマリーをスペインまで訪れたりしているからである。つまり、ジャンヌ・ジル＝マルシェックスは、マリー・ローランサンとニコル・グルーのサークルの中にいてもおかしくない女性であり、その美貌からしてマリー・ローランサンのモデルをつとめた可能性はきわめて高いといえるのである。

第二十一章　ラヴェルの朝

薩摩治郎八の「青年期の最初の恋人」であるジル＝マルシェックス夫人ジャンヌがマリー・ローランサンの初期のモデルであった可能性は、さまざまな状況証拠からしてかなり高いと言えるが、では、もう一つの「女流画家でマチスが可愛がっていた」という点に関してはどうなのだろう？　治郎八と同時代にパリに滞在した日本人の回想を渉猟してみると、一つ興味深い証言が浮かび上がってくる。治郎八とほぼ同時期に、しかも、すぐ近所に住んで、治郎八が付き合ったのと同じ音楽家や画家と親密な交際のあった福島繁太郎・慶子夫妻のそれである。

印象派やマチス、ルオー、ドラン、ピカソなどを一九二〇年代から収集していた点で、松方幸次郎と並び称される大コレクター福島繁太郎（一八九五─一九六〇）は、東大政治学科卒業後、法学研究の目的で一九二一年からロンドンに家族連れで留学する。ところが、途中で学業よりも絵画に興味を持つようになり、パリに本拠を移して、本格的なコレクションを開始する。財源となったのは金融関係の仕事で財を成した父親福島浪蔵の残してくれた膨大な遺産で、これをもとに、マチスやルオーと交際しながら、彼らの作品を購入していったのである。

福島繁太郎は、一九二〇年代にパリにいた裕福な日本人としてなにかにつけて治郎八と比較されることが多い人物で、事実、一九二九年には、後述のように、パリ在住の日本人画家たちが、薩摩治郎八派と福島繁太郎派に分かれていがみ合い、それぞれ別個に日本美術展覧会を催すことになるのだが、少なくとも両者がロンドンからパリに移住した一九二三年から二四年にかけては、相互に交流はあったものと見てよい。

なぜかといえば、福島繁太郎の妻である慶子（旧姓・荘）は、治郎八が幼い頃に通った九段の精華学校の小学部で一級上に在学していたからである。つまり、治郎八と福島慶子は同窓生という関係がある上、パリでもパッシーとヌイイという近くに住んでいたから、両者の間に交流があったと見ないわけにはいかないのである。

福島慶子は、戦後、パリに十年以上滞在した経験をもとにたくさんのエッセイを書き、フランス通としてマスコミにはずいぶんと持て囃された女性である。中でも、夫やパリの芸術家たちとのかかわりを描いた『うちの宿六』（文芸春秋新社）は昭和三十年のベストセラーになった。

その『うちの宿六』の「回想のマチス」というエッセイにはこんな記述があるのだ。

「マチスに一番初めに会ったのは一九二三年、当時彼が夏を過ごしていたクラマールの別荘であった。私達夫婦はピアニスト、ジルマルシェックス夫妻に伴われ、初めての訪問だったが、ジルとマチスは既に昵懇の間柄なので、儀礼を一切抜いた温かいもてなしを受けた」

つまり、一九二三年に初めてクラマールのマチスの家を訪問したときには、福島夫妻はすでにジル＝マルシェックス夫妻とは友人付き合いをしていたということになる。

ところが、『うちの宿六』に先立って書かれた『巴里の芸術家たち』（創芸社　昭和二十五年）では、同じマチス訪問に関して、次のように述べている。

「一番初めにマチスに会つたのは、ずいぶん久しい前のことで、一九二五年の七月五日である。当時は福島が漸く画を集めることに本気になり出し、わが家の壁に最初のマチスが加えられた頃であつたが、ピアニストのジルマルシェックスに伴われて或日、郊外に住むマチスを訪ねた」

ジル＝マルシェックスと一緒に郊外に住むマチスを訪問したという点は同じだが、ここでは一九二五年と書いている。いったいどちらが本当なのか？

たぶん、一九二三年というのが正解だと思われる。というのも、右の引用の続きにはこうあるからだ。

「その時分、私たちは仏蘭西語は少しも出来ず、ジルも英語は苦手である上にマチスもまた英語は話さないのでわれわれの会話は珍無類の英語と仏語が入乱れて途中でわからなくなり、お互にテレてニヤニヤする有様であつた」

これが事実とするなら、マチス訪問は一九二三年でなければならない。なぜなら、福島夫妻がパリに到着したのが一九二三年の夏である以上、それから二年もたった一九二五年には彼らのフランス語も少しは上達していたはずだからである。

つまり、福島夫妻は一九二三年にパリに着いてすぐにジル＝マルシェックス夫妻と知り合いマチスを訪問したのだが、そのときには、もう「ジルとマチスは既に昵懇の間柄」となっていた。したがって、ジル＝マルシェックスの妻ジャンヌが治郎八のいうように「マチスの家に出入して」、マチスばりの色彩の絵画を描いていたとしてもなんら不思議はないし、マチス自身がジャンヌを一人前の画家にしようと張り切っていたということも十分ありうるのである。

このように、治郎八が一九二四年四月十五日にマリーズ・ピラ夫人のサロンでジャンヌ・ジル＝マルシェックスと知り合い、恋に落ちたときには、ジル＝マルシェックス夫妻と福島夫妻はすでに親しく交際していたわけだから、治郎八の有名音楽家との交友のかなりの部分が、まず、ジル＝マルシェックス夫妻の交友関係、ついで福島夫妻のコネクションを通じて作り上げられていったと見るのが順当である。

その証拠に、福島慶子の『巴里の芸術家たち』の中には、治郎八の名前こそ引かれていないものの、治郎八が付き合っていた音楽家の名前はほぼ全員が出揃っている。

「ジルマルシェックスという長つたらしい名前はめんどくさいので、友達仲間ではジルで通つていた。（中略）

ジルは仲々利口な人で誰と交つてもほどよく調和したから、顔は広く、友達も実に多かつた。私共とは一九二四年頃からの交りで初めてマチス家に連れて行つてくれたのも彼であり、シャガールを我家に引つぱつて来たのも彼だし、デュフイのアトリエに連れて行かれたり、モーリス・ラヴェルの家にも伴われた。ラヴェル訪問はシャルトルの寺院見物の帰り道、その門前を車が通つたので急に車を止めてたずねたが突然のこととて先方は生憎留守だつたのは残念だつた。コルトーに引き合わせてくれたのもまた彼であつたが、その他作曲家ジョルジ・オリック（わが国に来るフランス・フィルムの音楽は屢々オリックが担当している、『自由を我等に』『美女と野獣』

その他）ドラージ、これも新進作曲家、また文士のミッシェル・ジョルジ・ミッシェル等も彼の引き合せで知つたのである。

私は巴里生活最後の六年間を、オートイユで暮し、ジルの家とは五分位で行き来が出来た上、彼の娘も一人つ子で私の娘と同年だつたから、常に行き来して一緒に遊んだり喧嘩したり、留守の間預つたり送り届けたりしていた」

これを、治郎八が音楽評論家の大田黒元雄との対談（「薩摩治郎八よもやま話」『音楽芸術』昭和三十二年五月号）で披露している思い出と比較してみると、ジル＝マルシェックスのサロンには、確実に治郎八も出席していたことがわかるはずだ。

「薩摩　当時、屢々ドラージュの家だとか、それから例のピアニストのジルマル・シェックスの家、その通りがたまり場になっていたんですわよ。そういった連中とその辺りで屢々会いましたけれど」

とはいえ、いかに度胸のある治郎八といえども、自分の恋人の旦那であるジル＝マルシェックスのサロンに日参するのは多少は気がひけたにちがいない。だから、治郎八がより頻繁に足を運んでいたのがモーリス・ドラージュのサロンの方だったことは納得できる。念のため、前章で引用した「半生の夢」の文章をもう一度引いてみよう。

「私はまたこの頃、巴里作曲界の秀星モーリス・ドラージュの家でモーリス・ラヴェル、フローラン・シュミット、ダリウス・ミローなど所謂巴里六人組を中心にした作曲家の仲間に入れてもらって彼等と度々会合する機会を持った。モーリス・ドラージュは一九一三年印度や日本を巡遊して有名な『印度詩曲《ポエーム・アンドゥ》』を作曲、これを以て欧州楽壇にその鬼才を謳われていた名人肌の作曲家である。彼はクロード・ドビュッシーに愛され、又ラヴェルやストラヴィンスキーの無二の親友で、当時の彼の家は欧州楽界巨星の集会所の観があった」(『せ・し・ぼん』)

治郎八は、モーリス・ドラージュのサロンから発展していった音楽家たちとの付き合いがよほど楽しかったらしく、「薩摩治郎八よもやま話」では、それぞれの音楽家から聞いたエピソードを大田黒元雄に得意げに語っている。

たとえば、モーリス・ドラージュがドビュッシーの最後の弟子になったときの次のような話。

「ドビュッシーが最後に発見したのは、モーリス・ドラージュなんです。モーリス・ドラージュが若いときにどこかのサロンでドビュッシーに会って、(中略) それで、『シャンソン・アンドゥー』ですか、『印度の歌』あれをドビュッシーが聞いて、とてもすごい作品だから、おまえは自分じゃしろうと芸か何かだと思っているかも知れないけれども、とてもしろうと芸じゃないから、しっかり勉強しなということを言われたというんですね。そして非常に目をかけてくれて、それでドラージュが本腰をいれて作曲家になろうと思ったわけですね」

モーリス・ドラージュとよほど親しくなければ、ここまでの秘話を聞くことはできないはずである。治郎八とドラージュは昵懇の仲だったにちがいない。

いっぽう、アルチュール・オネゲル(オネガー)、ダリウス・ミロー(ミヨー)、ジョルジュ・オーリック、フランシス・プーランク、ルイ・デュレー(デュレ)、ジェルメーヌ・タイユフェールの六人組及び、その仲間であるフローラン・シュミットに関しては、こんな個人的な思い出を語っている。

「薩摩　まあ併し六人組なんかは、若いときに苦労していますね。若いときのオネガーなんかほんとうにくえなかったんですよ。まあプーランクは大変な金持で、ミローはビジネスの才能もあったし、クローデルとコンビでやっていたからあの人達は財政的によかったかもしれないけれど、あとはとにかく、フローラン・シュミットでさえ、相当貧乏だった。サンクルーの丘の中腹に家をもっていましたが、風呂場がないんです。風呂場を作るだけの金がないし、それだけの金があったら女を買いに行くというんだ。（笑）それで私のアパートがパッシーにあったわけですよ。独り者だから一間しかなかったけれども、風呂付きだった。だから彼はわざわざサンクルーからバスに乗って私のところへ風呂に入りに来ましたよ。一月に一遍ずつ、それが当時の楽壇のラヴェルと並んでいた親分だったんですからね」（同前）

フローラン・シュミットはこの調子で月に一度、治郎八のアパルトマンで風呂を借りるのみ。あとは洗面器を使っての身繕いで済ませていたのだろう。だから、訪ねてくるときはいつも全身垢だらけになっていて、貸してやったタオルは必ず真っ黒になって返ってきたという。治郎八は思わず、「あなたに来られるとゾッとする」と言ってやった。治郎八が近所のカフェに誘ってごってやるとフローラン・シュミットは大喜びして帰っていった。これまた、余程親しくなければできない付き合い方である。

同じように、治郎八が、いまでいう「タメ口」の付き合いをしたのがモーリス・ラヴェル。ラヴェルとは、この時期に限らず、二度目の渡仏のさいも毎晩のように一緒に盛り場を彷徨していたらしく、その私生活に関して、伝記作者が聞いたら涎を流しそうな逸話を大田黒元雄相手にとくとくと語っている。

「大田黒　ラヴェルなんて人は、朝五時にズボンに自分でアイロンをかけたという位だけれども、如何にも几帳面なんでしょう、見た感じからも。

薩摩　几帳面ですよ、とにかく生活そのものですよ。昔から。それで作曲をしているんでもなし、要するに遊んでいるんですよ。それで酒ものまなかったですね、たいして。それから勿論酔っぱらうとか失礼なことをすることはない。ただ黙々として若い人の話を聞いていた」（同前）

治郎八は実際に、ラヴェルが朝五時に自分でズボンにアイロンをかける姿を目撃した貴重な証人の一人であった。行き付けの深夜カフェ「グラン・テカール」が閉店になると、ラヴェルはカルチエ・ラタンのダンテ通りにある安ホテルに行き、そこで仮眠を取ることにしていた。本宅は、パリ近郊のモンフォール・ラモーリーにあったが、仮の宿としてそこを月極め百フランくらいで借りていたらしい。

「絨毯も何も敷いてないひどい部屋でしたよ。そこにアイロンだけデンと置いてあって、帰って来ると大急ぎでぬいで、ピジャマを着てアイロンかけが始まるんですよ。ネクタイからかけ始めてズボンをかけて上着をかけて、それから寝るんですよ。（笑）」（同前）

しかし、その頃にはもう、陽が上がっていて、窓からは光が差し込み始めている。そこで、ラヴェルはカーテンを閉めてベッドに入るのである。毎度、そんな光景を目撃していた治郎八は、あるとき、ふと、心に浮かんだ疑問を聞きただしてみようと思い立った。

「おまえは朝というものを知らないんだと。で、朝というものを見たことないというのに、どうして朝の情景が作曲できるのかと。雀の鳴き声も知らないだろう、ひばりなんて見たことないだろうと。すると、彼は多少子供のうちに見たような気がするけれども（笑）よくわからんと言うんだ。（中略）それじゃあなたのは全部でたらめなのかと言ったら、それはしあわせなことにラヴェルの朝なんだと。寝ながら夢うつつに見る朝なんだと。ほんとうの朝を見たら、或いは作曲はできないかも知れないよ。いいあんばいに現実の朝の空気というものを吸ったことがないから、自由にラヴェルの朝というものが作曲できるんだということを言った。これには参っちゃったですよ。さすがに偉いものだよ」（同前）

治郎八は、二十世紀フランス音楽が最高潮に達するその時期に最も近くから六人組やラヴェルらの日常を観察し、それこそ皮膚から彼らの天才を感じ取っていたのである。

こんなことができた日本人はほかにはいない。そのことだけは確かなようである。

第二十二章　器楽的幻覚

一九二四年十二月十三日、薩摩治郎八はパリをあとにして帰国の途についた。

一九二〇年の十二月の末にロンドンに到着し、パリに居を移したのが一九二三年六月。それから一年半、パリで音楽家や画家たちと交わって「夢のように」楽しい日々を送り、おまけに、ジャンヌ・ジル＝マルシェックスという恋人もできて私生活でも幸福の絶頂にあっただけに、フランスを離れるのは断腸の思いだったにちがいない。

しかし、父親と約束した留学期間が四年間と決まっており、また前年の関東大震災で駿河台の実家が全焼したという知らせも届いていたから、治郎八としても、ここはいったん帰国し、用事を済ませてから再度の渡航を図るほかはないと判断したのだろう。つまり、獅子文六が小説風の伝記『但馬太郎治伝』で書いているように、「ほんの一時の旅であって、すぐ、ヨーロッパへ取って返し、従来の生活を続ける覚悟」でいたのである。

しかし、いざ日本に戻ってみると、そうは簡単にことは運ばなかったようである。

というのも、治郎八は「薩摩治兵衛商店」という日本一の木綿問屋の跡取り息子、父親である二代目治兵衛としては、そろそろ良い嫁を見つけて身を固めさせ、三代目の当主とする心づもりでいるのだから、おいそれと息子の再渡航を認めるわけにはいかなかったからである。

おそらく、父親は息子に覚悟のほどをただしたのだろう。すると、息子は、それならばと、いろいろ条件を出した。その一つが、全焼した駿河台の実家の跡にフランス式の邸宅を建てて、フランスにいたときと寸分違わぬ生活をするというものだった（実家は、当時の表記で東京府下代々幡町初台五六〇番地に移転）。

この駿河台の新邸が、終戦後に四国の疎開先から戻ってきた獅子文六が主婦之友社から借り受けて住むことになる「ヴィラ・ド・モン・キャプリス」だった。獅子文六は、荒れ果てているもののの、そこかしこに往時の豪華さを残すこのモルタル塗りの洋館を、『但馬太郎治伝』の中で、こんな風に描写している。

まず外回りはというと「石造のテラスがあり、二基の石の花台の間に、半円型の石段があった」。玄関から内に入ると、「二十畳ぐらいの広い純粋の洋室で、正面に、すばらしい大理石のマントル・ピースが見えた」。広間に続くのは、二つの小部屋で、「連続した二つの部屋の一つは、マントル・ピースがついた、小ぢんまりした洋間で、もう一つは、明らかに婦人の化粧室《ブードワール》と思われる、キャシャなはめ込み戸棚がある」。廊下には深紅の絨毯が敷いてあり、廊下の突き当たりにある広い部屋はどうやら舞踏室に充てられていたらしい。「埃《ほこり》だらけの大シャンデリアのある天井も、周囲の壁も、日本には珍らしい、フラゴナール風の筆致で、長い裳をひるがえして、ブランコへ乗る貴婦人だの、森だの、池だの、矢をつがえて、空を飛ぶキューピットだのが、極めて精密に描いてある」

さらに、獅子文六は書斎の戸棚を物入れに使おうと思って掃除しているとき、不思議なオブジエを発見する。

「埃《ほこり》だらけの青銅製の板なのだが、大型の封筒ぐらいの大きさで、やや楕円形で、中央に洋字が浮き出してる。ちょっと読みにくい字体だったが、フランス語であることがわかった。

Villa de mon caprice

そう書いてある」

この標札を発見して、獅子文六は、自分の借りた屋敷がフランス人か、さもなければフランス趣味の外国人が建てたものではなかろうかと想像するが、主婦之友社の専務から、そこが治郎八(小説の中では太郎治)の邸宅であったことを教えられ、自分と不思議な因縁で結ばれていることの人物にさらなる関心をそそられるのである。

そして、たまたま飛び込んだ駿河台の理髪店の主人から、帰朝してからの治郎八の暮らしぶりを聞き出すと、今度は小説的な興味を持って治郎八のことを調べ始める。以下は、その理髪店の主人から聞いた話を獅子文六がまとめたものである。

「彼は、建築や家具の外に、必要な人間をも探し当てた。彼が帰朝の時に乗ったフランス船の司《スチュ》厨《アード》を、下船させ、わが雇人としたのである。彼はイタリー人で、アントニオといったが、細君はフランス女で、料理が上手だった。太郎治は、夫婦とも雇い入れて、亭主はバトラーとして、彼の身の回りの世話をし、細君は、台所で腕をふるった」

もちろん『但馬太郎治伝』は小説と銘打っている以上、記述をそのまま事実と見なすことはできないが、パリ風の生活にかぶれた新帰朝者ならいかにもありそうな話ではある。

ところで、永井荷風を始めとする新帰朝者の多くがそうだったように、治郎八もまた、欧米型のライフスタイルにこだわる一方では、一人の「外国人」として、大震災後にその傾向が強まってきた「安普請の欧化日本」に失望・落胆し、偽物ではない「日本」を求めて、江戸情緒の残る柳橋や浜町、あるいは向島あたりを彷徨したようだ。

「大震災の後の東京に戻った私には、すべてが殺風景で、焼跡に巴里風の Villa mon Caprice を建ててみたとは云え、自分の嗜好を満足させるようなものは僅かに大川端の茶亭の小座敷と伝統的な角力のみで、たまに能楽や六代目出演の世話物狂言ぐらいが、旧江戸時代の歌麿、栄川、国貞等の幻の世界を展開してくれる位であった。

巴里と別れた私は、せめては生粋の日本人になりきって、日本伝統美の世界に生きたいと願い洋服を捨て、和服、白足袋、角帯とこの特種な世界の雰囲気に調和するよう全くの江戸の町家の若旦那になりすまし、柳橋、浜町あたり旧大江戸の面影を追い求め、雪の朝の置き炬燵、夏の涼みは向島と、屋形舟仕立てて、凝りに凝った遊び方をした」(「半生の夢」『せ・し・ぼん』)

これなど、一九〇八年(明治四十一)に帰国した後、築地、柳橋、木挽町などに家を借り、近くの花柳界に足を運んだ永井荷風とそっくりである。あるいは、治郎八も永井荷風に私淑し、その生活態度を真似たのかもしれない。

しかし、こうした「擬和風」の趣味人生活を送ろうとしても、「帝都復興」を旗印に欧米化を推し進める大正末期の東京では、永井荷風気取りの粋人ぶりはもはや不可能になっていた。

「然し江戸の粋筋を夢想していた私にはすべてが幻滅で、江戸の小唄を話せるような女からして既に皆無、めまぐるしく変る時代と共に亡びる江戸文化の名残をさえ探し当てることは容易ではなかった。ただ雪の晩の浜町河岸とカラリと明けた翌朝、えもん竹にかかった女のなまめかしい襦袢を、せめて大江戸の名残と眺めたその頃の感傷が今も記憶に残っている」（同書）

そこで、治郎八の江戸ノスタルジアは、唯一残っているチョンマゲの世界、すなわち角力に向かうことになる。

「角力に対して関心を寄せるのも、私の懐古趣味のあらわれであろうか。兎に角、私は当時体重が二十五貫余あった。謂わば角力そこのけ、三段目の小力士幡瀬川を発見して、徳川家達公に推薦し、将来の関脇と極め付けたが、果して幡瀬川は神技妙術を会得して一代の名力士となったことは、まだ人の記憶に残っていることだろう」（同書）

要するに、治郎八は、ロンドン・パリの留学生活から戻った後、その反動から、柳橋や浜町で「折花攀柳《せっかはんりゅう》」の放蕩にふけったり、角力のタニマチとなったりして、木綿問屋の大店の跡取りというにしては趣味に走りすぎた生活を送っていたわけだが、そうした息子の道楽を目にしても、父親の二代目薩摩治兵衛はいちいち小言は言わなかったようだ。

「いずれにしても、こんな風に懐古的な趣味の世界に入り込んでしまった私に、何の干渉をするでもなく、趣味は趣味として許してくれていた私の家庭は、あくまでも自由と個性を尊重しようとする芸術家肌の父の大きな抱擁《（ママ）》力に支えられていたと云うべきであろう」（同書）

だから、帰国後半年たった頃から、治郎八が、フランス政府から委嘱を受けたフランス現代音楽紹介事業の一環と称して、ジル゠マルシェックス招致に熱中しはじめたのを見ると、父・治兵衛は、これでやっと道楽息子にも世間様に顔向けできる仕事が見つかったと安堵の溜め息を漏らしたにちがいない。

このジル゠マルシェックス招致の件は、第二十章で詳述したように、「青年期の最初の恋人」であるジャンヌ・ジル゠マルシェックスとの間で、公私の用件を取り交ぜた手紙のやり取りがなされるうちに、話が本格化して実現にこぎつけたものと見るべきだろうが、こうした裏の意味もさることながら、表向きの意義も、今日とは比べ物にならないくらいに大きかった。治郎八はみずからこう記している。

「とにかく当時の独逸古典、浪漫派作品のみしか入っていなかったわが楽壇に、ラヴェル、ストラヴィンスキーの洋琴テクニックを紹介することは原爆投下的計画であったので、この文化交換を念願する私の事業が、当時の若い日本楽壇に与えた刺戟と感銘は、いつぞや犬養健氏に会った際、同氏から『未だに思い出す』と語られたことからでも御想像願えよう」(同書)

この評価がかならずしも手前味噌の自画自賛ではなかったことは、同時代にジル゠マルシェックスの公演に立ち会った人々の証言を調べてみればおのずと明らかになる。

小松耕輔が『音楽の花ひらく頃　わが思い出の楽壇』に収録している「音響の詩人ヂルマルシエックス」の中の最大限の賛辞「驚ろくべき音響の詩人!／ヂルマルシエックス氏を、私はこうよびたい。／彼れのピアノの演奏は、いわゆる普通よびなされている、ピアニストのそれではない。彼れはピアノを通じて自己の秘密を語ろうとする詩人である」は、小松が治郎八の友人であり、演奏会のプログラムにもジル＝マルシェックスの論文の翻訳を寄稿しているので、多少は割り引いて考える必要があるが、この六回の演奏会のすべてに通った梶井基次郎が、ジル＝マルシェックスのプレイから受けた不思議な感動をもとにして書きあげた短編「器楽的幻覚」は、額面通り受けとってもよいだろう。

「それは演奏者の右手が高いピッチのピアニッシモに細かく触れているときだった。人びとは一斉に息を殺してその微妙な音に絶え入っていた。ふとその完全な窒息に眼覚めたとき、愕然と私はしたのだ。

『なんという不思議だろうこの石化は？　今なら、あの白い手がたとえあの上で殺人を演じても、誰一人叫び出そうとはしないだろう』」（『檸檬』新潮文庫　昭和四十二年）

いっぽう、獅子文六が『但馬太郎治伝』に書きつけた次のような感想は、彼自身がこの時期に一時帰国していたこともあり、演奏会の社会的影響の同時代的証言となっている。

「ジルマルシェックスの来朝は、大正十四年だが、震災で焼け残った帝国ホテルの演芸場で、演奏が行われ、人気の的になった。というのも、震災で荒廃した人心に、外国音楽家の訪れは、干天に雨の効果があったからで、ジルマルシェックスの芸術は、最高級ともいえなかったろう。しかし、太郎治はプログラムまで、自分で意匠するほどの気の入れ方で、当時としては、ひどくハイカラで、贅沢なものができあがった」

ここで気にかかるのは、治郎八がジル＝マルシェックスの招致と演奏会の開催をどのような大義名分のもとに実現したかということである。なぜなら、ジャンヌとの再会という私的な面での意味もさることながら、ジル＝マルシェックスの演奏会を「主催」したという事実の持つ「公的」な側面が、いまだ「大商人の息子」というステータスしか持たない治郎八にとっては、とてつもなく大きかったはずだからだ。

とはいえ、この演奏会が金持ち息子の道楽と世間から受け取られてしまうのは、演奏会の「格」にとっても、また主催者の「箔付け」にとってもあまり好ましいことではない。しかし、だからといって、主催者から自分の名前を消したりしたら、ジル＝マルシェックスを自腹で招致した意味が失われてしまう。

では、このジレンマを治郎八はどう切り抜けたのだろうか？

ここに、大正年間に発行されていた『音楽と蓄音機』という音楽マニア向けの雑誌がある。その十二巻九号（大正十四年九月号　音楽と蓄音機社）には、治郎八自身の筆になる「仏国洋琴家　アンリー、ヂルマルシエツクス」という一文が掲載されているが、そこで、治郎八はまずジル＝マルシェックスの経歴と欧米の各紙に載った演奏会批評を一通り紹介した後、来日の意義について「日仏芸術界の国際的友誼を増進すると共に日本の公衆に対し、完全なる欧州音楽の理解を得せしめる鍵」となることと強調してから、こんな風に結んでいる。

「自分は今 ASSOCIATION FRANÇAISE D'EXPANSION ET D'ECHANGES ARTISTIQUES の会長ロベール・ブラッセル氏及仏外務省のポール・モーラン氏及フランス現代音楽家達の友達として、ヂルマルシエツクス氏の憧憬者であり親友であるとの理由の下に、同氏の来朝を報ずる使命を与へられた。そして自分は己のかゝる重大な使命を果たすに値しないのを自覚しながらも自分の友人等に対する友情と同氏への憧憬と友誼から厚かましくも拙い筆を取《(ママ)》た罪を許して戴きたく思ふ」

この一文は、大正十四年（一九二五）十月十日を皮切りに帝国ホテル演芸場で六回開催されたジル＝マルシェックスの演奏会のプログラムにも転載されたが、治郎八がレイアウトや編集など全てを担当したそのプログラムには、次のように主催・後援の関係がはっきりと記載されている。

「アンリー・ヂルマルシエツクス洋琴演奏会（六回）　帝国ホテル演芸場

仏蘭西外務省及同文部省設立　仏蘭西芸術普及交換協会主催

主催者側代表　薩摩治郎八

仏蘭西大使館後援」

「仏蘭西芸術普及交換協会主催」と「主催者側代表　薩摩治郎八」という二つの曖昧な重なりをとくと味わっていただきたい。すなわち、そこには、「ジル＝マルシェックスの招致と演奏会は全部、自腹を切ったのだが、それはフランス政府設立の仏蘭西芸術普及交換協会の依頼でしているのだからね。その点、よく覚えておいてほしいね」という治郎八の主張が透けて見えるのである。こうした治郎八の目論見は、演奏会の大成功によって、ほぼ、完璧に達成されたと言ってよい。治郎八は「日仏文化交流のために尽力する文化事業家」として日本とフランスの両方で確実に認知されたのである。

そして、ここから、もう一つの巨大な文化事業が飛び出してくることになるのである。

第二十三章　国際的大文化事業

アンリ・ジル＝マルシェックスの招致と演奏会開催を成功させた薩摩治郎八は、当然ながら、ジル＝マルシェックス夫人ジャンヌとのつかの間の逢瀬を楽しんだはずだが、しかし、フランスにいたときのように自由に交際ができたかといえば、それは疑問と言わざるをえない。

というのも、治郎八は、あくまでジル＝マルシェックスの招聘元であり、ジル＝マルシェックスに気持ちよく演奏を続けてもらわなければならない立場にあったからだ。もしジャンヌとの関係が露見して、ジル＝マルシェックスが腹を立てて帰国でもしようものなら、この演奏会主催を機に日仏関係者に自分の存在を強くアピールしようという目論見は水泡に帰することになる。ことは、慎重の上にも慎重に運ばなければならない。

そうした事情は、治郎八の遺品の中に残されていた一枚の記念写真からも窺うことができる。それは、ジル＝マルシェックス夫妻を薩摩家の本宅に招いたときのスナップショットらしく、ジル＝マルシェックス夫妻、治郎八、薩摩治兵衛夫妻と治郎八の妹の六人が、全員キモノ姿で並んでいる。着慣れぬキモノのジャンヌは左手を軽く夫の腕に回しているようだが、治郎八はジャ

ジル＝マルシェックス夫妻と薩摩家の人々。薩摩遺品。

ンヌの後ろに控えて両手をしっかりと組み、そちらの方には視線を向けようとせず、怖い顔でカメラを見つめている。その腕組みの仕方、顔の硬い表情が、ジャンヌとの距離をわざと取ろうとしているように見えて、なんとなく不自然なのである。

　つまり、ジル＝マルシェックス夫妻は、まわりは全員日本人という環境の中で常に一緒に動きまわらなければならないわけだから、治郎八はアテンドとして行動をともにしていても、二人の関係を絶対に夫に気取られないようにする必要があるわけだ。

　ジャンヌをこの腕の中に掻き抱きたいという思いがどれほど強まっても、ぐっと我慢しなければならない。御馳走を前にして節制を強いられるグルメ以上の苦しさであったはずだ。その苦しさがスナップショットには滲み出ているような気がするのである。

　治郎八がジル＝マルシェックス夫妻を招聘したがために味わったであろうこの苦い思いについては、一つの証言がある。

小中陽太郎氏が存命中の治郎八を徳島の家に訪ねたときのルポ「花の巴里は夢に似て老蕩児いま徳島に若い妻と」(『サンデー毎日』昭和四十八年一月七日号)がそれである。

雑談中、治郎八が赤い写真ケースから一枚のポートレートを取りだし、「これ、私の初恋の女です。ツールの市長の娘でね」と呟くのを聞いたので、小中氏が「初恋というと、あのヴェルサイユの庭園で秘かに密会したロンサールの君?」と尋ねると、治郎八が「ソオ」と答えたので、小中氏が写真に書かれたサインを読んでいくと、なんと、「ジャンヌ・ジル・マルシェックス」と書かれているではないか!

「突然、サラを洗っていた利子さんが叫ぶ。

『マルシェックス。そうなの。あなたが招いたというピアニストの名ね』

『じゃ、マルシェックス夫人が、あの秘められた初恋の人?』

『ソオ』」

次いで、小中氏がジャンヌ・ジル゠マルシェックスの何枚かの写真を眺めながら、「この方は、その後?」と尋ねると、治郎八はひとこと「死んだ」と吐き出すように叫び、写真ばさみを取り上げると、突如、不機嫌な老人に戻って、ボソリとこう呟いたという。

「面白くないですよ、こんなもの。他人の女なんて」

こうした後年の述懐には、漸近線のように、限りなく近くに身を置きながらなかなかジャンヌに触れることのできない治郎八の無念がよく表れているのではないだろうか?

このように、ジル゠マルシェックスの招致はプライベートの面では治郎八に喜びよりもストレスを多く与えたかもしれないが、しかし、一介の道楽息子にすぎなかった治郎八に「日仏文化交流に献身的に奔走する貴公子」という金看板を与えたことは確実で、フランス側からパリ国際大学都市日本館の建設というプロジェクトがもたらされると、その金看板はより金ぴかなものになってゆくのである。治郎八は語っている。

「この事業［ジル＝マルシェックスの招致］も一段落付くと、その後更に一つの大事業が託された。と云うのは帝国政府が駐仏大使によって調印した巴里大学都市日本会館建設の実現策が私に相談されたことを指すので、この案を持って来たのは、元西園寺公望公秘書松岡新一郎で、外務省側は広田弘毅氏（当時欧米局長）であった。私は直ちに牧野伸顕伯の意見を求めに行ったところ、大賛成である。西園寺老公また大賛成、大いに鞭撻された。牧野伯からは特に佐分利公使（当時参事官）と合議の上事業を進めたがよかろうと親切な忠告まで受けた。いまだ二十五歳の私に、このような本邦最初の計画である国際的大文化事業の責任を委託された光栄は多とするが、さて資金調達には当時の日本では手も足も出ず、渋沢栄一子爵に相談の結果、我々父子が私力にて御引受けする事となってしまった」（「半生の夢」『せ・し・ぼん』）

この文章は、きっちりと書かれてはいるが、それでも、どのような経緯から、日本館建設の費用を薩摩治兵衛・治郎八父子が負担することになったか、時系列的なことは判っていない。

この方面で、いろいろと調べを進めているのが、元日本館館長で、白百合女子大学教授の篠田勝英氏である。篠田氏は、日仏の外交史料館を精査して、「薩摩治郎八とパリ国際大学都市日本館（1）——ポール・クローデルの果たした役割」という論考をまとめられたので、以下、この論考に拠りながら、日本館建設に至る経緯を追ってみよう。

パリの市域に沿うようなかたちで建っていた、通称「ティエールの城壁」（建設一八四一―四四年）が近代戦には不向きだとして一九一九年に撤去が決まったとき、この城壁跡をどのように再利用すべきか、侃々諤々の議論が交わされたが、その中で、にわかに浮上したのが、バス＝アルプ県選出の国民議会議員（後に上院議員）だったアンドレ・オノラが提案した大学都市（シテ・ユニヴェルシテール）案だった。

このシテ・ユニヴェルシテール・プロジェクトというのは、城壁跡の南側の二十ヘクタール分を割いて、パリ大学に通う学生の寮にするというアイディアで、学生寮というものが存在していなかったこの時代には画期的な計画だった。

提案は国民議会で採択されたので、翌一九二〇年にミルラン内閣の公教育相（文部大臣）に就任したオノラは自らの着想を現実化すべく、全力をあげてこの計画に打ち込んでゆく。が、第一次世界大戦直後ということもあり、資金的には難航が予想された。

しかし、幸運にも、石油会社の社長であるエミール・ドゥーチュ・ド・ラ・ムールトというアルザス出身の実業家が、同郷のパリ大学総長ポール・アペルと知り合いだったことから展望が開ける。ドゥーチュ・ド・ラ・ムールトが、この計画に賛意を示し、三百五十人収容の学生寮建設資金として一千万フランの提供を申し出たのを契機に、パリ国際大学都市は、一気に実現に向かって進み始めたのである。というのも、これが呼び水になったのか、カナダ、スウェーデンなどからも、同様の資金無償提供の申し出があり、オノラのプロジェクトに対する賛同の輪が広がっていったからである。

第一次大戦の戦勝国の一員としてヴェルサイユ講和会議にも出席した日本に対しても、当然ながら、パリ国際大学都市計画参加の呼びかけがなされた模様だが、その痕跡は、国立公文書館アジア歴史資料センターの『文化交換関係雑件／日仏関係ノ部第一巻』に探すことができる。「大学都市に言及した最古の文書とは、同年［一九二一年］五月二六日付の石井菊次郎駐仏大使から内田康哉外務大臣宛の電報第八〇一号であるが、これによれば、パリ大学総長『アッペル』は松田参事官と会見した際に、Emile Deutch 氏（綴りの誤りは原文のまま）とパリ市の間で一億フラン（おそらく一千万フランの間違い）の寄附契約の結ばれたこと、カナダ、英国も自国学生のための施設を設ける計画のあること等を知らされ、さらに日本も参加したらどうかと『好意ヲ以テ勧奨』したという」（篠田前掲論考）

この提案を受けて、外務省では、日本館建設の可能性の検討に乗り出すが、それを示すのが、一九二一年六月十六日と七月十三日の文書で、筆者は、当時外務省情報部第三部の嘱託であった松岡新一郎という人物である。内容は、ポール・アペル総長とドゥーチュ・ド・ラ・ムールトの大学都市構想を前向きに検討するものだが、篠田氏によれば、そこには、次のような注目すべき提案がしめされているという。

「興味深いのは、松岡が、フランスの例に影響されたのか、この時点ですでに民間から資金導入を考えていることである。日本館設立が民間人の手に委ねられたのは、関東大震災（一九二三年）による国家財政逼迫のためであるという説明がしばしばなされるが、政府は当初から民間を

あてにしていたのかもしれない」(同前)

ここにある松岡とは、先に引用した「半生の夢」の「この案を持って来たのは、元西園寺公望公秘書松岡新一郎で」の松岡新一郎と同一人物である。松岡新一郎が外務省の嘱託になったのが先か西園寺公望の秘書になったのが先かはあきらかではないが、いずれにしろ、この人物が、薩摩家と親しかった西園寺公望と外務省、さらにいえば、国際大学都市計画と治郎八を結ぶコネクターの役割を果たしていたことは確実で、松岡が外務省の委託を受けて日本館建設計画を検討する過程で、彼の頭の中に、民間資金導入の一つのオプションとして、西園寺公望に近い薩摩家という選択が浮かんできたことは十分考えられる。

とはいえ、松岡が建設計画の検討を始めた一九二一年には治郎八はまだロンドンに本拠を置いており、いきなり話を薩摩家に持っていくという風には事は運ばなかっただろうが、治郎八が一九二五年の初頭に帰国すると、話はにわかに具体性を帯びてくる。

「日付の分かっている文書で最初に薩摩家との関連を感じさせるのは、一九二五年(大正十四年)九月九日付の、幣原外相から在仏日本大使館の松島代理大使にあてた『電二四二号』である。外務大臣はこの公電で、パリの『大学町』(大学都市)に二〇〇万フランを限度として日本館を建設し、かつ維持費として一〇〇万フランを寄附しようという『特志家《ママ》』がいるので、参考のために他館の建設費と維持費、またその出資者、運営の実態、さらに政府が関与している場合にはどの省庁が主管しているのか等々を、調査の上回電してほしい、と求めている」(同前)

ここで言及されている「特志家」というのは「半生の夢」の記述と照らしても、まず薩摩家と見なして間違いあるまい。おそらく、治郎八はジル＝マルシェックスの招聘と演奏会のお膳立てを進めるのと並行して、国際大学都市計画にも参加していったにちがいない。実際、連続演奏会が無事終了し、ジル＝マルシェックス夫妻が正月明けに帰国するころから、治郎八はこのプロジェクトに本腰を入れるようになるのである。

第二十四章　伯爵令嬢の調査書

ジル＝マルシェックス演奏会の準備と、パリ国際大学都市日本館の建設問題が重なり、薩摩治郎八はますます多忙になったが、そこに、もう一つ、日本館建設と連動する大きな問題が持ちあがってきた。

自身の結婚である。

この結婚問題について、治郎八は、「半生の夢」の中で、こう語っている。

「巴里の自由な生活に浸って、芸術家気分で暮した居《(ママ)》た私には、わずかに伝統的な花柳界の朝夕のみが東京に対する唯一の執着であったから、結婚問題は、私にとっては青春の墳墓としか考えられず、社会的習慣から独身者の自由を結婚によって失ってしまうことは私には耐えられなかった。だからそのような話は聞き流しておったものの、巴里へ再渡航のことが決ると、この問題をウヤムヤにするわけにはいかないことになった。その結果、伯爵山田英夫の娘千代子と婚約を結ぶこととなり、かくて千代子はマダム・薩摩として同行し、巴里生活を共にすることになった」（『せ・し・ぼん』）

治郎八は伯爵山田英夫の令嬢千代子との結婚について、このように言及しているが、実際のところはどうだったのだろう。というのも、いろいろな資料に当たってみると、この証言を否定するような事実がいくつか浮かびあがってくるからだ。

ひとつは、一九二五年（大正十四）の『婦人画報』の記事である。

戦前、『婦人画報』は皇族、華族、大ブルジョワからなる上流社交界の機関誌のような役割を果たしており、皇族や有名華族の近況・消息、及び美貌で名高い華族令嬢のプロフィールなどが掲載されているが、その大正十四年十月号のグラビア・ページには、「皇太子殿下樺太行啓画報」「英国に於ける秩父宮殿下御近況」「閑院宮華子女王殿下」「巴里郊外の朝香宮同妃両殿下」などと並んで、「小萩のやうな山田千代子嬢」と題したお見合い写真風のポートレートが掲載され、横に「山田千代子嬢（一九）は陸軍中佐山田英夫氏の令嬢で、本年女子学習院卒業の才媛、目下同院高等科に在学されてゐます」という説明が付いているのだ。

この記事だけならどうということはないのだが、問題は、この年の『婦人画報』には、毎号のように薩摩治郎八と署名された記事が掲載されていたことである。すなわち、七月号「新しい仏蘭西の文芸作家紹介（一）　フランシス・カルコ」、八月号「フランスにて歌へる　一とせのはるかなる思ひ出」（短歌）および、九月号「新しい仏蘭西の文芸作家紹介（二）　天才コレット」。無署名ではあるが治郎八が書いたとおぼしき五月号「今秋来朝する仏国の洋琴家アンリーヂルマルシエックス」、八月号「天才と美貌で名あるヂ夫人とその自画像」の記事も加えるとたいへんな連続登板ぶりである。

この時期『婦人画報』は新帰朝のフランス通薩摩治郎八を売り出すために、誌面を大きく割いてその記事を掲載しており、そこには薩摩家の意向がかなり反映されていると見るべきなのである。薩摩家に近い者が編集部にいたのか、あるいは、薩摩家が『婦人画報』のスポンサーをつとめていたのか、いずれにしても、この月刊誌には薩摩家の影響力がかなりの程度感じられる。

であるからして、治郎八の記事が一段落した翌月に山田千代子のグラビアが掲載されたということは、そこに何かしらの作為を読み取らないわけにはいかない。

しかしこう書くと、当然、それは穿ちすぎで、治郎八は、案外『婦人画報』に載った山田千代子のポートレートを見て心を動かされたのではないかという意見が出されるはずだが、どうも、そんな感じはしないのである。その根拠は、ほかならぬ『婦人画報』掲載の山田千代子のポートレートにある。

というのも、その「小萩のやうな山田千代子嬢」は、ヨーロッパで、美人をさんざん見慣れてきた治郎八が一目でほれ込むほどの絶世の美人には見えないのである。むろん不美人というのではないが、どこか野暮ったく、あか抜けしない、ボーッとした感じの令嬢という域を出ないのだ。後にヨーロッパ社交界の名花と謳われることになるマダム・サツマと同一人物とはとうてい思えない。

だから、巷に伝えられている「治郎八は、ジル゠マルシェックスの演奏会を学習院正堂で開いた時に、そこにいた山田千代子を見初めた」という類いの伝説もまた信憑性が薄いのである。では、「小萩のやうな山田千代子嬢」の『婦人画報』掲載はどのような文脈で行われたのだろうか？

この疑問に対する答えを探していたとき、超弩級の資料がわれわれの目の前に現れた。徳島県立近代美術館収蔵の薩摩治郎八遺品の中にあった「人事興信所　特別調査報告書」である。要するに、山田千代子との縁談を進めるに際して薩摩家サイドが興信所に依頼した身辺調査の報告書なのである。

報告書は、山田家の家系から説き起こして、実に詳細に亘っており、これによって、われわれは山田家と千代子のほとんどすべてを知ることができるわけだが、問題は、その報告書の提出された日付である。人事興信所所長・内尾直二の名前で作成された報告書には、「大正拾四年六月廿六日」というハンコが押されているのだ。つまり、大正十四年六月二十六日には、治郎八の結婚相手として、山田千代子の身辺調査が完了していたということである。

これは何を意味するのだろう?

一九二五年の一月下旬か二月上旬に治郎八が帰国するや、息子に早めに身を固めさせるつもりの薩摩治兵衛は、ただちに花嫁候補選びを開始し、女子学習院を卒業予定の山田千代子に白羽の矢を立てたということだろう。興信所の聞き込み調査には依頼から最低一カ月くらいはかかるはずだから、複数の候補から山田千代子一人に絞り込んだのが四月か五月。少なくとも春先には、相手は山田千代子ということでほぼ決まっていたのだ。

いっぽう、治郎八はというと、新帰朝者の憂鬱に捉えられ、柳橋や新橋の遊里に沈潜することで唯一心の慰みを得ていたから、いくら親が良縁だと勧めても積極的な気分にはなれなかったに違いない。「だからそのような話は聞き流しておったものの」という冒頭の述懐はそれを端的に示している。

では、治郎八が山田千代子との婚約を決意するに至ったのは、彼がいうように、「巴里へ再渡航のことが決ると、この問題をウヤムヤにするわけにはいかないことになった」ということなのだろうか？　すなわち、日本館建設のためにパリに向かう必要ができたから「だけ」なのだろうか？

どうもそうとも思えない。もっと深い理由があったはずだ。理由の一つは、ジル＝マルシェックス夫人ジャンヌと再会して、「しょせんは人の妻、どうにもならない」と諦めがついたこと。前章で引用した小中陽太郎のレポートの治郎八の言葉はそれを裏付けている。

もう一つの理由としては、山田千代子と付き合いを重ねるうちに治郎八がその「素材の良さ」に気づいたということが考えられる。「生活芸術家」として、治郎八は千代子を見ているうちに、ある種の「芸術家的な創造欲」をかき立てられたのではないか？　いいかえれば、イライザと出会った『マイ・フェア・レディ』のヒギンズ教授のように「この娘は、いまはたしかに野暮ったいおぼこ娘だけれども、オレの手にかかれば人が振り返るような社交界レディーに変身するはず」といったピュグマリオン的直感を覚えたのではないだろうか？

もっとも、そう感じたのは治郎八ただ一人だったようで、同時代の人、たとえば、興信所のレポーターから見ると、山田千代子はたんなるおとなしくて柔順な「深窓の令嬢」にしか映らなかったらしい。

しかし、ここでは、千代子その人のレポートを見る前に、調査報告書に記された山田伯爵家に関する情報を整理しておくことにしよう。

山田伯爵家は長州藩士だった山田顕義《あきよし》を開祖とする。山田顕義は松下村塾で学び、戊辰戦争に従軍後、佐賀の乱、西南戦争の鎮圧に功をあげ、陸軍中将となった。以後、司法畑を歩き、第一次伊藤博文内閣を始めとして多くの内閣で法相を歴任、刑法の権威として日本法律学校（現在の日本大学）を設立したことでも知られる。一言でいえば、長州閥の保守派を代表する大物政治家だったわけである。

山田顕義は男子に恵まれなかったので、弟の繁栄の長男久雄が養子に入って山田家を相続したが、久雄が早世したため、繁栄が山田家に戻って家督を継ぎ、あらためて顕義の娘のムメに婿養子を取らせることにした。この婿養子が幕末三傑の一人である会津藩主松平容保の三男松平英夫だった。つまり、千代子の父英夫は山田伯爵家の婿養子だったが、血筋としては会津藩主の直系だったのである。英夫はムメとの間に千代子を長女とする二男一女をもうけたが、ムメが早世したため、柳澤光邦子爵の四女宣子と再婚。宣子との間には一女がある。

では、肝腎要の千代子に関する報告書はというと、これが思いのほか手厳しい。たとえば、「学業ノ成績ハ中ノ並ナリ」「頭脳ノ良否ニ就イテハ学業ノ成績ニ準ジ普通水準ヲ下ラズト云フニ止マリ性行中特異ノ才分アルヲ見ズ」と、頭脳面ではあくまで「並」に止まっていることを指摘している。

一方、その性格はというと、こちらは、しごく善良で温順、要するに、至ってのんびりした良家のお嬢様風であったと見える。

「恰モ春風ノ思アリ」「何ノ苦労ナシト云ヒタゲナル無邪気愛スベキ節多々如何ニモ処女ラシキ愛スベキ婦人ノ印象ヲ受ケル事常ナリ」

とはいえ、報告者は、こうしたお嬢様風に物足りなさを感じたのか、先の知性欠如を引き合いに出して、こう結論している。

「併シナガラ円満率直ナルダケニ事物ニ対スル考察力批判力等ハ勝レザル方ニテ諸事鷹揚ノ二字ニ帰着スベシ」「畢竟幸福ナル令嬢生活ヲ成シ今日ノ処ニ於テハ何ガナシ前途ノ希望ニ満チ常ニ愉快ナル処女ト云フベキニテ思慮深ヰ所謂確固タリシト云フベクニ非ズ」

どうやら、この調査者は、好奇心旺盛で物おじせずに口をきく新時代の婦人を望んでいたらしく、千代子の純然たるお嬢様風に対しては、いま一つ評価が低い。その低評価は服装や身の回り品に対する好みにも及び、報告者は続けてこんなことを書き留めている。

「服装所持品ノ如キハ家庭ノ典タルガ儘任シ自ラ注文ノ発スルガ如キ事無シ又物見遊山等ニハ余リ出デズ芝居ナドニハ殆ド親シミ無ク無邪気ナリ」

また体型については、こんなシビアーな指摘を行っている。

「身長五尺余、肥満ト云フ程度ニハ非ラザルモ肉付豊カナル方ニテ且ツ肌柔密ナリ」

後の千代子のイメージからすると意外だが、少女時代には丸ぽちゃで肉付きのいい体型だったようだ。ただ、一点だけ気になるのは、容姿に関する次のような報告である。

「丸顔ニシテ色白ク血色良好目許クッキリシ口許ニ多分ノ愛嬌ヲ存シ鼻梁生際等尋常ナルモ全体トシテ愛クルシキ晴レヤカナル印象ヲ受クル顔立ニテ学校ニ於テハ（ギリシャ美人）ナドノ異称

アリ」

治郎八が、ジャンヌ・ジル＝マルシェックスに恋する以前に、どんな女性を理想像としていたかを思い返していただきたい。大英博物館で見た古代ギリシャのタナグラ人形である。おそらく、治郎八は、彫刻家が石や木を見て彫り上げるべきイメージを「発見」するように、面前の千代子を見て、そこに造形すべき「生けるタナグラ人形」を思い描いたのではないか。

かくして、「生活芸術家」の作品No.1として、伯爵令嬢山田千代子はマダム・サツマへと変身を遂げることになるのである。

第二十五章　華燭の典

大正十五年（一九二六）三月十三日、薩摩治郎八は、山田千代子と華燭の典を挙げた。花婿二十四歳、花嫁は十八歳であった。

この結婚について、獅子文六は、『但馬太郎治伝』の中で、結婚に積極的だったのは薩摩家の方で、千代子が一時秩父宮妃の候補にあげられたと聞くに及んで、薩摩家はいっそう婚約を急いだと記している。獅子文六は、同時代にパリに暮らした日本人として、「絶世の美女」であった千代子の運命に強い関心を抱いていたらしく、各方面にかなりの聞き込みを行っていた模様である。そのため、次のような噂を耳にしたのだろう。

「もっとも、彼女が遂に候補者に止《とど》まったのは、例によって、宮内省の調べが綿密で、呼吸器系統の健康に、思わしからぬ点があったからだというが、後の彼女の運命を見ると、これは当っていた。

但馬家の方では、呼吸器よりも、もっと外側の問題に、多くの魅力を感じてたので、その点には、一顧も与えなかった」（『但馬太郎治伝』）

結婚式の記念写真。薩摩遺品。

実際、興信所の調査でも「健康」と出ていたし、当時の千代子は、前章でも触れたように豊満型美人だったので、薩摩家は心配なしと判断したのである。

いっぽう、逆に、山田家側では、薩摩家が相手ということに、慎重な態度だったらしい。獅子文六は「容易に首を振らなかった令嬢の父を、口説き落すために、一条公爵なぞが尽力した。また、太郎治の父が、中学時代に、伯爵当主と同級だったことも、話をまとめることに、力があった」と記しているが、この書き振りからすると、獅子文六は、二人の結婚に関して、たんに噂を拾っただけではなく、当時まだ存命だった関係者に取材したものと思われる。ゆえに、次に引用する結婚式当日の描写も信憑性は高い。

「披露宴は、帝国ホテルで催されたが、豪華を極《きわ》めたものだったらしい。媒酌人は一条公爵夫妻で、華族や顕官や、外国人の出席が、非常に多かった。その頃のフランス大使で、詩人、劇作家として世界的だったポール・クローデルが、主賓として招かれ、儀礼以上に、長い挨拶《あいさつ》を述べ

た」(同書)
ポール・クローデルは、『繻子の靴』(岩波文庫　平成十七年)に添えられた訳者渡辺守章氏による年譜に従えば、この年の二月二十七日に約一年間の休暇を終えて東京に帰任しているから、治郎八の結婚式に主賓として招かれてスピーチをしたという獅子文六の記述に偽りはあるまい。パリ国際大学都市日本館の建設資金提供を申し出た薩摩治郎八の結婚式である以上、主賓として「儀礼以上に、長い挨拶を」しないわけにはいかなかったのだろう。

「太郎治のエンビ服は、パリ調製で、彼によく似合い、花嫁は純日本風のイデタチだったが、何しろ、美男と美女が新郎新婦として、列んだのだから、オヒナサマのようだというキマリ文句も、真実の嘆声となった」(同書)

徳島県立近代美術館に収蔵されている治郎八の遺品には、結婚式当日に薩摩家の自宅で撮影したとおぼしき二人の記念写真が数葉残されているが、それを見ると、獅子文六の描いた通りに、文金高島田の千代子に対して、治郎八は仕立ての良い燕尾服にシルクハットという洋装で、いかにも洋行帰りという風情である。これなら、披露宴であちこちから「オヒナサマのようだ」と嘆声が漏れても不思議ではない。とりわけ、千代子は、治郎八が見込んだ通り、化粧栄えのする顔立ちなのか、日本人形のようにかわいらしく写っている。

しかし、獅子文六はこれに続けて、披露宴の雰囲気は、両家の家風の違いを反映してか、来賓の相違が著しかったとしている。

「当時の出席者の一人に聞いたところでは、お客様の色彩が、ハッキリと二分され、調和を失ったそうである。つまり、外人、貴顕紳士淑女の客と、但馬商店関係の商人連中とが、水と油のように、同席したからである。

宴が終って、太郎治は、外国流に舞踏を始めたが、後続者が少なかったそうで、一方では、お店《たな》の旦那が酔って、クダを巻いていたというのも、結婚そのものに、チグハグなところがあったからか」（同書）

ただ、薩摩家の弁護のためにひとこと言い添えておけば、貴顕紳士淑女がすべて山田家の招待客で、薩摩家の招待客が商人ばかりだったというわけではないのだ。二代目の薩摩治兵衛の代ともなると、貴族や大ブルジョワとの付き合いが増えていたので、招待客にもそれが反映していたと思われるからだ。薩摩家側の招待者席には、パリ国際大学都市日本館の建設資金の拠出話にからんで治郎八が相談を持ちかけた渋沢栄一、西園寺公望、牧野伸顕、広田弘毅などの顔ぶれも見られたにちがいない。

いずれにしろ、結婚を機に治郎八は心身ともに充実して、再渡仏の準備に取り掛かったはずであるが、時間の多くは、伯爵家令嬢とはいえ、洋風マナーや衣服の着こなしについては何一つ知らない千代子の「教育」にあてられていたことはまちがいない。治郎八は、新築なった駿河台のヴィラ・ド・モン・キャプリスで新婚生活を送りながら、それこそ、イライザを調教するヒギンズ教授の伝で、千代子をパリ社交界でも立派に通用するような淑女に仕立て上げようと骨を折っていたのだろう。

教育の成果はメキメキと現れた。それは治郎八遺品の中の千代子の写真を時系列で眺めていくと、よくわかる。美人ではあるが、あまりあか抜けなかった丸ぽちゃの千代子が、どんどん洗練されていき、ついには、幼虫がサナギになり、サナギが美しい蝶に変わるように、エレガントな貴婦人に変身していくからである。

一九二六年九月、多くの見送り客に祝福されながら横浜港を離れた治郎八夫妻は、インド洋、スエズ運河を経由して十月にはマルセーユに着いた。

パリでは、同じ十六区ながら、より高級なチャールズ・ディケンズ通り五番地に居を定め、夫婦そろって社交界に乗り出すことになったが、しかし、その前になんとしても片付けておかなければならないことがある。いうまでもなく、パリ国際大学都市日本館の建設である。

治郎八は、ロンドンとパリに四年滞在したおかげで、たんなる金持ちというだけでは社交界で通用しないことを十分に知っていた。とりわけ、パリの社交界では、同じ金持ちでも、文化の香り漂うパトロンとして通っていなければ、貴顕紳士からは相手にされない。

この意味で、パリ国際大学都市に、自らの寄付によって日本館を建設するということは、社交界への永久パスポートを手に入れるに等しく、なんとしても成功させねばならない事業だった。

ために、治郎八は、一九二六年の秋にパリに着く早々、薩摩財団の設立に取り掛かったのである。

一九九八年（平成十）に開催された『薩摩治郎八と巴里の日本人画家たち』展のカタログに収録された森谷美保の「パリ国際大学都市日本館設立の経緯」は、治郎八関係で例外的に多く残された史料（外務省外交史料館の「パリ薩摩会館建設関係」）に詳しく当たることによって、治郎八と日本館の関わりを時系列で調べあげた優れた論考であるが、それによると、薩摩財団の設立から、寄付行為の締結までは次のように運ばれたようだ。

「日本館建設にあたり、1926年12月、パリには薩摩を中心とした薩摩財団が、また東京には在東京実行委員会が組織されることになった。それと同時に、在仏日本大使館はパリ大学都市仏国財団に提出する日本側の条件をつくり、本国に送付している。（中略）

1927年2月、薩摩財団はパリ大学評議員会で契約、承認され、フランス参事院の査閲を受け、大統領令をもって正式に成立した」

この薩摩財団によるパリ大学都市財団への寄付行為のフランス語版契約書は、『薩摩治郎八と巴里の日本人画家たち』展に展示されていたが、たまたま手元にある『渋沢栄一伝記資料』をめくっていたら、第三十八巻の「薩摩会館後援会」と題されたセクションの「日仏会館書類㈢」（渋沢子爵家所蔵）に、日仏会館常務理事の木島孝蔵から渋沢栄一に送られた誓約書の訳文が掲げられていたので、参考のために最初の部分を転記しておくことにしよう。

「（謄写版）

一九二七年二月巴里ノ公証人ビユルト氏及其証人ノ面前ニテ薩摩治郎八氏ノ署名シタル誓約書ノ大意（意訳）

巴里大学町ノ事業ヲ賛シ

一、巴里ニ於テ高等ナル研究ヲナス日本学生ノ為メ、大学町内ニ建設スル価格三百五十万法ノ

家屋

二、右家屋経営ノ資金三十五万法ヲ左記条件ニテ寄附ス」

注目すべきは、薩摩治郎八が寄付した建設資金三百五十万フラン＋運営費三十五万フランという金額だろう。一九二〇年代のフランス・フランは、現在の日本の貨幣価値に換算すると、だいたい一フラン＝五百円だから、三百八十五万フランは最低でも十九億二千五百万円、約二十億円となる。

これだけでもたいした金額だといわざるをえないが、しかし、実際には、工事が進捗するにつれて建設費は当初の予算をはるかにオーバーし、最終的には、薩摩家は合計八百五十万フランを提供するはめになった。八百五十万フランといえば、四十二億五千万円。薩摩治郎八夫妻が、パリ社交界に打って出るためのパスポート代にしてはずいぶんと高くついたものである。

一方、治郎八が出した寄付の条件とは、どんなものだったのかといえば、自らに関しては終身理事の資格だけであり、「金は出すが口は出さない」の類いの鷹揚な条件だったのである。治郎八にとって、重要なのは「名誉」だったのである。

第二十六章　エレガンス教育講座

一九二七年二月に公証人ビュルト氏の立ち会いのもと締結されたパリ国際大学都市日本館建設の誓約書の寄付条件の第一項に、「薩摩ハ其設計ヲ提示シ大学及巴里市ノ許可アリ次第之ヲ建設スヘシ」とあるように、日本館の設計については治郎八が自由に設計者を選び、またそのデザインに関しても自分の好む様式を採用してよいことになっていた。

どうやら、治郎八には、日本館建設を引き受けたときから設計者と様式については心づもりがあったらしく、設計者は、誓約書が締結される前から、フランス人建築家のピエール・サルドゥに決まっていた。

ピエール・サルドゥ（一八七三―一九五二）は、第二帝政から第三共和制にかけて一世を風靡した劇作家ヴィクトリアン・サルドゥの長男で、エコール・デ・ボザールを卒業後、一九〇五年にコンクールで優勝、ドゥー県を皮切りにジュラ県、ヴァンデ県などの公式建築家を務め、主に各県の教会建築の修復に当たった。現代建築の設計者としても名を成し、当時の代表的な建築家が妍を競ったレオミュール通りのファサード・コンクールにも参加して、新聞社「アントランジジャン」が入居することになる九八―一〇〇番地の建物を一九二四年に設計している。

では、どのようなスタイルが最適と治郎八は考えたのか？

いうまでもなく、日本の城である。日仏間を往復し、フランス人が日本に求めるものがなにかを正確に把握していた治郎八は、自分の名前を冠した日本館の様式は城郭建築の現代版しかないと考え、そのコンセプトをピエール・サルドゥに伝えたのだろう。

サルドゥも、これは自分の代表的な建築になると感じたのか、おおいに張り切って設計図を引いたようだ。

「建築家サルドゥはこの年［一九二七年］の1月からすでに設計に取り掛かっていて、日本館を大学都市内でも特色ある日本風の建築物にしようと考えていたという。建物は大学都市の『西南の隅』に建てられることになり、敷地面積1200平方メートル、地上7階地下1階の建物に60室の部屋を設けることとなった。また藤田の壁画が『階下（1階）の広間および正面、講堂及び図書室の正面』に飾られることがこの時点［一九二七年二月］で決まっていた。この設計図は1927年6月に在仏日本大使館から送付され、外務省を経由して治郎八の父治兵衛のもとへも届けられている」（森谷美保「パリ国際大学都市日本館設立の経緯」『薩摩治郎八と巴里の日本人画家たち』）

藤田嗣治の壁画を巡っては、その後、二転三転があったが、この一件については後々詳述することとして、ここではただ、建設計画は順調に進み、一九二七年の秋には目出度く定礎式を迎えたことだけを記述しておこう。

その間、五月末には、フランス政府から薩摩親子に叙勲の決定があった。先に引用した『渋沢栄一伝記資料』第三十八巻には、外務次官出淵勝次が日仏会館理事長渋沢栄一に宛てた六月九日付書簡の中に、在仏の石井菊次郎大使からの次の電報が引かれている。

「仏国政府ハ巴里大学町日本学生会館設立計画者タル薩摩治兵衛氏ニ、レヂョン・ドノール三等勲章ヲ、同治郎八氏ニレヂョン・ドノール五等勲章ヲ贈勲セリ、学生会館ハ七月初旬起工式挙行ノ予定」

定礎式当日の模様については、治郎八自身が誇らしげに「半生の夢」に書いているので、それを引用しておく。

「定礎式には当時外遊中で、おりから巴里に居られた李王殿下夫妻の御台臨の栄を得、邦人側からは河合代理大使、宮腰書記官が、又フランス側からは仏大統領代理としてオノラ総裁以下関係者一同が列席して盛大に挙行された。当時文部大臣で、後首相になった仏蘭西政界の巨頭エドワード・エリオ氏の祝辞の後、私は巴里大学都市の国際的平和事業に対し、日本を代表して挨拶した。そして定礎の儀は先ず李王殿下の手で行われたのである。これは一九二〇《（ママ）》年十月十二日のことで、欧米各国はプレス・ニュース・映画等で、日本の文化的国際連盟である巴里大学都市加入を伝えた」（『せ・し・ぼん』）

李王殿下夫妻というのは、この年の五月からヨーロッパ各国を歴訪中だった李垠《イ・ウン》朝鮮王世子と李方子《イ・パンジャ》（皇族の梨本宮家から嫁いだ方子《まさこ》）夫妻のことである。日韓融和のシンボルとして進められた両国王族の結婚政策で生まれたこのカップルは、皇室典範の改正により「皇族に準ずる王公族」とされていたので、形式的には、天皇の名代として定礎式に出席していたことになる。

定礎式が無事に終了すると、ようやく身辺も落ち着きを見せたが、そうなると、今度は、治郎八のもう一つの「公務」である社交ライフに精を出さなければならなくなってくる。

折からパリは、狂乱の二〇年代《レ・ザネ・フォル》も最盛期を迎え、上流階級の社交は爛熟の様相を呈し始めていた。

治郎八夫妻は、この沸き立つようなパリ生活《ラ・ヴィ・パリジェンヌ》の中に身を投じようとしていたのである。

「花の巴里、ことに世界的好景気に恵まれていたその頃の巴里生活の華美だったことは追憶するだに夢の如き感がある」と治郎八は、「半生の夢」で回想しているが、まさに、ウォール街大恐慌で終焉を迎えるレ・ザネ・フォルのパリで、治郎八夫妻は社交ライフの頂点を極めるが如く、果敢に挑戦を繰り返すことになるのである。

それというのも、一九二六年の秋にパリに着いて一年がたち、治郎八が千代子夫人に施した「エレガンス教育」もそろそろ実を結び始めていたからである。

この社交ライフのための「エレガンス教育講座」について、パリ生活が長かった獅子文六は、事情通の一人として、治郎八の苦労が奈辺にあったかを『但馬太郎治伝』の中で次のように物語っている。

「今度の課題は、いかにして、最も早く、最も完全に、自分の妻を、パリの男爵夫人にふさわしい、高尚優雅な女性に、仕立てあげるかにあった。（中略）

その上、太郎治には、パリのモードについて、驚くべき知識と感覚があった。彼自身が大変な伊達者であり、男子専科の優等生だったが、生来の女好きのためか、女性のモードについても、該博《がいはく》なウンチクがあった。女の〝シック〟とは、どういうものなのか、単に流行を追うのみならず、自分の独創を加えた、よき装いでなければ、その女の魅力を生かし得ないことを、熟知していた。

（いかにして、妻を装わしめるか）

彼は新妻の性格や体格を考え、日本美人ということも考え、そして、どんな髪かたち、どんな毛皮、どんな衣服、どんな靴、どんな宝石、どんな香水を選ぶべきかを、あれこれ思案するのは、彼の最も愉しい時間だった。少女が自分の愛蔵する人形に、どんな衣裳を着せるかに、夢中になるのと、少しも異《こと》ならなかった。

それが太郎治の芸術意慾の現われと、いえないこともなかった。彼は舌なめずりをしながら、細君改造の芸術に熱中したと、考えられる。

では、具体的に「細君改造の芸術」とはいかなるものだったのか？

まず第一に、正確で美しいフランス語が話せなければならない。フランスにおける社交とは基本的にサロンでの会話なので、いかに美人であろうと、フランス語が話せなければ相手にされないからである。おそらく、チャールズ・ディケンズ通りの治郎八夫妻のアパルトマンには連日のように家庭教師が通ってきて、夫人にフランス語の特訓を施したにちがいない。

しかし、たんにフランス語が話せるというレベルでは、パリ社交界ではとうてい通用しない。話題に出た文学・芸術、政治・経済などの固有名詞（人名・地名）に、エスプリに富んだ返答ができるようでなくては、社交ライフは成り立たないのである。

だから、夫人のもとには、語学の家庭教師だけでなく、文学や芸術のエッセンスを注入するための文化担当の家庭教師も訪れてきたはずである。

こうした「中身」の改造と並行して行わなければならないのが外側、つまり肉体の改造である。千代子夫人は新婚当時、写真を見ればわかるようにポッチャリ型だったので、パリの高級メゾンのドレスを着せるには、かなりダイエットが必要だったのである。一九二〇年代には、衣紋掛けのように肩骨でドレスを釣るやせ型の体型が持て囃されたから、その流行の体型に合わせなければならなかった。

フランスでの治郎八と千代子。薩摩遺品。

こうして土台となるボディーが出来上がっても、それだけでは社交界に出すわけにはいかない。歩き方、視線の置き方、姿勢の保ち方、化粧法、それに礼儀作法、名流婦人として通るための掟をマスターする必要がある。

そして、仕上げは、パリの最高級ブティックで、いまだかつてどんな社交界婦人も身につけたことのないようなシックで最新流行のドレスを誂えることである。

治郎八は、独身時代に社交界に出入りしていたとき、社交界での成功は一にも二にも夫人の評判にかかっていることを承知していたので、こうした「細君改造」には金を惜しまなかった。美しくエレガントな妻を持っているということは、パリ社交界では最高のステータスであり、あらゆるサロンの扉を開かせる合鍵なのである。

しからば、千代子夫人は治郎八の金に糸目をつけない特訓をどう受け止めたのだろうか？

「彼女は、よくその試練《しれん》に耐え抜き、俄か勉強以上の成績をあげた。パリの流行に従い、なおかつ日本美人の特色を生かす装いと態度を、打ち出したのだから、天晴《あっぱ》れである。社交界の女性なんて、どこでも口うるさいのに、彼女は誰からも、〝可愛い夫人《ミニョンヌ》〟、〝魅力ある美女《シャルマント》〟と呼ばれた。ことに、その装いは、賞讃《しょうさん》を集めた」（同書）

かくして、日本館と同じく、薩摩家の金が惜し気なくつぎ込まれた「作品」としての千代子夫人は改造が完了し、いよいよ、花のパリ社交生活に乗り出していくことになるのである。

第二十七章　パリ式夫婦生活

一九二七年十月十二日に執り行われたパリ国際大学都市日本館の定礎式から、一九二九年五月十日の開館式までの約一年半は、薩摩治郎八の豪遊にドライブがかかった時期で、まさに「蕩尽王」治郎八の黄金時代といえた。

時代そのものも、レ・ザネ・フォル（狂乱の時代）と呼ばれた空前の好景気の頂点に近づき、バブルはあらゆる分野で最高潮に達していた。

このウルトラ・バブルの中で、ひときわ燦然とした輝きを放ちながら、パリ社交界の注目を一身に集めていたのが、千代子夫人の群を抜くエレガンスである。もちろん、そのエレガンスは、帽子から靴下まですべて治郎八自身の見立てになるもので、彼は、みずからの蕩尽人生を「芸術的創造」に見立てていたのと同じように、千代子夫人そのものを一つの「作品」と見なしていたのである。

では、その「作品」はいかにして完成を見たのか？　治郎八自身の言葉を借りよう。

「花の巴里、ことに世界的好景気に恵まれていたその頃の巴里生活の華美だったことは追憶するだに夢の如き感がある。私が妻に造ってやった特製の自動車は、純銀の車体に淡紫の塗りで、運転手の制服は銀ねずみに純金の定紋、妻の衣服はリュー・ド・ラペのミランド製の淡紫に銀色のビロードのタイニールであった。これでカンヌの自動車エレガンス・コンクールに出場し、瑞典王室その他の車と競って、特別大賞を獲得した。こんなことで日本のために気を吐いたのも、こんな時代であったからこそ出来た話である。あの時のマダム・サツマの自動車はマリー・アントワネットの儀装馬車以来だったという冗談がいまだに伝わっているのも、今は昔の夢である」（「半生の夢」『せ・し・ぼん』）

このカンヌの自動車エレガンス・コンクールでグランプリを獲得した「純銀の車体に淡紫の塗り」の特製自動車に関しては、幸いなことに、徳島県立近代美術館の薩摩治郎八コレクションの中に写真が保存されており、今日のわれわれもその「威容」をしのぶことができる。

戦前、特に一九二〇年代においては、自動車は大金持ちの特権的なステータス・シンボルであったが、なかでもバブル絶頂期の二〇年代後半に造られたブガッティを始めとする超高級車は一から十まで完全手造りの特注品で、素材も贅を極め、いずれも芸術品の域に達していたが、その中でも、薩摩夫妻の純銀の車は他を圧して輝いていたのである。

ところで、銀色とともに治郎八が好んだ「淡紫」という色彩だが、これはプルーストの『失われた時を求めて』で盛んに言及されているモーヴ色に近く、当時の流行の色であった。治郎八はことのほかこの色を好んだようで、獅子文六は、こう指摘している。

「ことに、彼が妻のために選んだ紫という色彩は、ビロードのローブにも、例の純銀製の自動車にも用いられて、最大の効果をあげた。それは、彼女によく似合う色だったばかりでなく、太郎治の最も好んだ色でもあった。彼はこの貴族的な色彩で、彼の生涯を塗りつぶそうとした趣きさえ、看取できるのである」(『但馬太郎治伝』)

おそらくは、一九二八年のカーニヴァルの時期にカンヌで開かれたものと思われる自動車エレガンス・コンクールが幕を閉じると、治郎八は、このグランプリ・カーを駆ってパリ市内に凱旋したが、そのコースというのはほぼ決まっていた。

千代子のクライスラー。薩摩遺品。

すなわち、まず十六区のアパルトマンから出発した車はセーヌ河沿いの河岸道を通ってコンコルド広場に姿を現し、そこから、一路、凱旋門目指して、斜面になったシャンゼリゼの大通りを駆け上がっていき、エトワール広場を大きく回って、パリで一番広いフォッシュ大通りを抜けてブローニュの森へ入っていくのである。並木の沿道には、純銀製の車を一目見ようとするやじ馬がつめかけていた。

こうした富の衒示は、なにも治郎八に限ったことではなく、アンシャン・レジームから綿々と引き継がれている「ロンシャン散策」と呼ばれる一種の社会的行事に従ったものだった。

十八世紀の初頭、復活祭に先立つ聖週間の時期に、パリの大貴族や大ブルジョワは、ロンシャンにあるクララ会修道院で開かれるミサに参加するという口実のもとに、自らのありあまる富を見せびらかすため、ご自慢の豪華馬車に着飾った夫人や娘を乗せてシャンゼリゼをパレードするようになったが、これが「ロンシャン散策」と呼ばれるものの始まりである。

ロンシャン散策は、大革命で一時中断したあと、王政復古期に復活し、以後、年中行事と化してベル・エポックまで続いたが、第一次大戦の勃発とともに姿を消していた。それが、馬車を自動車に変えて、レ・ザネ・フォルに華々しく復活したのである。

カンヌから帰った治郎八が「銀ねずみに純金の定紋」の運転手にハンドルを任せて、千代子夫人とともに「純銀の車体に淡紫の塗り」の特製自動車の後部座席に座って、一九二八年春のこのロンシャン散策に参加したのはいうまでもない。

「こんな私の生活ぶりは贅沢だ、虚栄だと世間からは指弾されるであろうが、私としては生活と美を一致させようとした一種の芸術的創造であると考えていた。シャンゼリゼやボア・ド・ブローニュで、この芸術品は人目を驚嘆させ、巴里エレガンスの先端をゆくものだと新聞雑誌にも云われたものである。人生まさに二十八歳、冬は南仏カンヌのホテル・マヂェスチック、夏はドービルのホテル・ノルマンディーと王者も及ばぬ豪華な生活をしたが、それをそしる者はそしれである。仏蘭西で俗に云うNoblesse obligeで、その間に自分の得た国際的知己交友の尊さを思い併せて、私には悔ゆるところは少しもなかったのである」(「半生の夢」『せ・し・ぼん』)

一代の蕩児・薩摩治郎八、面目躍如たる言葉というほかなく、彼の「生活と美を一致させようとした」人生は、シャンゼリゼのロンシャン散策に加わったこの瞬間に、「一種の芸術的創造」となったのである。

では、車や妻の服装以外に、つまり、自分自身の装いや身の回り品に関しては、生活芸術家たる治郎八の美意識はどのように発揮されたのだろうか？　獅子文六は、治郎八から直接聞き書きしたとおぼしき贅沢品の描写をこんなふうに連ねている。

「そして、太郎治のゼイタクも、紀文大尽《だいじん》並みになった。彼のシガレット・ケースというのは、ロンドンのダンヒルに特別註文したものだそうだが、プラチナ製で、蓋は黒漆塗り、それに、星型にダイヤをちりばめてあり、誰の眼をも驚かすに、充分だった。

また、自宅の家具も、フランスの古城で用いたルイ王朝時代のものを、骨董《こっとう》的値段で買入れ、日本から取り寄せた金襴《きんらん》で、張り直すというゼイを尽した。自用の香水も、特別調製で、アマリリスという名をつけた」（『但馬太郎治伝』）

薩摩治郎八コレクションの写真の中には、治郎八が千代子夫人と自宅の居間でくつろいでいる写真がいくつか残されているが、二人が座っている長椅子やテーブルを見ると、たしかにルイ王朝風であり、長椅子は、「日本から取り寄せた金襴」で張り直しているようにも見える。いずれにしても、生活芸術を完成させるためには金に糸目はつけなかったのである。

治郎八自身の身の回り品がこの調子なのだから、その「芸術的創造」の作品たる千代子夫人の装いに湯水のように金が注ぎ込まれたことは容易に想像できる。

「そして、自分のゼイタクと同様に、夫人にも、豪華の限りを尽させた。彼女のコンパクトは、

LE GRAND ILLUSTRÉ FEMININ
QUE TOUTE FEMME INTELLIGENTE DOIT LIRE
PUBLICATION HEBDOMADAIRE

MinervA

F. FOUSSARIGUES Directeur Général

"EVERNICE"
T. S. F.

Au Coin du Bois Sacré

LIRE DANS CE NUMÉRO : La Vie Politique, Artistique, Littéraire et Financière de la Femme. — Notre double page de Mode : LES BEAUX DIMANCHES A AUTEUIL. — Les Beaux Films : "WATERLOO". — Notre Roman.

"LA POSSÉDÉE", par Johanne d'ORLIAC. — LE PRIX DES LECTRICES DE "MINERVA". — Nos Recettes de Cuisine. — Les Conseils du Jardinier. — Le Courrier des Lectrices. — Les Contes de "Minerva". — Courrier graphologique.

Dans ce Numéro : Les Résultats de notre Concours de Bébés 1928. - Le Goût des Beaux Livres. - "Minerva" et l'Art du Bien Manger

ミネルヴァ紙の第一面を飾った千代子。薩摩遺品。

無論、註文品であり、腕輪も手が重たくなるほど、厚いプラチナであり、宝石の所蔵は、パリの富豪夫人を凌《しの》いだ」(同書)

この調子で金を惜し気もなく注ぎ込んでいけば、千代子夫人のエレガンスが加速度的にグレード・アップしないはずはなく、一九二七年から二九年にかけてのファッション・シーズンには、パリ中のお洒落好きが、夜会や舞踏会に現れる千代子夫人の装いや一挙手一投足に注目するようになってくる。

そして、一九二九年、マダム・サツマはついに最高級ファッション紙『ミネルヴァ』の第一面を飾ることになる。

メゾン・パラフ提供の帽子を被った夫人の横顔写真が四葉、一面の四隅を飾り、中央に無帽で斜め正面を向いたポートレートが配されている。そのポートレートの下の記事には、「いずれ日本に帰国するマダム・サツマはフランスのモードの格好のプロパガンダとなるだろう」という見出しのもと、以下のような文章が掲げられている。

「この美しい日本女性、マダム・サツマは、フランスのモードにすっかり魅了されてしまったようだ。フランスのモードに身を包んだ彼女は、社交界の数多い夜会や舞踏会などでも、その魅力、エレガンス、エスプリなどの点で光彩陸離たる輝きを放っている。いずれ、マダム・サツマは故国に帰ることになるだろうが、そのときには、我が国のモードのために積極的なプロパガンダの役割を果たすだろう。フランスのオートクチュールとモード業界は、この『お菊さん』のようなかわいらしい娘さんが最もモダンな装いをしてくれるなら、それだけで勝利したも同然なのである」

翌一九三〇年には、マダム・サツマは今度は、高級日刊紙『エクセルシオール』が発行しているモード特集の別冊夏号（ジョルジュ・ルパップ表紙）で、メゾン・ミランドのモデルをつとめている。そのキャプションには、「日本におけるパリ・モード。グレーの模様の入った白モスリンの夜会服姿のマダム・サツマ」とある。

このように、千代子夫人はマダム・サツマとして、パリの社交界はおろかモード業界でも知らぬ者はないセレブリティーとなり、いまでいう「読者モデル」のトップの座を占めるに至ったのである。

パペット・マスターたる薩摩治郎八の得意や思うべし。

だが、これだけの情熱をマダム・サツマの改造に注ぎこんでおきながら、治郎八が「女」として千代子夫人を愛していたかというと、どうもそうではなかったらしい。このあたりの事情に関してはいろいろと聞き込みをやったらしい獅子文六はこう書いている。

「彼女の〝紫の車〟が、カンヌの自動車エレガンス・コンクールで、特賞を獲得し、彼女自身がまた、ニースの美人コンクールで、首席に選ばれるようなことになり、彼女も完全に社交界の花であり、太郎治の本懐、これに過ぎるものはないと、思われた。そして、紀代子夫人は、彼にとって、掌中の珠《たま》であり、鍾愛《しょうあい》の的であるはずだった。

ところが、上流人の心理は、また別な宇宙であるらしく、太郎治は、細君改造に熱意の大半を注ぎ、夫婦愛の方には、充分に手が回らなかった形跡がある。

紀代子夫人が、パリへ着いた当座から、太郎治の許へ、昔馴染みらしいパリ美人が、何人も訪ねてきたが、彼は、そういう連中と出て行ったきり、深夜に及んでも、帰らないようなことが、よくあった。

彼女は、おおかた、それもパリ風習の一つだと思って、気に留めなかったとも、聞いてる」(『但馬太郎治伝』)

かくして、パリの高級社交界の伝統に則った治郎八と千代子の「パリ式夫婦生活」がしばらくは続くことになるのである。

第二十八章　ギャルソニエールのランデブー

薩摩治郎八が「パリ式夫婦生活」と呼んでいるものは、戦前の日本で「男の甲斐性」と呼ばれたものと外見は似ているように思えて、その実、ずいぶんと違っている。

「男の甲斐性」というのは、要するに、大金持ちの男は、結婚しても、妻にだけ「一穴主義」で奉仕するのではなく、花柳界で豪快に遊び、妾の一人や二人持つのが当然というものだが、この場合、妻の自由というのは一切認めていない。つまり、男は外で遊び歩くことが許されているのに対して、女は良妻賢母で家庭を守り、夫が気まぐれに家に戻ってくるのをひたすら待たなければならず、いわんや、妻の方が愛人を作るなどはもってのほかということになっている。

これに対して、「パリ式夫婦生活」というのは、「双方義務的」ならぬ「双方権利的」な関係で、妻の方も愛人を作って遊ぶことが許されている。といっても、外の盛り場に遊びに出るわけではなく、これはと思った男たちを自宅に招いてサロンをつくり、その中で特に気に入った男を愛人にするのである。

この結婚形態が、上流階級、とくに大貴族や大ブルジョワの家庭でいかに一般的であったかを知りたければ、バルザックの小説を読めばいい。夫人が朝の身繕いをしているところに愛人が訪ねてきて、夫とともに三人で朝食を取る場面がしばしば登場するからである。

こうした「パリ式夫婦生活」は、住居そのものの構造にまで反映されている。すなわち、コの字型の邸宅の両翼は「ムッシューの翼」、「マダムの翼」として独立していて、入口も別々についているから、夫婦それぞれが勝手な行動を取れるし、愛人（とくに妻の愛人）も自由に出入りできるというわけだ。

二つの翼は真ん中の棟で結ばれているが、ここを利用するのは、朝食と夜会のときだけで、夫婦は朝の打ち合わせタイムが終わったら、一日中干渉なしというのが原則である。

では、なにゆえにこうした自由な夫婦関係ができあがったかといえば、それは上流階級の結婚というものが、家と家、金と金との結婚（というよりも契約）であり、好き嫌いとか愛情といった要因は一切考慮されていなかったため、いわばガス抜きのために、抜け道が用意されていたというわけだ。とくに、妻の方は、処女で結婚することが絶対的な条件だったので、恋愛は結婚してから、夫以外の男とというのが不文律になっていたのである。

治郎八は、独身時代にこうしたパリ式夫婦生活をいたるところで観察し、これぞ、夫婦関係を永続させる理想の形態と信じていたから、自分も結婚してパリに身を落ち着けるや、さっそくこれを実践し、千代子にも全面的な自由を認めたのである。

「我々の結婚生活は所謂 Mariage parisien で非常に自由に、そして趣味を尊重し合った。妻はその好む友人の群を持ち、私は私で音楽家、外交官、政治家、詩人等の友人の群の中で暮すといった按配であった。このような結婚生活だったからこそ、我々夫婦は各自の個性を伸張し得られたので、妻はサロン・デ・チュイレリーに作品を出品し、高野三三男夫妻や藤田や、又当時巴里一の美人女優として麗名を謳われていたエドモンド・ギー等と交際していた」(「半生の夢」『せ・し・ぼん』)

もっとも、実際に、千代子夫人が治郎八の望むような「自由」な生活を謳歌し、「その好む友人の群」を持ったか否かは検討の余地がある。というのも、千代子は華族出身とはいえ、あくまで道徳主義が骨の髄まで染みとおった家庭の出身であり、夫にいくらそそのかされても、「自由」を満喫できたかどうか疑問が残るからだ。

一方、治郎八の方はといえば、こちらは、結婚当初から、「パリ式夫婦生活」を実践していたようだ。その証拠に、千代子夫人とのエレガントな社交生活を記述した部分で、治郎八は、こんなことを告白している。

「だがその頃から私の脳裡には、あらゆる物質的虚栄の世界から逃れ出そうとする願望が高まって来たが、そのような心境は、私の矛盾する性格の均衡が破れるところによるものらしく、その結果、私はこのような生活雰囲気から逃れようとして、モンマルトルの丘上サックレクールの辺りに隠れ家を求めたり、下町ドービニー街のギャルソエールに cinga asept のランデブーを求めたりした」(同書)

なんだか謎のような言葉だが、じつは、単純な誤植による部分もある。なんのことかといえば、「下町ドービニー街のギャルソエールに cinga asept のランデブー」のくだりだが、ここは少なくとも、「下町ドービニー街のギャルソニエールに cinq à sept のランデブー」と書かれていなければならないところである(初出の『新潮』[昭和二十六年]は正しく書かれている)。

では、「下町ドービニー街のギャルソニエールに cinq à sept のランデブー」とはなんのことか?

これに関しては、治郎八が『笑の泉』という軟派の雑誌に寄稿した「Cinq à Sept」というそのものズバリのお色気エッセイがあるので、それを参考にしてみよう。

治郎八は、色事に打ち込んだ女色家にとって我慢できないのは午後四時から五時の間の「店はじめ」の時間であり、この時間に日本の赤線の裏通りを抜けようとして、店の前を一心不乱に掃除している女の姿などをみかけると、男心が怪しく騒ぐというような前振りをしたあと、話をフランスに転じて、次のようなことを書き付けている。

「同じ外での情事でも、アチラの有閑マダムや、彼女等の若きツバメ族や、色道の達人族の愛用する Cinq・à・Sept……五時から七時……はエレガントだ。

いずれも社交界で名の通る連中だから、待合(メイゾン・ド・ランデブー)では具合が悪い。それで若いツバメの名義で小アパート(ギャルソニエール)を借りる。男側のひとかどの紳士なら、偽せ名義でギャルソニエール……独身者アパートの意味……を手に入れておく。管理は物なれた門番《コンシエルジユ》のおかみさんに頼んでおく。モチロンこんな連中は口が堅いから絶対安全。こうした愛の巣にはまず湯殿も付いているし、フランス名物の洗浄器もある。

ここで彼女なり彼氏なりは五時から七時まで楽しんで、何気なく御帰邸をきめこむ。常識とし

て、彼女なり彼氏以外の臨時恋人は引っぱりこまぬ」（『笑の泉』昭和三十三年八月号　以下同）

こうしたギャルソニエールのことは、フロベールの『感情教育』やモーパッサンの『ベラミ』に描かれているが、要するに、月極めで借りるラブ・ホテルのようなものだと考えればよろしい。いまでも、こうした「愛の巣」は、思いがけないところに存在していて、「有閑マダムや、彼女等の若きツバメ族」が利用していると消息通から聞いたことがある。

では、治郎八自身はというと、当然ながら、ギャルソニエールの常連利用者だった。

「よき時代のよきパリの一隅に私もこんな隠れ家を持った。がいせん門（エトワール）からあまり遠くないドービーニー街の静かな裏庭に面したギャルソニエールで毎週一回、恋人と密会していた」

治郎八が「ドービニー街」とか「ドービーニー街」と書いているのは、パリは十七区のメトロ・マルゼルブ駅にほど近い rue Daubigny のことで、たしかにあまり人通りのない静かな場所である。

しからば、このギャルソニエールで密会していた恋人というのはどんな女だったのだろうか？

「とんでもない美人で、まるでルノワールの油絵から抜け出したようなヤワ肌の肉体美。その方もヒステリー程度にまでエキサイトする性格で、まず色女としては百点満点。

ところがだ、この女虚栄心の方もオーセイで、金使いは荒い。がそれだけの値打ちは充分ふめる青春も色気もあったわけ」

治郎八に、このドービニー通りのギャルソニエールのアドレスを教えてくれたのは、その道ではパリでも指折りのプレイボーイだった。

「大銀行家の御曹子で、学者で、美術のコレクターで……三拍子揃った紳士。粋なバンガローをモンマルトルの丘の上に持っていて、そこは彼氏の言によるとアトリエでありランデブーであり……といったわけだ」

この描写からすると、治郎八と同じ時期にパリで豪遊していた福島繁太郎を思わせるが、あるいはフランス人かもしれぬ。

それはさておき、ある日のこと、治郎八は恋人と例のギャルソニエールで待ち合わせたのだが、三十分待っても来る気配がない。そこで、例の友人がモンマルトルに持っているバンガローに遊びにいってみようと思い、モンマルトルまで車を飛ばした。

「玄関のドアをノックすると、友人の愛犬がほえだしてスッと扉があいた。犬が扉を押しあけたのだ。これなら彼氏在邸とイキナリ飛び込んでみると、イヤ恐れ入りました。

友人はパンツ一枚、室のソファーの羽根蒲団の上には、ランデブーをすっぽかしたわが恋人が、全裸でころがっているのだ」

プレイボーイにとって、問題はこうした究極の瞬間にどうやって振る舞うかである。わめき立てたり逆上してしまうのは野暮天のすることである。

治郎八は、いや失敬とあとずさりしかけたが、そのとき、ソファーの前にキャンバス立てがおいてあり、そばにマチスの裸婦の絵がころがっている。

そこで、治郎八は機転をきかせて、こう言った。

「『これは素晴らしいね、君マチスはだしだよ』と私は大声をあげた。

このトッサの気持に頭のまわりの早い彼女、『本当？妾がポーズしたのよ』『もう仕上がったの？』『ううんマダマダ。今日は今裸になったばっかり。ごめんなさいね……』」

この一件以来、恋人は治郎八の前から消えた。友人のプレイボーイとの仲も切れたという。では、その後、彼女はどうなったかというと、なんと、本当にマチスの前でポーズを取ったらしい。

「二兎を追い回していた美人、その後本物のマチスにポーズして、世紀のマチス画伯が幾多の傑作を生み残した。トンダけがの功名。二人のノラ若ダンナの五時から七時までのミステークが、人類の宝を生んだお話です」

よく出来過ぎた話だが、この時代に画家やプレイボーイの間を泳ぎ回っていた有閑マダムは少なくなかったから、こうした巡り合わせはいくらでもあり得たのだろう。

これは私の勝手な推測だが、この恋人というのは、マチスに師事して玄人はだしの絵を描いていたという治郎八の例の「青年期の最初の恋人」ジャンヌ・ジル゠マルシェックスだったのではないかという気がする。ジャンヌは肉体自慢で、マチスは画道で彼女に一旗揚げさせようと熱を上げていたというから、マチスのモデルになった可能性は十分ある。裏を取るためには、マチスの詳細な伝記に当たってみる必要があるようだ。

第二十九章　スフィンクスの女

薩摩治郎八は、パリで一緒に遊びあるいた女たちについて、下は街娼から上は侯爵夫人まで、じつにさまざまなポルトレを描いているが、中で、われわれ読者に強い印象を残すのは、「半生の夢」でそのジャジャ馬ぶりが描かれているミシェルという娘である。

「其頃の数ある私の女友達の一人で『トウトウクス』と仇名されていたM大将の令嬢が、こともあろうに女だてらに博奕で一季節《シーズン》に九百万法《フラン》の遺産をすってしまい、ジョルジュ・ミッシェルの『豪華狂女《フォル・ド・リュックス》』の材料になったばかりでなく、終にはカジノ大食堂で裸踊りをやって、生活の資を稼ぐと云う運命におちてしまった」（『せ・し・ぼん』）

治郎八は「トウトウクス」と綴っているが、これはおそらく「トゥトゥクス」と読むのではないかと思う。

それはさておき、そのトゥトゥクス嬢とはドーヴィルの海岸で知り合ったようだ。

仲を取り持ったのは、エロティックにして典雅なイラストレーションで知られるマルセル・ヴエルテス。

治郎八が『世潮』という雑誌に「巴里の夜のものがたり」という連載タイトルで発表したエッセイの第二回「『スフィンクスの女』裸体の恋人」（昭和二十九年三月号）によると、ノルマンディーの海水浴場として知られたドーヴィルの「バー・デュ・ソレイユ」という酒場でグラスを傾けているうち、ヴェルテスは「素晴らしい眼を持った女がいるんだが、その女が、一つ君に紹介してくれというんだ」と切り出した。治郎八は、ヴェルテスの女の趣味の良さを知っていたので、「君がほめるくらいの眼なら、それは世界的に素晴らしいにちがいない。無条件に信じよう」とＯＫのサインを出したが、そのとたん、ヴェルテスが「ほれ、あの女だ」と遊歩道を歩いてくるひとりの女の方を指さしながらつぶやいた。

こうして、治郎八はトゥトゥクスことミシェル嬢と知り合ったのだが、このミシェル嬢、いまでいうところの「ぶっ飛び女」で、やることなすこと、治郎八の予想を超えていた。「『スフィンクスの女』裸体の恋人」から少し二人の会話を拾ってみよう。

「ねージョージュ、エヂプトがわたしをこんな女にしてしまったのよ。スフィンクスを見に行った時雇ったガイドの男の眼がね、まるでカイロの夜空の星みたいだったの」

「だがね。マルセルの話じゃその眼はどうやら貴女自身の、そうらその眼じゃないの」

「ジョージュ、あなたって変なことという人ね。他人の告白をまぜっかえさなくったっていいじゃないの。それでね、あたし有金全部カイロでたたいてきてしまったのよ」

「だが有金そっくりたたくのは毎晩じゃないの。昨夜は五十万だったとか噂をきいたが」

「そうよ。シュミズまでたたいてしまったら気が晴々するわよ」

この時代の夏のドーヴィルというのは、いわば、世界中のバブル紳士、バブル淑女が集まってきて、大散財をやらかしていた一九二〇年代のレ・ザネ・フォル（狂乱の時代）の象徴のようなスポットだったが、そのドーヴィルのカジノでさえ、このミシェルという女ほど無茶苦茶な賭け方をする女はいなかった。

「毎晩カヂノの大テーブルで大賭博を張る彼女は何者かと言うと、陸軍大将を父に持つ孤児で英国貴族の思い者であり、ヌイイに邸宅、自動車とぜいの限りを尽くしていたが、彼女のいうスフィンクス以来プッツリと男と手を切って放浪性をたくましくしている変り種。拳闘選手、同性愛と渡り歩き、今夏はドーヴィルでヒットしようと乗りつけて背水の陣をしく姐御だとは大体話はきかずとも想像の出来るところだった」（『スフィンクスの女』裸体の恋人」）

そんな「ぶっ飛び女」から誘われた治郎八だったが、自ら申告するところでは、ドーヴィルでは男女の仲になることはなく、ただの遊び友達に終始したらしい。

すなわち、毎晩のように、ミシェルは裸の肌の上にいきなりウォルト（ワース）やジャン・パトゥーのデザインした最新流行の服を羽織ると、胸に蘭の花をさした格好でカジノに現れたり、あるいはプロのダンサー相手に狂ったようにワルツを踊りつづけていたが、身辺に男っ気はまったくなく、いつも、「ブランメル」というレストランのバーで治郎八と落ち合うと、ハンガリー楽団の哀調を帯びた音楽に耳を傾けながら夜食を取り、夜は、ひとり寂しくホテルに引き上げていったのである。

夏のシーズンも終わりに近づいたある日、治郎八がバー・デュ・ソレイユでグラスを傾けていると、ミシェルが現れてこう言った。
「ねー、とうとう来るものが来たのよ。スッカラカン、今夜からカヂノで踊るから見にきて、なに笑ってるの本当よ、そしてガレーヂ代を払って巴里に戻り、パトウのマニキャンに入るのよ。ねー、ジョーヂュ、そうしたらあなた本当にあたし相手にするでしょう」（同前）
こんな調子でパリに戻ったミシェルは、治郎八と再会すると、自分の好きなボクシングの会場に誘った。それというのも、ミシェルは熱狂的なボクシング・ファンで、サン・ドニ通りにあったサントラルというボクシング・ホールに通いつめ、ボクサーを恋人にしていたことさえあるからだ。
「私はトウトウクス嬢と一緒に度々ここに見物に行って、未来のデンプシーやカルパンチェを夢見るフンドシかつぎ連の大奮戦に力瘤を入れたものだ。負けても勝っても賞金は分割という仕組で、当時の金で百法・五百法というところであったが、ここを応援する意味で巴里女素人の拳闘が生れると、その開会式には是非にとの挨拶よろしく、招待された」（「半生の夢」『せ・し・ぼん』）
治郎八は、招待客ということで燕尾服で出掛けたが、シャンパンで酔いが回ってくると、だれからともなく、それでは、余興に「男女のボクシングを一勝負」ということになり、治郎八がパンツ一丁でミシェル嬢とリングで闘うことになってしまった。治郎八は相撲で鍛えた自信があり、衰えたりといえども、力士の幡瀬川くらいの力は出せるだろうと、軽い気持ちでリングに上ったのだが、意外にもミシェルは強かった。

「相手をするトウトウクス女選手はこの時ぞとばかり、海水着一枚で登場し、ゴーンとゴングが鳴るや否や、海水着の曲線美にふと見惚れていた私の鼻先にアッパーカットを喰わした。『一、二、三、四、五、六、七、八……』はっと気付いてあたりを見ると、猿また一枚でリングの真中に伸びているのは私である。『九』の一声に『何クソ』と満場の歓声を浴びて立ちあがったがブーンと再び一撃を喰わされて、私は四ツン這いになってしまった。こんな筈ではなかったがと思ったが、今更どうにもならない。しかも相手は女である。『一、二、三、四、五、六、七、八、九、十』私はわざとゴングの鳴るのを待ち受けて飛び上がりさま相手の両頰に降参のキッス。この珍試合は大喝采裡にケリがついた」(同書)

翌日のパリの新聞に、「ムッシュ・サツマは飽く迄も武士道精神を発揮して、勝を女選手にゆずり満場大満足。盛会裡に閉会せり云々」という漫画が載った。

この「男女ボクシング」の帰りではなかったが、治郎八はある晩、ミシェルとサントラルでボクシングを見た後、彼女の運転する車で郊外のホテルに一泊したことがあった。

古風なオーベルジュ風の食堂で、暖炉に薪をくべて、木枯らしの音に耳を傾けていると、しんみりとした口調になってミシェルが言った。

「ねー、ジョージュ今夜よかったらあたしの体買って。もう蘭花の女じゃないのよ、スフィンクスの女、そうよ、あたしの眼だけでも売ってあげるわ」(『スフィンクスの女』裸体の恋人」)

ミシェルの口ぶりがあまりに沈んでいたので、治郎八が心配して理由を尋ねると、じつは、明日、家が競売にかけられることになっており、服と車だけはなんとか助かったのだが、どうしてももう一つ家から救いださなければならないものがある、それがなければ死んでも死にきれないから、代わりに自分の体を買ってほしいというのである。

驚いた治郎八がいったいいくらあれば救えるのかと聞いても、ミシェルは値打ちはわからないと答えるだけである。そこで、治郎八はこう言った。

「そりゃ無茶な話だね。貴女は身売りしてもその品を助けたい。だが皆目値打ちが解らない。それじゃ売春代も見当のつかない女を買うようなもんだね」

ミシェルは、大きな瞳から真珠のような涙をこぼしながら、あなたは紳士ねと言うので、治郎八は、自分は女たちに快楽の夢だけ与えて消えてしまう影でありたいと思っている、夢の男が現実に混じるのは許されないはずだから、君の体に触れることはできないと、ちょっとカッコ良すぎる言葉を口にして慰めた。

ミシェルは「解ったわ」と言って泣き止んだので、治郎八は、今夜は休もう、あしたの朝、その貴重品をぼくが買い取るからと言って、ミシェルを抱いて寝た。ミシェルは赤ん坊のように眠った。

翌日、競売が行われることになっている家に入ると、治郎八は、ミシェルに例の品はどこにあるのかと尋ねた。「あそこよ」とミシェルの指さす方に目をやると温室が見えたので、彼女の好きな蘭の花のことかと思ったが、温室の花はすでに撤去された後だった。ミシェルはヤシの大鉢が淋しげに立っているのをさして、「あそこの陰にあるのよ」と治郎八の腕をつかんだ。

「その瞬間自分は唖然としてしまった。というのは、やしの葉陰の檻の中から子獅子の眼が小猫の瞳の様に自分の視線を射ったからである。転落のスフィンクスの女を最後まで守る獅子の瞳。自分はこの瞬間ほど女心に感動したことはない」

さらに翌日、競売で、子ライオンを檻ごと競り落とした治郎八は、最後の贈物としてミシェルに贈った。

治郎八が、「これで僕の友情は果たされたわけだね」と言うと、ミシェルは「一生感謝するわ」と言った。

そのまま二人は別れたが、その後、だいぶたってから、風の便りで、治郎八は、ミシェルがマルセーユのギャング団の一味に加わっているという噂を耳にした。

だが、戦後、治郎八の友人のGがシャンゼリゼを歩いていると、女将校のなりをして、大通りを闊歩しているミシェルに出会った。

それを聞いて、治郎八は、思わず、彼女、どんな眼をしていたと尋ねた。Gは「やっぱりスフィンクスのようだったね」と答えた。

このミシェルのポルトレを治郎八は、最後にこんな言葉で結んでいる。

「彼女の行状を描写して、『虚栄の狂女《フォル・ド・リュクス》』とミッシェル・ギョルヂュ・ミッシェルは言ったが、自分には女心の崇高さを知らせてくれたスフィンクスのなぞの女の幻影だけが残されている」

治郎八のような、海千山千のプレイボーイのこころを捉えるのは、この手のスフィンクスのような女性なのかもしれない。男というのは、えてして謎の女には弱いのである。

第三十章　ミュージック・ホールの美女たち

薩摩治郎八がパリに滞在していた一九二〇年代というのは、風俗史の面から見ると、ミュージック・ホールの全盛時代で、「ムーラン・ルージュ」「フォリ・ベルジェール」「カジノ・ド・パリ」などが、ミスタンゲット、モーリス・シュヴァリエ、ジョセフィン・ベーカーなどの伝説的スターを迎えて、連日、華やかなレビューを繰り広げていたが、そうしたレビューにおいて一際目立ったのは、踊り子たちの肌の露出度がかつてないほど大きくなり、バタフライを除くと、ほとんど全裸になってしまったことだった。

そのため、こうしたバック・コーラスのヌード・ダンサー目当てにミュージック・ホールに日参する男たちが多くなったが、美しい肉体の女には目のない薩摩治郎八も、当然、ミュージック・ホールの常連となっていた。

治郎八がミュージック・ホールで見初めて、愛人としたり、友人として付き合った踊り子は、まったくの無名の娘から、風俗史に名を残す売れっ子の美姫まで、じつにさまざまだが、中で、一番有名だったのは、パリ一の美人と謳われたエドモンド・ギーだった。

エドモンド・ギーは、「ブッフ・パリジャン」というオッフェンバックの常設小屋として有名な劇場の大部屋女優だったが、その類い稀な美貌をうまく使って、ワラシベ長者さながらに「パトロンの階段」を巧みに駆け上がり、治郎八と出会ったころには、イタリアのメディチ家出身の侯爵の愛人に収まっていた。エドモンド・ギーは、治郎八とは、夫婦ぐるみの交際で、千代子夫人も親しく付き合っていた。

「一九二八年にはスペイン国境のビアリッツに行って、その昔ナポレオン三世皇后ユーヂェニーのために造った離宮、ホテル・ド・パレーで暮した。ビアリッツの季節《シーズン》の終り頃、伊太利のメヂチ侯爵がエドモンド・ギー同伴で訪ねてくれたことがある。メヂチ家は人も知る伊太利の名家で、現侯爵は女優ギー嬢のパトロンであった。そして当時流行の『パラス』と云うミュージック・ホールで、彼女のために『巴里美女《ボーテ・ド・パリ》』という豪華なレビューを上演させていた通人だ。

ところで、エドモンドのことだが、彼女は巴里一の美人の噂をもった女だった。第一次欧州大戦の際、マタ・ハリ事件で騒がれた仏政府の怪星マルビー夫人となり、自分とは三十年未だに交際を続けている」(「半生の夢」『せ・し・ぼん』)

「パラス」というのは、フォーブール・モンマルトル通りにあった豪華なミュージック・ホールで、一九二三年にオスカール・デュフレンヌとアンリ・ヴァルナがエデンという劇場を買い取って改装し、「パラス」と改称してこけら落としとしてからは、「フォリ・ベルジェール」や「カジノ・ド・パリ」と並ぶ有名店になっていた。

アンドレ・サレとフィリップ・ショヴォー共著の『ミュージック・ホールとカフェ・コンセー

ル』（ボルダ書店）という本には、この「パラス」の上演目録が出演者とともに出ているが、そこには残念ながらエドモンド・ギーの名前は見当たらない。また、『ボーテ・ド・パリ』というレビューも上演品目に入ってはいないが、それらしきレビューを探すと、一九二八年の『リュクス・ド・パリ』、一九三七年に『ボーテ・ド・ファム』というのが見つかる。治郎八はこの二つを混同して、『ボーテ・ド・パリ』と書いたのかもしれない。

とはいえ、エドモンド・ギーがミュージック・ホールのスターだったことは間違いない事実で、『ミュージック・ホールとカフェ・コンセール』の名前のインデックスを引くと、「オランピア」に出演したスターの中に「エドモンド・ギー（ダンサー）」という名前が出てくるし、ジャック・ペシスとジャック・クレピノー共著の『フォリ・ベルジェール』（フィクシオ・ソジュモ書店）という本には、一九四二年のこのミュージック・ホールの出演者の中にエドモンド・ギーの名前が挙げられている。

この事実からすると、治郎八がエドモンド・ギーの武勇伝としてあげている「対独レジスタンス」の挿話も、かなりの信憑性があるといわざるをえなくなる。

「今次大戦［第二次］では、独軍占領下の巴里で、有名なフォリ・ベルジェールに出演し、その比類無き美貌をもって独人の眼光を征服していた。ある舞台が第二帝政時代の一場面になると、彼女はマビル舞踊場の有名な舞姫リゴルボッシュに扮装して、とろけるばかりの微笑を投げ乍ら云うのであった。『リゴルボッシュ、リゴルボッシュ、お前はいつまでもふざけていられまい』と。ボッシュとは仏蘭西で独逸人をさげすんで呼ぶ呼称であり、『リゴル』とは仏蘭西語で『ふざける』の意味なので、その台詞《せりふ》はとりようによっては、『ふざける独逸の方々、ふざける独逸の方々、でも、いつまでもふざけてばかりはいられまい』と聞える実にきわどいレジスタンスのあてつけなのである」（「半生の夢」『せ・し・ぼん』）

しかし、ある晩、一人のドイツ人将校が、エドモンド・ギーの歌を聞くや、憤然と席を立って退場したので、エドモンドは背筋が凍りつく思いがした。その一部始終を見ていた治郎八は、楽屋を訪ね、「貴女の微笑はフランスの庭園でなくては咲かない花だ、フランスが貴女のような美人を生む限りは最後の勝利は疑い無しさ」（同書）と激励し、戦時下では大変な貴重品であったシャンパンを抜いて、彼女の英雄的行為を祝福したという。

エドモンド・ギーと並んで、治郎八が当代一の美人と絶賛しているのが、コレット・アンドリスだが、このコレット・アンドリスと不思議な関係を持ったのは、治郎八が一旦、日本に帰国してからパリに戻った一九三四年頃のことである。治郎八は、インドのマハラジャ・カプタラ殿下のお供をして、ある悪友の妻で、パリ第一のヌード・ダンサーとしてレビューに君臨していたコレット・アンドリスの家に押しかけた。

「その夜の歓楽は、古代希臘の夜宴もなんのその、巴里凱旋門《アルクドトリオンフ》を一目に見下す屋上庭園の噴水のほとりで、コレット・アンドリスは軽羅をヒラッと投げて素晴らしい曲線美で並びいる面々を脳殺《ママ》したものだった」（同書）

この素っ気ない記述では、当夜、どんなハプニングがあったか明らかではないが、治郎八は、別のところ（『世潮』昭和二十九年三月号「巴里の夜のものがたり——第二回『スフィンクスの女』裸体の恋人」）で同じことをもっと詳細に物語っているので、それによって当時のパリの性的デカダンスの凄さを知ることができる。

治郎八がコレット・アンドリスを知ったのは、「パラス」のプロムノワール（立見席）でストリップを見学しているときのことだった。隣に、ミュージック・ホールとは思えぬ女学生風の黒装束の女が滑りこんできた。その瞳には悶えるような哀愁が漂っていた。その視線に釣られて治郎八がふと舞台に目をやったすきに、女は客席の通路に立ち、光線を浴び、詩を口ずさみながら舞台のほうに進んでいった。

「照明燈が彼女を追って舞台にむけられた。と、一人の男が幕蔭から現れて彼女の黒衣をうばってしまった。一瞬の間に黒衣の女は全裸体と化し、煌々と照らしつけられた舞台ま中央に背をむけて立った。

小柄で均整のととのった彼女の裸体が波のような顫動を打っている。一個の大風船が彼女の唯一の貞操帯である事に気付いた観客席には嵐のような静寂が敷かれた」

客席から、「全裸じゃないか」という声があがった次の瞬間、幕が降りて、裸体はかき消されたが、そのとき、治郎八の肩に手をかけ、「どうだね、いまの裸女は？」と囁く者があった。洒落者と定評のある騎兵将校くずれのRだった。Rは、産業界でめきめきと売り出してきた実業家だったが、度し難いサディストで、結婚したばかりのコレットに露出プレイやいわゆるレンタル・プレイを強要して楽しむ悪い癖があった。

Rは、舞台から戻ってきたコレットに治郎八を紹介し、その晩、「グラン・テカール」というナイトクラブに出向いて、朝まで話しあった。

Rは、凱旋門近くに広壮な邸宅を構え、その邸宅を、十八世紀の摂政フィリップ・ドルレアンがパレ・ロワイヤルをそうしたように、「快楽の殿堂」に仕立てようと考えていた。コレットはその殿堂の生け贄の祭典に捧げられる美神であった。

「わたしはね。コレットを知った当時のまんまにしておくつもりなんだ」とRは治郎八に打ち明けた。

「Rは彼女の裸体を地球上の『男性の中の男性』と彼が想像する『優越種族《エリット》』から讃美させ、彼の秘密のサド的快楽に耽るためには巨万の富を投げこんで全ダイヤのバタフライを巴里最高の芸術宝石師の手で造らせた。Rはこの世界最貴の貞操帯を彼女につけさせて地球上の最も優越な女性讃美礼讃者の前に提供する。これがRの最大の快楽であり、言いかえれば彼の人生であった」

四月下旬のある晩、燕尾服・勲章着用のことと追記されているRからの晩餐会への招待状を手にした治郎八が、凱旋門近くの邸宅の客間に入ると、そこにはこんな光景が広がっていた。

「古風な半ズボンに白靴下をはいたバレーが、客間の扉を開いた瞬間一糸まとわぬコレットが自分の前に現れた。十人ばかりの男が盛装して客間の中央に全裸の女達を相手に談笑している」

治郎八が導かれた大食卓の席はコレットの隣の主賓席だった。

「食事が終わった後コレットはまぶしいような瞳を自分にむけながら彼女独特の低声で『今夜の主賓のあなたにバタフライをつけさせていただきます』と自分の手をとって奥の室にみちびいた。彼女はガラスの箱の扉を開いてバタフライを手渡した。そして自分の手をとって舞台の上に立った。自分は数千万の富にあたいする宝玉を彼女の裸体につけた」

それから、二人は音楽に合わせてワルツを踊った。コレットは、治郎八の腕の中で、「今夜はあなただからよかったわ」とつぶやき、告白した。「この踊りのあとであたしの宝石をはずすのよ。それがこの家の不文律なの。そして明け方まで……ジョージュ」。

そして、治郎八の目をのぞきこむようにして、こう言った。

「解ったでしょう。だが若しあなたが踊りだけで帰ると、わたしはK殿下と……」

ここにあるK殿下というのは、先に話に出たインドのマハラジャ・カプタラ殿下のことだろう。

「踊りは終わった。シャンパンの杯がみたされた。客間の照明がパッと消えて盛装の男達と裸体の女達の幾組かが希臘時代の夜宴のように床の上に引かれた厚いタッピの上に投げかけられたクッションの上に横臥した」

治郎八はコレットの魅力に降参はしていたが、Rのサディズムに怒りを感じていたので、客間の長椅子に二人で倒れ込みながらも、敢えて一線を越えようとはせず、コレットの裸体の上にエルミンのコートをかけ、「朝まで私がいるから眠って」と耳元で囁いた。

ちょっと、カッコよすぎる話である。しかし、治郎八がそう申告している以上、われわれとしては裏の取りようがない。ついでに最後も、治郎八の言葉でしめるとしよう。

「小鳩のような彼女の胸の鼓動が終夜自分の胸を脈打った」

いずれにしても、ミュージック・ホール全盛時代ならではのエピソードである。

第三十一章　『修禅寺物語』パリ上演

本章では、一九二六年の再渡仏から一九二九年五月十日のパリ国際大学都市日本館開館式に至るまでの期間に、治郎八がかかわった文化活動について見ていくことにしよう。

まず、『薩摩治郎八と巴里の日本人画家たち』展カタログに収録された薩摩治郎八年譜（江川佳秀編）で注目に値するのは、一九二七年六月二十四日からコメディ・デ・シャンゼリゼ劇場で上演された『ル・マスク』（原作・岡本綺堂『修禅寺物語』）への協力である。

同カタログ論考「『修禅寺物語（LE MASQUE）』パリ公演におけるパリ在住日本人たちの役割」（森谷美保）に従えば、パリの劇場で『修禅寺物語』を上演しようという話が持ち上がったのは、おそらくはクロード・ファレルのヒット作『ラ・バタイユ（戦争）』に代わる日本物を探していたオデオン座の座長ジェミエが日本大使館の書記官だった横山正幸に働きかけたことによるらしい。というのも、横山は、アール・デコ博が開かれた一九二五年に岡本綺堂に上演の可否について問い合わせを行っているからだ。

この話は、同じく大使館書記官の柳澤健に引き継がれ、柳澤が『修禅寺物語』に興味をもっていた『巴里週報』発行者の松尾邦之助と相談したところ、急遽、上演が決まったようだ。大使館は表に立てないため松尾は、「『修禅寺物語』パリ上演準備委員会」を作って委員長となり、準備に向かって走りだしたが、ここで問題となったのが、舞台装置をだれに頼むかという問題だった。というのも、松尾とジェミエが考えたのが藤田嗣治だったのに対し、柳澤の頭にあったのは熊岡美彦だったからだ。柳澤は、藤田には歌舞伎の舞台装置は無理と判断したのである。ところが、同胞の嫉妬を恐れた熊岡が藤田を推薦したので、結局、藤田に頼むことに落ち着いた。藤田から報酬の半額を前金として支払うように要求された柳澤は困惑しつつも、なんとか大使館を拝み倒して、要求された金額を用意した。

『修禅寺物語』関係者の集合写真（中山岩太撮影）。薩摩遺品。

果たして、藤田の用意した舞台装置の模型は素晴らしいものだった。柳澤健は『印度洋の黄昏』（柳澤健遺稿集刊行委員会　昭和三十五年）の中で次のように書いている。

「その仕事部屋に足を踏み入れた途端、思わず予は『おゝ！』と小声で叫んで立ち停まらなければならなかった。そこには、もう誰が見てもそれと知れる『修禅寺物語』の夜叉王の住居が、尺四方位のミニアチュアに作り出されているのではないか！」

藤田はパリに渡る前に帝劇で二、三年舞台装置を担当していたことがあったので、この手のものはお得意だったのである。

上演の準備も進んだので、一九二七年四月下旬には、ホテル・リュテシアで関係者と俳優たちの顔合わせの会が開かれた。この会に、薩摩治郎八は千代子夫人とともに「客分」として出席し、話を聞いた模様である。

コメディ・デ・シャンゼリゼ劇場での四日間の上演はいちおうの成功を見たが、その後始末が大変だった。というのも、コメディ・デ・シャンゼリゼ劇場の後、芝居はオデオン座で上演される予定だったが、その予定がキャンセルされてしまったからだ。原因は、上演後の収支を巡って、ジェミエと日本大使館がもめたことにある。

ジェミエは、公演で出た赤字を補塡してもらおうと日本大使館にかけあったが、その窓口であった柳澤健が公演終了直後にストックホルムの日本大使館に転任になってしまい、案件が引き継がれなかったのである。

では、治郎八は、この一件にどのようにかかわっていたのだろうか？　森谷美保は、薩摩治郎八遺品に残されている柳澤健の治郎八宛ての返信などから推測して、次のように結論している。

「『修禅寺物語』公演での薩摩の役割は、上演までにかかる準備資金の用立てであったと考えられる。上演の準備に奔走した柳澤は、どうしてもかかってしまう準備資金を薩摩らパリ在住の資産家にとりあえず立て替えてもらっていた。これらは上演後に、チケット代などの収入やオデオン座との交渉で、精算するつもりでいたという。こうした関係から、前述の27年4月に開かれたホテル・リュテシエでの公演関係者の会合にも薩摩は参加したのだろう。しかし柳澤はこれら後始末をすることなくストックホルムに転任になってしまった。柳澤書簡から判断すると、彼は上演の収支決済を含む後のことは、当然大使館が処理するものと考えていたらしい」

治郎八は、知り合いのジェミエから赤字の清算を相談され、それを大使館に取りついだようだ。すると、柳澤書記官の後任者からけんもほろろに断られたため、ジェミエが激怒し、それなら、こっちにも考えがあると、オデオン座での公演を打ち切ってしまったのである。

そうなると困ったのが治郎八で、自分が立て替えた分はどうなっているのだと柳澤に問いただしたのである。

しかし、このときにはまだ、日本館の建設問題があったので、あまり強気には出ていなかった模様である。それは、柳澤健が『印度洋の黄昏』の中で引用している治郎八の手紙の文面からも明らかだろう。

「彼［治郎八］の手紙の末はこんな文句で結んであった。――『お役所というところは、後任者が前任者の遣った仕事を破して行くというのが先づ仕事始めというものらしいですね』」

この一件からもわかるように、治郎八は、日本大使館からも、またパリ在住の日本人たちからも、使い勝手のいい「財布」扱いされていたわけだが、まだ資金が潤沢だったこともあり、たとえ大使館関係者から苦汁を嘗めさせられても、気前のいい大金持ちとしてパトロナージュには積極的だった。それは翌一九二八年の六月に開催された日本美術大展覧会（第一次総合展）に福島繁太郎と共に資金援助をしていることからもはっきりしている。

この日本美術大展覧会（第一次総合展）については、『薩摩治郎八と巴里の日本人画家たち』展カタログ収録の「仏蘭西日本美術家協会の成立から解散まで――両大戦間のパリにおける日本人展の推移を概観しながら」（江川佳秀）に詳しい。

『ルミュウ』紙の評論家マキシミリアン・ゴーチェと、パリで邦文雑誌『巴里藝術通信』を刊行していた柳亮らが企画し、資金は薩摩治郎八と福島繁太郎が拠出した。事務局を柳の事務所に置き、ここで出品作品を受け付けるなど、柳の事業として実施された形跡がある。

会場として使われたのはシャンゼリゼ通りのルネ・ジヴィー画廊である。従来の日本人会館と違って繁華街の画廊が会場となったこともあり、作家たちの支持を集めた」

しかし、このときには協力しあった治郎八と福島繁太郎はやがて、あることをきっかけにして仲たがいし、翌年には、それぞれ別に党派を組んで、二通りの日本人美術展をパリで開催することになるのである。

では、実際のところ、治郎八と福島繁太郎・慶子夫妻の関係は、この時期、どのようなものだったのだろうか？

第二十一章でも取り上げたように、治郎八と福島繁太郎・慶子夫妻は、ジル＝マルシェックス、ラヴェル、モーリス・ドラージュなど共通の友人も多く、両者がこの時点までに接点を持たなかったとは考えにくい。おそらく、治郎八は、相前後してロンドンからパリに本拠を移した福島夫妻の家に、少なくとも最初の頃には日参していたのではないかと思われる。音楽家や画家たちとのコネクションも、福島夫妻のそれを介して広がっていったにちがいない。

この推測を逆説的なかたちで証明しているのが、治郎八、福島夫妻の双方が、その著作において、ジル＝マルシェックスやラヴェルやドラージュのことには触れても、お互いのことに一言も言及していないという事実である。つまり、両者は最初親しくつきあっていたのだが、ある時期から激しく対立するようになり、以後、互いに言及するのを避けるようになったのである。

では、その確執はどこから生まれたのか？

この問題に関しては、直接的に謎を解明する資料は何一つ発見されてはいない。しかし、それを推測するヒントがないわけではない。それは藤田嗣治を巡る治郎八と福島繁太郎との関係である。

治郎八と藤田は、第十八章で触れたように、一九二三年の秋頃までには知り合いになり、頻繁に行き来していた。この良好な関係は、一九二六年にパリ国際大学都市日本館の話が持ち上がってからも続き、その広間を飾る壁画を藤田が担当することになっていた。

ところが、途中から、両者の友好関係にヒビが入るようになったのである。

前掲カタログ収録の森谷美保「パリ国際大学都市日本館設立の経緯」によれば、一九二八年五月に開かれた薩摩財団第一回理事会で、藤田嗣治に依頼した壁画の制作を白紙に戻そうという話が持ち上がったという。この年の一月に治郎八が藤田から壁画制作の白紙還元を伝える書簡を受け取ったというのである。これは、外交文書で確認できる。

藤田嗣治側の言い分は、壁画は引き受けたが、その下絵の所有権は藤田嗣治に属する。それを下絵まで付けて寄越せというのは契約違反である、云々。ようするに、両者の間でトラブルになっていたのは下絵の所有権であり、筆者が、事情を知る元日本館関係者に直接取材したところによると、この下絵問題は、藤田の死後もずっとくすぶりつづけていたという。

ただ、治郎八サイドとしても、藤田に代わる画家を見つけることは困難なので、下絵問題をペンディングにして、なんとか歩み寄ろうとする姿勢は見せていたようだが、少なくとも、一九二八年六月の段階では両者の仲は冷えきっていた。

それを雄弁に証明するのが、六月に開催された日本美術大展覧会に藤田が参加しなかった事実である。藤田はこの種の日本人画家の展覧会には毎回欠かさず出品していたので、不参加はやはりパトロンの一人である治郎八への当てつけだったと見なければならない。

ところが、どうしたことか、一九二八年の暮には、急転直下、両者の和解が成立し、藤田は日本館の壁画の制作に大車輪で取り組むことになるが、すると、今度は、治郎八・藤田のコンビが強力にタッグを組んで日本人画家の展覧会を取り仕切るようになり、これに反発した画家たちが、一方の雄である福島繁太郎を担いで分派を形成するに至る。

こうして、日本人画家の集団は薩摩派と福島派に完全に分裂することになるのである。

第三十二章　在パリ日本人美術界の内紛

パリ国際大学都市日本館の壁画制作にからむトラブルで、決裂寸前までいった薩摩治郎八と藤田嗣治の関係は、一九二八年の暮には一転して良好なものに変わり、藤田はフルスロットルで壁画制作に取り組むことになる。

ところで、この両者の和解には、柳亮が仲裁役として一役買っていた。

柳亮は、戦前・戦後に美術評論家として活躍し、最後はトキワ松学園女子短期大学学長までつとめた人物だが、パリには、美術修業のため一九二四年から三一年まで滞在し、ルーヴル附属研究所で西洋美術を学ぶかたわら、モンパルナスやモンマルトルで画家たちとボヘミアン・ライフを送っていた。

藤田嗣治との付き合いが生まれたのは、藤田の前夫人フェルナンド・バレーを介してのようである。柳亮の回想録『あの巴里この巴里』（沙羅書房　昭和二十四年）の「ふあむ・もんぱるの」というエッセイには次のような記述がある。

「私がフェルナン・バレエと心易くするやうになつたのは、彼女が藤田と訣れて小柳と暮らすや

藤田の誕生パーティ。柳亮遺品。

うになつてからのことである。私の家は、彼女らの住居と、つい眼と鼻の先にあつたので、折にふれて彼女を訪れることも稀ではなかつた。彼女らの住んで居る、ドランブル街の五番地は、モンパルナッスの四つ辻《カルフール》からひと足のところにあつた」

柳亮が、藤田と離婚後のフェルナンド・バレーに親しんだなら、藤田とは友人になるはずがないと考えるのは日本人の浅知恵で、パリの芸術家たちは離別後も平気で前の亭主や女房と付き合っていたから、柳亮がフェルナンド・バレーを介して藤田の知己を得たとしても何の不思議もないのである。

それはともかく、やはり、柳はフェルナンド・バレーと知り合うのとほぼ同時に藤田と親しくなったらしく、『東京新聞』夕刊に一九七一年九月二十一日から十月二十三日まで二十一回にわたって連載された柳の青春回想「わが美術修業の半世紀」の②には、ヌイイからモンパルナスに引っ越したときの思い出にからんで、藤田の名前が登場する。

「この四つ辻からひと足のところに安い貸し店舗があるのを見つけ、そこへ私は落ち着くことになった。といっても、当時まだ私は学校通いの身で、店舗を必要とする仕事をもっていたわけではなく、家賃の安いことが魅力で、ふかい考えもなく、住むだけの用に借りたのであるが、これが私の運命を大きく左右する因となった。入居してしばらくしてからのこと、せっかくの店舗（ブチック）をそんな使いかたをしていたのではもったいないと藤田にいわれたのが誘いとなり、そろそろ自活の道を講じなければならない経済事情も絡んで、私は在留邦人相手の新聞を出すことを考えついた。そこで、土地柄にふさわしくパリ芸術通信と銘うって、月二回、パリで開かれる展覧会や音楽会を主とした美術情報を流す仕事を始めたのである」

この『パリ芸術通信』の発刊によって、柳亮は在パリ日本人のキー・パーソンとなっていく。パリに着いてフランス語もろくに解さない画家や留学生にとって、柳の通信社は身の上相談所にもアトリエ紹介所にもなったからである。このネットワークの中心から生まれたのが、前章で取り上げた日本美術大展覧会である。

「こうして多幸なスタートを切ったわが社は、事務所が便利な場所にあったことなどが、幸いして、その後、いろいろな仕事をもちこまれるようになったが、そのひとつが批評家のマキシミリアン・ゴーチェ（現在フランス美術評論家協会会長）の肝いりで催した在仏日本美術家の合同展（日本人美術家のサロン）である。（中略）われわれの主宰したこの年（一九二八）の展覧会は、ゴーチェの骨折りで、会場は凱旋門の近くの一流画廊のルネ・ジビイ、パリの目抜き通りの辻辻には公式な場合にしか使わない高い竿の先に三色旗がはためく大きなポスターが掲げられて前景気を煽った。それに加えて、招待日の当日には時の文相エリオの来場を迎えるという晴れがましい景物までついた」（同前）

この日本美術大展覧会は事務局を柳の事務所に置いていたが、資金を提供したのは薩摩治郎八と福島繁太郎だった。両者は、この展覧会を契機として結成された巴里日本美術協会の起草委員に、柳亮・有島生馬・小柳正とともに名を連ねている。

しかし、前に指摘した通り、ほとんどすべての日本人画家が出展した中でひとり藤田だけは参加しなかった。日本館の壁画の件で治郎八と対立していたからである。

両者の確執は一九二八年の暮まで続いた。治郎八サイドからすれば、完成が迫っている日本館の壁が壁画で飾られないのは大きな損失になるし、また藤田としてもくたびれ儲けであったが、より損失が大きいのはといえば、それはやはり治郎八の側であった。

そこで、歩み寄りは治郎八サイドから開始されたが、その際に治郎八が仲介役として白羽の矢を立てたのが柳だった。そのあたりの事情に関して、柳は先の「わが美術修業の半世紀」の③(『東京新聞』一九七一年九月二十三日夕刊)で在仏美術家の派閥対立に触れた後、次のような意味深なことを述べている。

「私が一九二八年にパリで催した『日本人美術家のサロン』はグループの垣根を取り払って、それらを一堂に集め得たという意味では大成功であった。私は始めからそのことを見越して、出品料さえ払えばだれでも加盟のできる自由なアンデパンダンのシステムにならって企画したのであるが、結局経済面では大きな赤字を出し、後援者達の寄付にすがって結末をつける結果になった。

会後、後援者の一人、薩摩治郎八からのつよい申し入れがあって、『日本人美術家協会』と組織を改め、会長に藤田を据え、私は書記長の座について実務を見ることになった」

この証言をリアリスト的な観点から分析すれば次のようになるだろう。

すなわち、柳亮は、自らが事務局長となり、治郎八と福島繁太郎から出資を仰いで日本美術大展覧会を開催して一応の成功を見たが、経済的には大赤字だったため、その穴埋めを治郎八に依頼したのだが、治郎八は、金は出してやるが、その代わり、藤田との関係の修復を引き受けろと柳に迫ったものと思われる。関係修復に成功すれば、治郎八が大口の出資者となった巴里日本美術協会にも藤田を介して大きな影響力を及ぼせると踏んだからではなかろうか。いいかえると、治郎八は藤田とよりを戻したのを奇貨として巴里日本美術協会の会長に藤田を据え、自らの影響力の増大を図ろうとしたのではないだろうか。

だが、この「金は出すが、口も出す」式の介入は巴里日本美術協会の他のメンバー、とりわけ反・藤田陣営の急先鋒であった熊岡美彦と大森啓助の強い反発を呼ぶこととなる。

この辺の事情について穿った分析を加えているのが、カタログ『薩摩治郎八と巴里の日本人画家たち』で「仏蘭西日本美術家協会の成立から解散まで――両大戦間のパリにおける日本人展の推移を概観しながら」を執筆した江川佳秀氏である。江川氏は、熊岡や大森が藤田の「策謀」を暴露すると称して『美術新論』や『中央美術』に寄稿した記事は、ふたりが藤田、薩摩、柳らと対立する立場からの一方的記事であるから割り引きして考えなければならないとした上で、こう述べている。

「熊岡の説明では、当初の巴里日本美術協会が会長を置かなかったのは、藤田の就任を避けるためだったという。大森も日本美術大展覧会（第1次総合展）で、小柳が藤田を排除する方向で画策したとしている。パリの日本人作家の中で傑出した存在の藤田である。メンバーに迎えるとなると、それ相応の処遇が必要となるが、それを忌避する作家がいたのだろう。藤田と薩摩が不仲だったこともあって、藤田の参加はなかったが、いつまでも会外に置くことには無理がある。ふたりの和解が成立して会長に就任することになったが、今度は彼らの不満が爆発したという経過があったと想像できるのだ」

こうして、治郎八が和解ついでとばかりに、一九二九年の二月初頭、藤田を巴里日本美術協会の会長に据えたことからにわかに内紛が勃発し、巴里日本美術協会は薩摩派と福島繁太郎派に分裂するに至ったのである。

かくして、一九二九年三月、薩摩派は新たに社団法人・仏蘭西日本美術家協会を設立して趣意書を配布し、猛烈な多数派工作を開始すると同時に、第一回仏蘭西日本美術家協会展を四月に開催すべく動き出した。展覧会の場所はパリの中心地ロワイヤル通りにあるルネッサンス画廊で会期は四月八日から二十日までと決まった。柳亮は、先の引用の続きでこう述べている。

「藤田は、この展覧会へ、現在薩摩会館（パリ大学都市日本館）の正面玄関を飾っている三枚続き両袖二枚の大壁画を出品して会長の貫禄をしめした。藤田グループの若手達も、各々全力投球の作品を送って頑張りを見せたほか、新設の工芸部へ漆器やバレーの衣装が出品されて会場を飾り、世評は上々であった」

江川佳秀氏の前記論文によると、藤田は日本館のホールを飾る壁画『欧人日本へ渡来の図』のほか、正面ロビーの突き当たりを飾る『馬の図』も出品したらしく、会場の写真に写っているという。また、この展覧会に際して、事務局は四十九作家、百二十三点の出品目録の外、別に解説冊子を発行し、アンドレ・サルモンの解説を仏文・英文併記で載せ、二十七点の図版を添えていた。

「図版用の写真を募るために同協会が3月10日付で配布した文書（cat.no.M-12）によると、刊行の経費は薩摩と藤田が負担するとしている。これまでの日本人展にはなかった企画で、同協会の財政の豊かさがうかがえる」（江川佳秀・同論文）

一方、福島繁太郎を後援者としてかつぎ出した巴里日本美術協会派は、薩摩派に遅れること二カ月、六月十日からオッドベール画廊で展覧会を開いたが、出品作家は三十一人、出品点数も三十五点と、明らかに薩摩展に較べて見劣りした。福島繁太郎も、行きがかり上パトロンを引き受けたにすぎず、積極的には動かなかったようである。

これに対して、薩摩派の方はパリでの成功に気をよくしたのか、ベルギーのブリュッセルに会場を移して六月十四日から一カ月展覧会を開催した。会場はコダック画廊で出品作家は三十三人、点数は百二十五点だから、かなり大規模な展覧会だったようである。柳らが積極的に動き、在ベルギー日本大使館の後援を取り付けたこともあり、招待日にはベルギー国王夫妻も来場するほどの盛況であった。

しかし、このあたりが薩摩派の勢いの頂点であり、十月にパリのジャヴァル・エ・ブルドゥー画廊で開催された仏蘭西日本美術家協会のパリ第二回展は、二十八作家六十七点と、規模は半減する。これは薩摩派内部でも反・藤田派が形成され、この分派が出展を見送ったためのようだ。

こうした騒動にはさすがの治郎八もサジを投げたらしく、こう述懐している。

「巴里在留の日本美術家を紹介する目的で、巴里日本芸術家協会というものを援助して成立させた。しかるに藤田嗣治を会長にしたとかなんとかから島国根性的の焼もち争いが起り、折角の私の奉仕的目的とは思いも及ばぬゴタゴタ話を耳にするようになりウンザリしてしまった。安達大使と相談して兎に角ルネッサンス画廊で展覧会を開催し、世間的には成功を収めたが、この前後の邦人美術家のあいだのゴタゴタには愛想が尽きて、私はサッパリと手を引いて、美術家団体の後援は一切断念してしまった。巴里日本芸術家協会が自然消滅になったことは云うまでもない」

(「半生の夢」『せ・し・ぼん』)

具体的な名称には記憶違いがあるものの、事実関係はこの通りで、治郎八はパリ美術家メセナから、少なくとも公式には完全に手を引くことになるのである。

第三十三章　美術批評家としての眼識

薩摩治郎八は、「巴里日本美術協会」から分かれて誕生した「仏蘭西日本美術家協会」を強力に後押しして、いわゆる「薩摩展」を開催したほどの大パトロンだったが、不思議なことにコレクター趣味はあまりなかったらしく、本来ならあってしかるべき「薩摩コレクション」はついに形成されなかった。この点が、パトロナージュの一方の雄であり、「福島コレクション」を日本に持ち帰った福島繁太郎とはおおいに異なるところである。

こうした「アンチ・コレクションの思想」については、治郎八自身、十分自覚的だったようで、美術新聞に断続的に連載されたエッセイの中で、自分がパリで青春を送った一九二〇年代の前半にはまだ美術投機の動きは顕著でなかったため、画家たちとつきあっても楽しかったと記している。

「私がマチスを知ったのも、売買の目的でなくマチスの人物そのものに接したわけであった。コレクションへきの全然ない私は、美術家との交友で、お互にビジネスを語ったことのなかったことは幸だった。私自身が現世の欲に淡い為でもあるが、美術は万人と共楽すべきものではないかと考えていたので、藤田終生の大作品をパリの日本会館に注文した私が、彼の画一枚私有していない有様である。私だとて画も買い彫刻も求めたがそれは私有欲からでもましてやコレクションの為めでもなく、自身の芸術や生活を錬磨する材料としてであった。その目的が達成されると、私はなんの未練もなく人手に渡してしまう」（「我が美術青春記」『新日本美術』昭和三十年一月一日号）

だが、治郎八には、コレクター趣味はなかったものの、美術に対する鑑識眼は十分に備わっていた。それは、子飼いの「仏蘭西日本美術家協会」系画家たちに対する評価を見るとよくわかる。すなわち、彼の下した評価はまっとうなものであり、八十年以上隔てた今日の基準に照らしてみても、決して古びてはいないのである。

というわけで、この章では「美術批評家・薩摩治郎八」に焦点を絞って話を進めていくことにするが、まずは、治郎八にとって愛憎半ばするこの藤田嗣治の評価から始めよう。

治郎八の藤田評は、いかにも画家の生活を裏側から見てきた証人らしく、うがったものである。藤田の絵でいいのはフェルナンド・バレー夫人時代のもので、ユキことリュシー・バドゥと結婚してからの藤田は明らかに落ちるというのが治郎八の評価であるからだ。

「彼［藤田］が一介の新進画家として発見されたのは、モンパルナスのブームの前夜であった。女流画家フェルナンド・バレーとの結婚生活で、家庭的安定を得た藤田を買ったのが、ボエシー街の小画廊の主人シェロン老人だった」（「モンパルナスの秋」『せ・し・ぼん』）

多少、記述を補っておけば、藤田がラ・ボエシー通りのシェロン画廊で初の個展を開いたのが一九一七年六月、フェルナンド・バレーとの結婚はそれに先立つこと三カ月で、この売り込みには藤田の才能を見込んだフェルナンド・バレーの奔走がおおいに与って力あった。この時代の、いわゆる「初期フジタ」に対する治郎八の愛着はそうとうなものらしく、続けて、こう書いている。

「当時の藤田の画面には一種の異教的な妖気が漂っていた。仏蘭西のプリミチブと、税関吏ルッソーとフォーコニュの影響や手法を歌麿の線と混交して、彼一流の原始的個性を打ちこんだ藤田の作品には、ドビィッシーやローランサンの音楽的焔がひらめいていた。薄ネズミの白乳色のバックから浮き彫りされたマドンナ型の少女の表情も、異端的であったが、彼の傑作の一図『人生』の画面、それは現在巴里大学都市に転化してしまった旧城壁の前を、淋しい葬儀馬車が過ぎてゆく、その道傍には、乳母車がとめられていて、城壁の崖の芝生には一組の男女が恋を語っている。手法はルッソーの影響もあるが、この辺モンスリー公園はルッソーの好んで描いた一角なので、ルッソー風の雰囲気に包まれているのは当然である」(同書)

治郎八は、もしこの線で藤田が絵を描き続けていたら、ルソーやスーラなどの孤高の系譜に連なる芸術性の高い画家になり、モンパルナスの王様に祭り上げられて堕落することはなかったはずであると、歴史にイフを掛けてからこう断言する。

「自分は『藤田の悲劇』を描こうとは思わないが、彼の運命がモンパルナス自身の運命と関連している一事を、始終念頭から消し得ない。藤田の宿命がモンパルナスの宿命であった。モンパルナスの転変が画家藤田を画工藤田に転身してしまった。世評の毀誉褒貶は別として、藤田は人間的に天衣無縫の幼児的性格者であり、多くの天才が非物質的であるように、彼には画筆一本だけで満される無限の内面的豊富さがある」(同書)

こう書いた上で、治郎八は、フェルナンド・バレーとの結婚が藤田の成功を導いた原因ではあるが、しかし、フェルナンドの売り込み成功が、藤田をして「画商人的性格者」にしてしまった遠因でもあるとみる。というのも、フェルナンド・バレーは、藤田の弟子の小柳正と浮気し、その結果、藤田をユキのもとに走らせる結果を招いたからである。

「彼の運命はユキとの出会いによって転化してしまった」

「雪の肉感的な裸体が、売出した三十男の彼の手に触れたのだ」(ともに同書)

しかし、ユキの出現で、藤田の禁欲的な芸術家生活が崩れ、モンパルナスやシャンゼリゼなどでの社交生活やドンチャン騒ぎが多くなったのは事実だとしても、ある時期まではユキが藤田の霊感のもととなるミューズとなっていたことは確かなのだから、完全なサゲマンだったとは言い切れまい。げんに、治郎八も続けてこう述べている。

「だが彼の初期の画面には、まだまだ異教徒的な焔が燃えていた。雪が感覚的なポーズで十字架を首に下げて、つっぷしている画面などには、藤田の円熟した感覚がゆらめいていたし、少女モデルから女モデルに転移した性的神秘がもられていた。

彼の最大傑作の一つであろう後身の裸女の図を、マドレン広場のベルネームジョン画廊の名家展で見たが、その線の美しさと、音楽的旋律は、私と同行したモーリス・ラヴェルの観賞眼をくぎづけにしてしまった。

『こんなに海の感覚を出している画はないね。それでいて裸体の線だけなんだがね。』と、観賞眼の高かったラヴェルは感嘆した。事実、この画のモデルには藤田の最高技術と芸術的感覚が表現されていた。モデル・キキの追想と雪の肌があった。
私はこの裸体画が藤田芸術の最高潮だったという印象を未だに持っている。ベルネーム自身も名作だとわれわれと一緒に観賞した」（同書）
モンパルナス時代の藤田を頂点と見なす治郎八の評価からすると、十六区にユキとともに引っ越してからのパッシー時代の藤田は、すでに下り坂をころがっていたことになる。
「当時、藤田の側近だったエビ公こと、海老原喜之助、坂東《（ママ）》敏雄自身でさえ、彼等の尊称だった『オヤジさん』のパッシー妾宅住いを慨嘆した。
ある日、私がシェロン老人に出会したら
『実をいうと藤田が死んだなら、彼は税関吏ルッソーに比敵する伝説と名声を残したですよ。』
といった。ある意味からいったら、このシェロン老人の言葉は単なる復讐的言辞ではなく、芸術家藤田に対する真心からの讃美と愛着の表示であった。
藤田はかくて大衆的人気の絶頂に登っていたが、芸術的には彼独特の詩的神秘感覚は枯れていった。私が数年後、当時の三十万法を彼に提供して貰った終生の大作、巴里日本会館の大壁画にも、画工藤田の卓越した技倆や構想は表現されているが、シェロン画廊の小さな飾窓に置かれた『人生』や、ベルネームの『海』にみられた芸術的焔は消えてしまった」（同書）
手厳しい評価である。だが、同時にかなり正鵠を射た評価でもある。

「美術批評家・薩摩治郎八」へ、恐るべし、というほかない。
薩摩治郎八が藤田嗣治に対して感じていた不満の一つは、お山の大将的な性格だった。つまり、偉いのはオレ一人で、あとはみんな家来と考えるような性分だったため、周辺に集まってきた若い画家たちの面倒を見て、自分を頂点とする「藤田派」をパリ画壇に形成することができなかったというのである。
「藤田がお山の大将的性格の反対に、当時彼の側近者だった板東敏雄、鈴木龍一、海老原喜之助、高野三三男、高崎剛、岡鹿之助等を包含する藤田派なる一派を実現したと仮定したら、巴里画壇の一角に日本画壇が出現していただろうし、お山の大将で生涯孤立の藤田で終始してはしまわなかったろう」(同書)
じつをいえば、治郎八が「仏蘭西日本美術家協会」を後援したのも、将来的にはこうした「藤田派」がパリ画壇の一角に形成されることを期待したからではないだろうか?

第三十四章　交際した三人の作家

薩摩治郎八という男は、日本人にしては明らかに破格だった。その証拠に、外国人、それもかなりの有名人といとも簡単に tutoyer する（オレ・オマエで呼び合う）仲になるという、日本人には珍しい特異な才能を持っていた。ゆえに、治郎八が交際したセレブリティーをあげていくと、それだけで両次大戦間のセレブ事典ができあがってしまうほどだが、音楽家・作曲家についてはエピソードをいくつか取りあげたので、ここでは文学者にしぼって話を進めていくことにしよう。

まず、『夜ひらく』『ルイスとイレーヌ』『タンドル・ストック』などで世界的に有名になったコスモポリタニズムの作家ポール・モーラン。ポール・モーランは、日本でも堀口大学の名訳で紹介され、横光利一などの新感覚派文学を生んだが、そのポール・モーランと治郎八は不思議な縁で知り合ったようだ。

「その頃からモンパルナスのブームが芽ばえてきた。私が『タンドル・ストック』と『夜開く』の劃世的作品で売出したポール・モーランとしっくり話したのも、ロトンドの白木のベンチ上だった。仏外務省の文化事業課長だった彼と私とは、人種的相異にもかかわらず、他人の空似でしばしば間違えられたのもその頃で、カレー行の列車の中で、レディ・ロバートと称する貴夫人から『ルイスとイレエン』の一巻を差出されてサインを求められ、偽モーランでごまかしてしまった珍事もあった。
一介の文学青年だった私が一躍『夜開く』の流行作家に、たとえ一瞬でも転身したのだから早速モーランに話しに出かけたところ、彼は微笑しながら、一冊の豪華版にサインしてくれた。『二重の花《フルールドゥブル》』の限定版で『菊花薫る国の二重の花の園丁に』と達筆で走らせてあった」（「モンパルナスの秋」『せ・し・ぼん』）

ポール・モーランに間違われるくらい、治郎八のパリジャンぶりが板についていたということである。治郎八は、常々、フランス人の友人から頂戴した「サツマは最も日本人らしいパリジャン」という評を誇らしげに掲げていたが、その自負もむべなるかなと思わせるエピソードである。

流行作家といえば、海軍士官から作家に転じた親日家のクロード・ファレルとの交際も忘れることはできない。クロード・ファレルは一九〇九年に書いた日本海海戦の小説『ラ・バタイユ（戦争）』が名優ジェミエによってオデオン座で上演され、大好評を博すると同時に流行作家の地位を確保したが、その人気は、ハリウッドからパリにやってきた俳優の早川雪洲が一九二三年にフランス海軍省の後援を受けて『ラ・バタイユ』を映画化するに至って、頂点に達した。

ちなみに、香水会社のゲランは映画化に先立つ一九一九年に『ラ・バタイユ』のヒロインである頼坂侯爵夫人美都子（Mitsouko）にちなんだ香水《Mitsouko》を発売し、日本ブームの一翼を担っていたが、映画化で売上は倍増し、クロード・ファレルをふたたび時の人に押し上げていたのである。

それはさておき、治郎八がクロード・ファレルに直接的に言及した文章はといえば日中戦争勃発時の頃を回想した「半生の夢」の次の一節ということになる。

「マルセーユで仏郵船に乗ったら、丁度日本に行くという仏蘭西翰林院会員フ《（ママ）》ロード・ファレール老と会い西貢まで彼と同船した。ファレールとは古いつきあいの間柄だったが、この航海中、私は、彼がほんとうに日本と日本人が好きでどうにかして中日間の問題をお互いの顔が立つように言論の力で解決出来ぬものかと心痛していることを知った。彼は右傾の思想を持った人物だが、飽迄も独立的な非コンフォルミストで当時の独伊に対しても日本に対するのと同様な考えを持っていた」(『せ・し・ぼん』)

「ファレールとは古いつきあいの間柄」というのは、ジェミエが『ラ・バタイユ』をオデオン座の舞台にかけた一九二〇年代初めに、このオデオン座の座長を介して知り合いになったのだろう。あるいは、ファレルが日本人の間に多少のコネクションを持ち、そのコネクションを介して知己を得たのかもしれない。

戦後、クロード・ファレルは、対独協力派の一人と見なされ、逮捕こそされなかったものの、筆を折らざるをえなくなり、バスクの寓居に逼塞してしまったが、治郎八は、彼を立場には関係なく高く評価し、ファレルについての文章を次のように結んでいる。

「終戦後、真っ先に当時の反日的仏蘭西の与論を顧みず、堂々と日本に同情的な文章を書いたのは彼とポール・クローデルの二人であった。クローデルと彼とでは全く性格が異なってはいるが、日本を愛し、日本人を理解している点では二人とも一致している」（同書）

治郎八が親しく出入りしていた作家にもう一人シドニー＝ガブリエル・コレットがいる。が、コレットが登場するのは、なんと、彼の十八番の一つであったストリップ談義の中である。

「古代ギリシャの大昔はいざ知らず、今世紀の舞台でまつ先に脱いだのは誰あろう、パリ文壇の女流大御所コレットその人だつたとは〇ニュース！　若き頃のコレットがミュージックホールの舞台で、とにかくヴェールをすかして、ハツラツたる裸体展観をやつてのけたのだから、当時のシルクハットにフロックコートのパリ人は夢かと驚いた」（『なんじゃもんじゃ』美和書院　昭和三十一年）

これはまさに治郎八のいう通りで、ウィリーと離婚後、コレットはミュージック・ホールにパントマイム役者として出演したが、そのとき本当に惜しげもなく肌をさらして、鼻下長族をうれしがらせたのである。それはさておき、治郎八はどのようにしてコレットと知り合ったのだろうか？

「私は日本で、コレット紹介の前哨をつとめたエン故で、彼女の家にシゲシゲと出入りしていた」（同書）

日本におけるコレット紹介の先駆者という自負は偽りではなく、一九二五年に日本に一時帰国したさい、治郎八は、『婦人画報』の九月号に「新しい仏蘭西の文芸作家紹介（二）天才コレット」と題して記事を寄せている。それを読むと、治郎八は、シャス・ラボルドの挿絵の入った

《L'Ingénue Libertine》をフォブール・サントノレの書店のショーウィンドーで見かけ、ページを捲った日以来、コレットの虜になってしまったということだが、そのコレット評はなかなか的確で、治郎八の文学センスがうかがえる。しかし、伝記作者として注目すべきは、次の一節である。

「彼女は快活な大きな声と笑ひの持主で、彼女の仕事場には、アメリカ机の前に素晴らしい鼈甲ぶちの眼鏡をかけ、喜劇の内の若い医者の様な恰好で校正をし執筆をし電話をかけショコラをつまみ喰ひする彼女を見出すだらう」

このポルトレは、実際にコレットに面会したものでなければ書けないものではないか？ おそらく治郎八は一九二五年に一時帰国する前にコレットと面会していたに違いない。

しかし、頻繁にコレットの家に出入りするようになったのは、一九二六年の再渡仏の後である。二人が仲良くなったきっかけは、ともに大の猫好きということにあったようだ。

「実をいうと自分の筆名を黒猫《シャノワール》と名づけたのもコレットだつた。猫好きのコレットは死ぬまで猫を抱いていた。が、晩年手足の自由がきかなくなつてからは、彼女じしんヤヤ化猫的容貌となつた。皮肉なことには、戦後日本でパンパンと称する、野良猫の特名を、日本の土を踏むまで知らなかつたパリ浦島の私は、愛猫シャム猫、パングをパンパンとよんでいた。

『どうだ、黒猫。お前のところのパンパンは元気かね？ 相変らず毛並みは綺麗かい？』

なんて会話を取りかわしていたのだから」（『なんじゃもんじゃ』）

治郎八は、日本とフランスを往復するときでも、つねに愛猫を同行させていたくらいの大の猫好きだから、コレットともすぐに気心が通じたのである。ストリップと猫と文学的センス。コレットは治郎八の好きなものをすべて兼ね備えていた作家なのである。

第三十五章　パリ日本館を開館

全盛時代という言葉は薩摩治郎八には必ずしもふさわしくはないが、もし、彼にも無理やりこの言葉を当てはめるとしたら、それは、一九二六年十月のパリ再訪から一九二九年五月の離仏までの三年間ということになるだろう。

この三年間は、レ・ザネ・フォル（狂乱の時代）と呼ばれた一九二〇年代バブル景気の頂点でもあったが、同時に男・薩摩治郎八の生涯においてもまた頂点をかたちづくっていた。その「頂点の中の頂点」ともいうべきが、一九二九年五月十日に執り行われたパリ国際大学都市日本館の開館式である。

「巴里大学都市日本会館の建築はオノラ総裁やブラネ書記長をはじめ帝国大使館員諸兄の絶大な後援により着々進行し、終に一九二九年五月十日、仏蘭西大統領ガストン・ドメルグ閣下の台臨を迎えて開館式を挙行する運びに至った」（「半生の夢」『せ・し・ぼん』）

問題の壁画は、すでに述べたように、前年の暮れ、柳亮の仲介で治郎八と藤田嗣治との確執が急転直下解決し、藤田は大車輪で傑作を描き上げていた。

パリ日本館の威容。薩摩遺品。

また、サロンの照明と欄間を飾るガラスの薄浮き彫りは、大西洋横断航路の豪華客船イル・ド・フランス号の装飾を担当したアンリ・ナヴァール（一八八五—一九七一）の手になるものだった。

ナヴァールはアール・デコを代表するガラスおよび金属の彫刻家で、一九三七年にパリ万博が開催されたときに完成したシャイヨー宮のガラス装飾は、今日に残された彼の傑作の一つである。

総工費は、「半生の夢」が書かれた一九五一年の時点で二億円というから、現在の物価水準に換算すれば、約二十倍として四十億円くらいになるだろうか、いずれにしても、たいした出費であったのだ。

当日の式次第については、治郎八が概略を示しているのでこれに拠ることにしよう。

「一九二九年五月十日、巴里南部のモンスリー公園に面した大学都市の一隅には白手袋白ゲートルと盛装した大統領ガストン・ドメルグ氏一行の車の列が日本会館の大玄関に到着すると、君が代の吹奏が始まり、つづいてマルセイエーズが奏された。安達大使と私は大統領とその一行を迎えて大サロンの貴賓室に案内した。仏政界の巨頭ポアンカレ首相、マロー文相、ドウメール上院議長、オノラ総裁、日仏協会長スワール公使、シャルレチー巴里大学総長等が一行の顔ぶれで、その他関係者一同並に各国大公使と合計約一千名の来賓があった。
創立者の私は日本の文明の根源が、希臘文明のように神話から発生し、東西文化交換が全人類の前途のため如何に有意義であるかを述べ、大学都市事業の目的は、国際的良心を涵養して、世界平和の為よりよき雰囲気を生まんとするにあると陳べた」(同書)
治郎八、時に二十八歳、まさに人生の絶頂であり、フランス共和国大統領と首相を前にして一世一代の大演説をぶった時の感激はいかばかりであったろう。その得意や思うべし。式は、次いでオノラ国際大学都市総裁、シャルレチーパリ大学総長、マロー文相、スワール公使、山田三良博士などが演説して進み、安達駐仏日本大使が日本政府を代表して祝辞を述べ、最後にガストン・ドメルグ大統領の音頭でシャンパンで乾杯し、無事、閉会を迎えた。
しかし、希代の蕩児たる治郎八の面目が発揮されたのは、その夜、会場をホテル・リッツの大食堂に移して行われた大晩餐会であった。日仏両国の名士三百名を招待したこの大晩餐会に治郎八は、なんと、世界で初の紺(ブルー)の燕尾服を着用して臨んだが、その紺の燕尾服を仕立てたのは、「ランバン」の名仕立人エリクソンであった。
「私には特にランバン男子服部の名カッターである瑞典生れのエリクソンが紺地の燕尾服を調製してくれたが、これが殆ど巴里流行界最初の紺地燕尾服であった」(同書)
後に、治郎八は、この夜会が成功したお礼に、エリクソンをマキシムの昼食に招いたが、そのとき、エリクソンは「生まれてはじめてマキシムによばれた」と涙をこぼさんばかりに喜んだという。このエピソードはそのまま、治郎八にとって、ブルーの燕尾服を着こなして大晩餐会に臨んだ自分がどれほど誇らしかったかを雄弁に物語っている。

「私も嬉しかった。この晴れの夜会に世界はじめての紺の燕尾服を着、オノラ大臣［総裁の間違い］からレジオンドーノールのオフィシエ勲章をつけていただいたのだから……。世界一の大学都市、世界一のホテルの夜会、世界一の燕尾服、すべてが世界一だった。28才の春は輝きにあふれていた」（「フランス食べ歩き」『嗜好』439号　昭和四十三年三月）

やはり、ホテル・リッツの大食堂での勲章授与の瞬間が、治郎八にとって、「わが人生、最良の瞬間」であったのだ。ちなみに、ホテル・リッツのレストランに治郎八が初めて足を踏み入れたのは、まだロンドンに居を置いていた一九二一年のことだった。

「いたれりつくせりのリッツの食事は昔から私が愛するもので、21才の日、大食堂に故一条公爵夫妻をプレベ上院議員夫妻とともに招いて、名メートルドテル・オリビエの給仕で楽しい一夕をすごした」（「フランス食べ歩き」『嗜好』440号　昭和四十三年五月）

ホテル・リッツの大食堂に二十一歳の青年が一条公爵夫妻から「招かれた」のではなく彼らを「招いた」としているところが、さすがは治郎八というほかないが、このときに知己を得た名メートル・ド・テル、オリビエが日本館の開館記念大晩餐会でもすべてを取り仕切ってくれたのである。

「世界一のメートルドテル・オリビエは1929年5月10日の夜、日本会館の開館の祝いの晩餐を用意してくれた。その夜のメニューは今だに持っている」（同前）

このホテル・リッツでの晩餐会はまた、招待された貴婦人たちにとっても最高のファッション・ショーの舞台となったが、中でも一際輝いていたのは、いうまでもなく千代子夫人であった。

「夜会に出席した夫人達の服装は、皆輝くばかりの流行品であった。妻はポールポアレの白黒の夜会服を新調し、それに装身具はダイヤ、エメラルドの一式を用いた」（「半生の夢」『せ・し・ぼん』）

晩餐会は夜半に終了となったが、治郎八は親しい友人だけを招いて二次会を催した。

日本の學生館を
パリで建てる
木綿問屋の息子さんが
夫婦お揃ひの旅立ち

木綿問屋として東京で指折の富豪薩摩治兵衛氏の令息治郎八氏(二八)はピアニスト、ヂルマルセックスをフランスから呼んだりして大いに日佛親善に盡くしてゐるが、パリに大戰後建設されてゐる大學都市に今度日本學生館および圖書館を自費で建てるべく十六日正午神戸出帆の郵船白山丸で新婚の美しい千代子夫人を伴ひ、夫人の父山田伯をはじめ賑かな見送りをうけて出發した「金持の道樂仕事のやうに思はれると心外です、私の本宅はまだバラックなのですから」といひわけしながら氏は語る（文部大臣オノラ氏を總長とするパリの大學都市は、先年亡くなつた貴族院議員リッチ・ドラモール氏の基金でパリの西南モンスリー公園に約二十七町歩の土地に建設されてゐるもので、學資の少い俊才に安く且つ自由に勉強させるのが目的で各國とも個人寄附で自國の學生のための會館を設けてゐます、日本も一つ建てゝはといふ議が先年講和會議の際西園寺公等の間に持ち上り私も丁度パリにゐましたので今度私と父がこれを引受けることになつた譯です、まだ具體的なことは決つてゐないので經費等も豫定はありませんが、部屋は十五人位を入れるつもりですが殺風景たる下宿屋のやうにされては困るので、この人選等は石井大使、出淵、松浦兩大官等に一任してありますが圖書館には日本の研究材料を集めて各國學者の參考にしたいと思ひます、出來上るのは先づ來年の末でせうから二年ばかりあちらに滯在することになります

治郎八の再渡仏を報じた新聞記事。薩摩遺品。

「晩餐会後親友モーリス・ラヴェル、ジルマルシェックス、ピエール・サルドウ、藤田嗣治、本野子爵等をグランド・エカールに招待して小宴を開き、この記念すべき一日を終った」（同書）

翌日、開館式には都合で出席できなかった駐英代理大使の佐分利貞男がわざわざ日本館を訪れ、藤田の壁画が飾られた大サロンで、事実上、治郎八が独力で取り組んだ事業の完成を喜んでくれたが、彼が前夜に受け取ったレジオン・ドヌール勲章の略綬をつけているのを見ると、代理大使はおもむろにこう忠告した。

「『薩摩君フランスの諺に「何人と云えども其故国に於ては予言者とは成り得ず」と言うのがあるが君の如き事業、思想が日本の社会に於て認めらるると云う日……否や認めねばならぬと云う日が来るのはまだまだ遠い遠い将来であると云うことを残念乍ら覚悟せねばなりませんよ。日本政府及び社会にいったい幾人君の様な高遠な理想を理解する人がいるだろう。君の偉業をねたむ人は有るだろうが、文化事業、世界平和、人類の融和幸福等の理想に関心を持ち、フランス政府の如く君の功績を世界平和の名を以て顕彰するような考えを持った人間は先ず皆無であると思わねばならぬ、君の事業は全く東洋の俗言の如く「知己を後世に俟つ」覚悟でなくては出来ない。』と言った。佐分利氏とはモンマルトルのキャバレー・パレルモで深更まで語り合った」（同書）

ここに登場する駐英代理大使の佐分利貞男とは、浜口雄幸内閣の幣原喜重郎外相によって中国公使に任命され、再開予定の和平交渉に臨むため中国から一時帰国していた一九二九年十一月二十九日、箱根の富士屋ホテルで謎のピストル自殺を遂げたあの「佐分利公使事件」の当人である。部屋の内側から鍵が掛けられていた密室事件であったうえ、利き腕ではない右手にピストルが握られていたことから、当時でも他殺説がささやかれていた。松本清張も『昭和史発掘』でこの事件を取り上げ、外務省のハト派追い落としのために軍部が仕組んだ謀略ではないかという仮説を打ち出している。日本が大きく右旋回して、戦争へと突入する寸前の事件だけに、その影響は無視できないものがあったようだ。

それはさておき、治郎八は、ヨーロッパのことを深く知る同志としてこの佐分利代理大使とは親しく付き合っていたようで、別のところで回想をしたためているが、それだけに、得意の絶頂にあった日の翌日に与えられたこの忠告はよほど骨身に染みたらしい。実際、佐分利代理大使の予言する如く、治郎八は「知己を後世に俟つ」ほかはなく、その後八十年たった今でも「故国に於ては予言者とは成り得ず」のままなのである。というのも、開館なったはいいが、こと運営に関する限り、パリ国際大学都市日本館は必ずしも順風満帆にスタートを切ったわけではなかったからである。その最たるものは、日本館の館長問題であった。より具体的にいえば、館長の派遣費用および俸給の出所の問題であった。これについては、森谷美保氏の「パリ国際大学都市日本館設立の経緯」(『薩摩治郎八と巴里の日本人画家たち』展カタログ)に詳しいので、この記述を借りることにしよう。

「もともと薩摩家が負担することになっていたのは、日本館の建物や内部の装飾費用など開館するまでの費用で、薩摩家が出資した以上にかかるそれ以外の金は日本政府、あるいは外務省、文部省など、何らかの補助が必要であった。しかし、国、外務省、文部省、いずれの機関もこれを出したがらないのが現実であった。事実、日本人の館長派遣とその費用捻出については外務省、文部省の両省がこれを出し渋り、お互いに相手が支出すべきだと主張している。結論の出ないまま日本館開館の期日が迫り、大使館がこの問題を問い詰めると、外務省は在仏大使館の館員にとりあえず館長を代行させられないかと打診している。結局この件は開館式間近の1929年4月頃まで持ち越されてしまう」

ひどい話であるが、開館式のさいの治郎八の描写に、最も肝心な館長の名前が一言も触れられていないのはこうした事情による。さすがに、治郎八もこの館長問題では頭に来たらしく、帰国後に西園寺公望に話したところ、西園寺は大いに笑い、「礼は教えの本たり」と揮毫して次のように言い放った。

「この額を看板にかけて置き給え、そして無礼不心得者が出て来た場合は、口で叱言を言わず、昔巴里で育った西園寺公がこう云うことを言ったと見せてやり給え」（「半生の夢」『せ・し・ぼん』）

西園寺公望の手になるこの額は今日でも日本館の玄関に掲げられている。しかし、それを解読できる日本人留学生がいるかどうかははなはだ疑問である。幸いにして、問題を起こす不心得者はあまりいないようであるが。

第三十六章　日本への失望とフランスへの「帰国」

一九二九年五月半ば、薩摩治郎八夫妻は、パリ国際大学都市日本館が無事開館したことを父・薩摩治兵衛に報告するため、パリを去り、マルセーユから帰国の途についた。巨額の寄付をしたとあって、フランス側は国賓待遇で臨み、郵船のアンドレ・ルボン号の特別船室を提供したばかりか、途中立ち寄ったサイゴンでは、コーチシナ総督が自ら船室にまで出向いて歓迎の意を表したほどだった。サイゴンの現地紙からは「東洋のロックフェラー」と書き立てられ、治郎八は「人生到る所に青山あり」と感激を新たにした。

ところで、今回の帰国の本当の目的は、日本館の年間運営費に関して外務省・文部省と交渉することにあった。というのも、当初の予定では、建設費までは薩摩家が出すが、運営費その他については日本政府がこれを受け持つということになっていたのだが、いざとなると、外務省も文部省も財政難を理由に互いに負担を相手に押し付けあい、いっこうに埒があかなくなっていたからである。この点に関して、治郎八は次のように書いている。

「日本に戻ったら、口では世界平和貢献者のなんのと一時は両国の花火式に歓迎されたが、さて当時の外務、文部両省で出す筈になっていた維持費の話などは立消えになってしまい、二十代の若僧のくせして国際サービスなんかは生意気だなどという手合さえ出て来るし、野郎は勲章でも欲しいんでやりやあがっただの、一種の個人宣伝だのと、評判が頗る悪いのには恐れ入って、苦笑して了った。秩父宮に拝謁した時その話を言上したら、

『なんだ、例によって省と省の役人共が喧嘩して居るのか。』

と、やっぱり苦笑して居られた」（「半生の夢」『せ・し・ぼん』）

結局、会館運営費の件は治郎八の日本滞在中は解決せず、ようやく数年後に、吉田茂、広田弘毅、栗山茂らの斡旋により外務省が金一万円補助金を出す運びとなり、十年以上も溯った一九二一年の日付と外務大臣の名前で、日本館に交付されることが決まった。

こんな調子で日本人の嫉妬深さ、徒党根性などいやな面を見せつけられたこともあり、役人との折衝等の雑務が一通り済むと、治郎八はもう帰心矢のごとしとなった。一日も早く日本を離れ、第二の故郷であるフランスに戻りたい。その一念だったのである。

折から、ギリシャのデルフで挙行されるデルフ祭典に、日希協会設立者を代表して出席することが決まったので、治郎八は年が明けて一九三〇年となるや、ただちにパスポートを申請し、千代子夫人を伴って船上の人となった。

前年、日本館の開館式に先立つ数カ月前、治郎八は、ロンドンの大英博物館でタナグラ人形を見て以来久しく憧れていたギリシャに旅していたが、ギリシャがよほど気に入ったのか、日本に帰国してからは、日希協会の設立に奔走していた。あるいは、このギリシャ旅行の際に、治郎八

の「デルフの呪詛」という短編小説にあるような、女二人との不思議な出会いをして、もう一度、デルフを訪れてみたいと願っていたのかもしれない。それはともあれ、ヨーロッパに戻る口実ができたことは治郎八にとってはもっけの幸いだった。

「マルセーユに上陸すると直ちに巴里に行き、百三十キロのスピードで飛ぶ自動車『ブカチ』を買い求め、それに乗って再びマルセーユに戻り、一九三〇年四月二十三日午後四時出帆のアマゾーン号でナポリ経由、希臘のビレーに向った。ビレー着は四月二十八日、翌二十九日は天長節だというので、雅典《アテネ》の公使館の祝賀会に列席した」（同書）

パリで買ってマルセーユまでとんぼ返りした「ブカチ」とは、イタリア人ブガッティがフランスで製造・販売していた名車ブガッティのことで、以後、治郎八はこのブガッティを駆ってフランス全土をグルメ行脚し、『ミシュラン・ルージュ』に掲載されている有名レストランを次々に制覇してゆく。その有り様は、明治屋のPR誌『嗜好』に連載された「フランス食べ歩き　地方編」に詳しく描かれているが、とにかく、美味いものには目がなく千里を遠しとせずに出掛けてゆく情熱には頭がさがる。一九三〇年代にこれだけの「食べ歩き」をしている人間は、フランス人でもそう多くはあるまい。このブガッティを駆ってのグルメ行脚を支えていたのが、シャール（シャルル）・フィロローという運転手である。

「彼は第1次大戦の勇士で私の友人知己達からは『シャール大統領』と仇名された温顔白髪の旧軍人で、私の愛僕でこの食べ歩きを全フランスをかけめぐってくれた。30年前120キロのスピードでドライブしてくれた彼は1日800キロはビクともしないといった男だった。（中略）

私があらゆる土地の地酒や名菓等を発見したのも彼の協力のおかげだった。これほどまでフランスのすみずみまで食べ歩いた人間もなかろうが各土地土地の美術館、寺院、教会等も見歩いた記録も珍らしかったろう。それが長い年月にわたるのだからシャールの熱情もたいしたものだった。（中略）

私はスポーツ・カーのブガチを利用できたことがこの結果をあげられた原因だと信じているし、もち論フランスの道路のよさと人情の温かさもそのおかげだと思っている」（「フランス食べ歩き地方編11　オーベルニュの味」『嗜好』424号　昭和三十九年五月）

ところで、このブガッティを駆ってのグルメ行脚が行われたのは、一九三〇年代の半ばから末にかけてと推測されるが、しかし、その同行者となったのは、じつは、千代子夫人ではなかった。ギリシャ旅行から戻って間もない一九三〇年の暮れ、千代子夫人は、病に倒れたからである。「旅行から戻って巴里に落ち付くか落ち付かぬ内に、妻が肺腺《ママ》カタルで入院し、一時快方に向って、アルプス山中のメヂェーブに転地した。これが我々の結婚生活の終了の序幕で、ついに一昨年故国富士見の別荘で最後の息を引取る迄再び健康を回復出来ずにしまった」（「半生の夢」『せ・し・ぼん』）

千代子夫人の発病、転地療養について治郎八が触れているのはこれだけである。しかし、獅子文六の伝記小説『但馬太郎治伝』には、語り手（当然、獅子文六こと岩田豊雄）が東京外語出の友人の新聞特派員A（おそらくは松尾邦之助）から聞いた話として次のような細部が書き留められている。

すなわち、語り手が日本館（小説では「タジマ会館」）に宿泊しながら、その堅苦しさに音を上げ、会館をクリスマスの頃に退出して、セーヌ通りのホテルに宿替えしたとき、Aがホテルを訪ねてきて「おい、大変だ。但馬夫人が喀血《かっけつ》したよ」と告げたのである。Aは夫人の大ファンだったから、喀血の知らせは大ショックだったのだが、面識のない語り手はそれほど衝撃は受けなかった。やがて冬が終わり、復活祭も過ぎて、パリの街路樹に芽が吹き出し、帰国も迫った頃、モンパルナスで偶然出会ったAが、ドームのテラスに腰掛けながら、意気消沈した声でこう告げた。

「『マダム・タジマが、パリを去るんだ。スイスのメジューブの療養所へ、入ることになったんだ……』」

と、新聞記者にあるまじき感傷を、口にするので、私は大いに笑い、Aの肩をひっぱたいてやった。

『いい加減にしろ』」

このエピソードからも、パリ在住の日本人の間では、千代子夫人が喀血し、療養のためにパリを去ったということが大ニュースとして流れていたことがうかがわれる。治郎八の場合は在留邦人の間で毀誉褒貶半ばしたが、千代子夫人については育ちの良さのせいか、悪くいうものは一人もいなかったようだ。

それはさておき、治郎八は、千代子が喀血して以来、療養所をメジェーヴに決める前、いろいろと落ち着き先を探していたらしい。そのことは親友のシゴー医師のことを回想した『嗜好』4

34号（昭和四十一年十二月）の「フランス食べ歩き　地方編21」の中で軽く触れられている。

「彼［シゴー医師］はM.M.会社のタイチ行の船医になった。そして私に会った。（中略）

マルセーユで休暇をとって千代子（私の亡妻）をつれてグラッスのホテルにも行ってくれた。戦時中［第一次大戦中］ガス中毒にやられていた彼は、胸をやられていたらしい。グラッスのホテルは肺病患者が多く、千代子もそのために出かけていったのだ」

これがいつのことかは定かではないが、おそらく一九三一年の冬か翌年の春だろう。先の獅子文六の言葉を信じるなら、六月にパリを発つ直前の五月末に、Aから千代子夫人がメジェーヴの療養所に入ることになったと聞いたというのだから。

では、千代子夫人はいつ頃までメジェーヴで療養を続けていたのだろうか？　一九三五年までと思われるが、一九三四年という説もある。ただ、一九三七年に富士見高原のサナトリウムに入ったことだけは確かなようである。千代子夫人と学習院で同窓だったというY夫人から聞いた話として、獅子文六が次のように記しているからだ。

「紀代子夫人が富士見のサナトリュウムへ入ったのは、シナ事変の起きた年［一九三七年］で、その後一年ほどで、軽快になったが、彼女はその土地を動こうとしなかった。サナトリュウムから少し離れたところへ、家を建てて、そこから通院してた」（『但馬太郎治伝』）

この家というのはフランス風の山小屋で、建築プランは彼女自身の手になるものだった。二階建てで百七十平米もあったというから、かなり豪華な山小屋である。そこで、彼女はお手伝い二人と看護婦一人にかしずかれて暮らしていた。駿河台のヴィラ・ド・モン・キャプリスにあった絵画や家具や絨毯を運んで家の中を飾った。その費用は、おそらく、義父の薩摩治兵衛が出していたものと思われる。おかげで、千代子夫人はなにひとつ不自由のない暮らしを続けることができたのである。

「紀代子夫人の地位は、富士見高原の女王のようなものだった。富んだ上に、美しく、しかも病気が、軽快して、普通生活を許されたのであるから、サナトリュウムの男性患者の眼には憧憬《どうけい》の的だった」（同書）

この富士見高原時代の千代子については、まさに憧憬の眼で見つめていた男性患者の目撃証言がある。画家の曾宮一念が『アルプ』２８２号（昭和五十六年八月号）に書き残した療養生活の回想「富士見五十年」である。

富士見高原での千代子。薩摩遺品。

「薩摩千代は治郎八夫人である。痩せたボッチチェリーの聖母に似た美人で、ラプラードや藤田（嗣治）などのパリ話をした。翌年病院の近くに立派な別荘を建て、ラプラードの『キモノ・ジョーン』20号を見せてくれた。レモンイエローの寝衣で千代が白いベットに横たわる画で、黄と灰色の潤いが美しかった。千代は俳句をたのしんでいたがここで死んだ」

では、肝心の治郎八はどうしていたのだろ

う？　メジェーヴや富士見高原に見舞いに行ったのだろうか？　獅子文六は次のように書いている。

「ところで、帰朝した太郎治は、無論、富士見にいる病妻を、見舞ったろうが、頻繁《ひんぱん》ではなかったようである。少くとも、彼の記述には、一行もその点に触れたところがない。一体、彼は冒険好きなのに、ひどく、病菌を恐怖する性癖を、持ってたらしい。細君がまだスイスの療養所にいた頃に、見舞いに行っても、病室に入らず、扉口から話しかけたと、聞いてる」（『但馬太郎治伝』）

これまた治郎八らしいといえばいかにも治郎八らしいエピソードである。大店の御曹司として、真綿にくるまれるように育てられた彼は、子供の頃から病菌に対する恐怖を植えつけられ、一生、これを保ちつづけたにちがいない。千代子夫人への愛は失われてはいなかったにしても、結核菌への恐怖は愛よりも強かったのである。

第三十七章　帰朝と東南アジア歴訪

一九三一年九月、柳条湖事件をきっかけに関東軍が満州全域を占領したというニュースがパリに伝わると、在留日本人社会にも反目が起こり、薩摩治郎八が夢見ていた日仏の文化外交などは吹っ飛んでしまった。治郎八がジュネーヴのホテル・ボーリヴァージュで中国の某要人と昼食をともにしているのを目撃した外交官の中には、治郎八をスパイ呼ばわりする輩まで現れた。

翌一九三二年三月に満州国が建国されて事変も一段落すると、在パリ大使館の参事官をしていた栗山茂が、治郎八に向かって「どうだ君の方の総裁オノラ長老を日仏協会の総裁にしては」と提案してきた。

アンドレ・オノラは、日露戦争中に、英語の達人として知られる政治家・末松謙澄が渡欧したさいに友誼を交わしたこともある親日家だったので、その一の子分を任じる治郎八としても、日仏協会の総裁という役職を断わらせる筋合いのものではない。そこで、オノラの了承をとりつけたが、すると、今度は、オノラを日本に招待して、日仏親善の方法を再検討してみたらどうかという考えが外務省の方から示された。

当時、リットン調査団の結果を受けた国際連盟が満州国建国を否としたことから日本が連盟を脱退するなど、世界における日本の孤立が深まっていたが、そんな状況もあって、外務省は、英米と違って、比較的中立的な立場にいたフランスの支持を取りつけたいという思惑を抱いたのかもしれない。

「丁度広田外相の時代でもあり、斎藤総理も私を良く理解同情してくれている関係上、一つ日本に急行して、この話をまとめて来てはどうだというのであった。そこで私は郵船の船で往復四ケ月の、当時としては飛脚旅行をやって、漸くこの話をまとめ一九三三年の秋、オノラ氏に私が随行して巴里を出発した」（「半生の夢」『せ・し・ぼん』）

　一九三三年末のオノラの日本滞在はどうなったのかというと、おおよそ、次のような経過をたどったようだ。

「オノラ氏歓迎は万点《（ママ）》で、陛下の拝謁前、勲一等に叙せられ朝野をあげて歓迎された。東京の宿舎には私の旧駿河台の邸をあて、日本料理とフランス料理で歓待した。

広田外相とオノラ氏の会見の際は、広田氏の希望があって私が通訳の役をつとめた。

その夜の外務大臣官邸の晩餐の料理は、オノラ氏滞在中最も凝った献立で、ことに白酒シャトーイッケンの美味は、私の鑑定でも一八七一年製の名品で、オノラ氏が終始、日本滞在を回顧される毎に必ず話題に上ったものだ」（同書）

　オノラは伊勢神宮訪問を強く希望していたが、それは彼が伊勢神宮こそ「日本のアクロポリスで、日本帝国の象徴」であると解釈していたためである。ところが、参拝の数日前、京都の薩摩家別荘の廊下の長廂に頭をぶつけ、腰を強打してギプスをはめる仕儀になってしまった。しかし、参拝当日になると、ギプスの上からフロックコートを着用し、参道を歩きながら、「これが日本精神だ、この神杉の古木が大理石柱だ、だがこれはなんという謙虚な大自然の前に己を知った賢明なる文明であろう」と賛嘆していた。

オノラは、日本滞在の後、朝鮮・満州を視察し、あらかじめ打ち合わせていた通り、上海で治郎八と落ち合い、途中、香港で船をトンキャンという貨物船に乗り換えて、ハノイに向かった。仏領インドシナ総督ピエール・パスキエの招待によるものだった。

では、この間、別行動を取り、日本に留まっていた治郎八はどのように過ごしていたのだろうか？

「私は満鮮を廻遊するオノラ氏と上海で落合うまでの日の余暇を見て、牧野伯の所に参上して感想を述べた。牧野伯は葉巻を吹き上げながら静かに

『だが君、気を付け給え、平和主義者《パシフィスト》と云われるよ。』

と微笑して部屋の隅の仏像に眼を投げた。その時の伯の様子が忘れられない」（同書）

つまり、治郎八は彼なりに、右への急旋回を始めた日本外交を強く憂え、親交のある西園寺公望・牧野伸顕らのリベラル派に働きかけて日本の進路を正そうと努力していたようだ。だが、時代はすでに、一民間人が動いたからどうにかなるという域を超えていたのである。さて、オノラと治郎八の旅の航跡を追ってみよう。

まず、一行は、一九三三年の暮れ、香港から海南海峡を広州に向かい、そこからパコイを経て、

ハイフォンでポール・レイノーの従兄のモールス・ギャンエ土木総監夫妻に出迎えられ、ハノイに入った。ハノイでは、パスキエ総督の厄介になり、パストゥール研究所を訪問した。あと、ユエ、トーラン、ニャチャンなどの都市を南下し、サイゴンに到着、旧知のコーチシナ総督コーテーメールの招待を受けた。

「私たちはそれからカンボジアに入国し、王都プノンペンにてモニボン王の大歓迎を受け、お菓子代りというわけでもなかろうが、カンボジア王冠勲章を首からつり下げられた。アンコール廃跡を象の背にゆられ乍ら見物した後で、ポイペット国境線を越え、暹羅《シャム》国のアランヤ駅から急行で盤谷《バンコック》に向ったところ、計らずも旧友トントウル殿下に邂逅し、前王寵宮ラクシャミ・ラバン女王殿下邸の夜宴に招ばれた。内務大臣の顕職を得た往年の革命児ルアング・ブランヂットは、フランス公使招宴の会場で同席した」(同書)

バンコクからは、ピナン急行に乗ってマレー半島のイポーにあるフランスのテッカ会社の鉱区に寄ったが、ここまで来たとき、ハノイで別れたパスキエ総督の乗った飛行機エメラルド号が遠路フランスまで飛行しながらリヨンの近くで墜落したニュースが届いた。治郎八はパスキエ総督から「薩摩どうだ、一緒に乗って帰巴しないか」と誘われたが、オノラの鞄持ちであることを理由に断った。もし、このとき、パスキエ総督の飛行機に同乗していたら、治郎八は劇的な客死を遂げ、別の意味で歴史に名を残したにちがいない。

そのあと、二人はシンガポールを経てジャワに渡り、バタヴィア、バンドン、スラバヤと、まだオランダ領東インドだったインドネシアの都市を歴訪し、インド洋を渡って、ようやくフランスに帰りついたのは一九三四年の二月末であった。三カ月ほど東南アジアを回遊していたことになる。

この東南アジア歴訪の旅は、治郎八の経歴の中で一つの転機をしるすものとなる。それまで西欧一辺倒だった視線がアジアにも向けられるようになったこともあるが、もう一つ、治郎八の中に眠っていた山師的冒険家《アヴァンチュリエ》の血が騒ぎだしたことも重要である。

「この仏印旅行が、私の生涯にとって転機を画するもとになったのだが、それはこの旅行が原始林《ジャングル・》人《マン》になって、理想冒険から現実冒険家に転向する因をなしたからである」（同書）

アヴァンチュリエとなった薩摩治郎八は、この後、いかなる冒険に乗り出すことになるのだろうか？

一九三四、五年前後の治郎八のクロノロジーを簡単に述べてみよう。

《一九三三年の暮れ。オノラ氏に同行し、ヴェトナム、カンボジア、シャム（タイ）、マレー半島、シンガポール、ジャワを巡る。一九三四年の三月、パリに戻る。一九三四年の暮れ近く、女優の美姫をめぐってB侯爵と決闘事件を起こす。一九三四年末～三五年初頭。シャムの金鉱調査の旅に出る》

というわけで、ようやく、自ら「大山師《グラン・アヴァンチュリエ》」と名乗る治郎八の熱帯大冒険が語られることになるのだが、実を言うと、これが治郎八自身がおもしろがっている割には、読者にはさっぱりおもしろくない。そこで、この部分は思い切って簡略化し、時系列で出来事を列挙するにとどめておこう。

一九三五年初頭（?）バンコク到着。メナム河口で停船後、上流に向かう。水上保健警察の白いモーター・ボートが接近し、「貴殿は薩摩男爵《バロン・サツマ》か?」と問い「外務大臣代理リュアング・ミトラカム閣下（これは本物の暹羅男爵）がトントール殿下とお出迎え申上げている」と伝える。実際、さらに川を溯ってから下船すると、旧知のトントウル殿下が儀典課長リュアング・ミトラカムを従えて出迎え、外務大臣のブラジット閣下邸に案内される。

だが、治郎八が事業の件を切り出しても、外務大臣は「いずれゆっくりメナム河にハウスボートでも浮べて聞こうじゃないか」とのらりくらりと話をかわす。

外務大臣邸を辞去した後、トントウル殿下に連れられ、郊外にあるラクシャミ・ラヴァン女王殿下（ラマ六世の愛人）の邸宅に赴いて挨拶、トントウル殿下の離れ家でバンコク記者団のインタヴューを受ける。このとき、治郎八は記者団から「巴里から来朝した日本の金礦殿下《プリンス・オブ・ゴールドマイン》」として扱われる。夜は美女群の大舞踏で歓迎される。

しかし、例の原始林の金鉱の件は、日仏政府の外交筋の後援でシャム政府当局者に働きかけたにもかかわらず、いっこうに色よい返事が得られない。そこで、ラオスのルアンプラバン国王の招待に応じて、アンコール、プノンペン、サイゴンを経てハノイに入り、そこからラオスに向かうことにする。

仏領インドシナの弁理長官ユートロプ氏に同行してもらってラオスの王都ルアンプラバンに向かう。王宮にて国王に謁見。「百万象白傘勲章」を授与される。夜、王宮の宴に参内し、「日本から歯医者を一人よこしてくれたら大助かりだ」との意外な依頼を賜る。翌朝、ユートロプ長官の提供してくれたモーターいかだでビエンチャンに向かってメコンを下り、かの地で、飛行機で到着していたユートロプ長官に合流。タケックよりインドシナ総督府差し回しの自動車で安南山脈を越えて旅程を終了。パリに戻る。

結局、各地で大歓迎はされるものの、シャムの原始林の金鉱発掘はいっこうに具体化しないまま、治郎八は空しくパリに舞い戻ったのである。おそらくは一九三五年の四月か五月のことと思われる。というのも、この年の六月七日、治郎八は、チェコスロバキアの首都プラハでパリ国際大学都市と平和をテーマにして講演を行っているからである。

このチェコでの講演について、治郎八は、ナチス・ドイツが東欧を侵略する勢いを示したのに危機感を抱き、なんとか抵抗する方法はないかと思案してオノラ総裁に相談したところ、オノラから次のような回答を得たという。すなわち、ナチスに侵略された場合、パリ国際大学都市が東欧三国の優秀な学生の亡命の受け皿として役立つ可能性もあるから、とりあえず、治郎八がプラハに行って大学都市について講演をするのは非常に有益である、さらに、日本にもこうした平和的な思想の持ち主もいると東欧三国にアピールする助けにもなる。

この話を在チェコ小川昇代理公使に伝えると、極力援助するという返事を得た。ここから、治郎八のパリ国際大学都市日本館建設と並ぶもう一つのメセナであるプラハ美術館への日本絵画寄贈の話が持ち上がったのである。

寄贈計画は翌年の末には実行に移され、プラハ美術館収蔵に先だって一九三六年十二月十七日から翌三七年一月三日まで、プラハの「ボヘミア美術協会」において寄贈コレクションの展覧会が催された。薩摩コレクション二十点に小川代理公使等のコレクションも加えた計五十点が展示された模様である。『薩摩治郎八と巴里の日本人画家たち』展カタログ収録の友井伸一氏の論考「プラハの薩摩治郎八寄贈コレクション」に従えば、現在、プラハ美術館には、薩摩コレクションのうち十四点の収蔵が確認されているという。

このように、治郎八は、迫りくるファシズムと戦争の大波に対抗するため、外務省に残っていた良心派外交官と協力しながら文化的国際協力戦線の構築を企てたが、それもしょせん蟷螂の斧で、ヒットラーがまず一九三八年にチェコのズデーテン地方を併合し、翌年の九月にポーランドに侵攻すると、すべては水泡に帰することになる。

実際、一九三五年六月のプラハ講演から第二次大戦開始までの期間、治郎八の活躍できる場はパリにも日本にもほとんどなくなっていた。

最大の原因は、風雲急を告げる時代状況だが、もう一つ、薩摩商店が一九三五年に閉業してしまったことも大きい。薩摩商店は、一九二七年（昭和二）の金融恐慌あたりから経営が思わしくなくなっていたが、一九二九年十月のウォール街大暴落と翌年に浜口内閣によって実施された金解禁ショックで決定的な打撃を受け、もはや、治郎八の文化活動を支援する余力を失っていたのである。

しかし、実家の屋台骨が傾き、仕送りが途絶え気味になったからといって、パリにいる治郎八の贅沢な生活が急に沙汰やみになったわけではない。

では、どうやって、治郎八がパリ・ライフの資金を捻出していたかといえば、それは、逆為替という手段であったらしい。獅子文六は周辺を取材して得た結論のごとく、次のように推測している。

「しかし、太郎治は、泰然として、非常手段に訴えた。逆為替という手である。パリの銀行で金を借りて、日本の実家から取り立てて貰うのである。（中略）但馬太郎治となれば、二つ返事で、銀行が引き受けてくれるから、これを濫用《らんよう》した。日本の父親も、もし支払いを拒絶すれば、信用上の大問題となるから、イヤイヤながらも、取り立てに応じた」（『但馬太郎治伝』）

だが、一九三五年には、さすがの薩摩商店も、治郎八の逆為替に応じるほどの余裕を無くしていた。金融恐慌から続く長期的な不景気は、薩摩商店のような独立型の大店を淘汰し、三井、三菱をはじめとする財閥への資本集中を強めたのである。

一九三五年十月に、治郎八がパリに仏教学研究所を設立する目的で一時帰国し、外務省文化部や文化振興会、さらには仏教界との折衝に当たったが果たせず、話が宙に浮いたのも、この薩摩商店の経営難によるものだったにちがいない。

もっとも、薩摩商店の閉鎖によって、治郎八が一気に無一文になったとするのは、戦前の金持ちの桁違いぶりを知らない戦後の人間の言うことである。この点に関して、獅子文六は続く箇所でこう指摘している。

「但馬商店は昭和十年に、閉業をしてるが、それは当主の太兵衛の商売ぎらいというだけではなかったろう。太郎治のフランスに於ける濫費が、ずいぶん影響してるのである。昭和十三年には、駿河台の地所を、十五年には大磯の別荘を、人手に渡してるところを見ても、大廈《たいか》の傾くが如く、緩い速度で、太郎治が逆為替を用いた頃から、斜陽時代に入ったと、考えることができる。

しかし、われわれの台所とちがって、家運非なれば、すぐ、水が切れるというわけのものではない。また、昔の富豪は、今の出来星とちがって、カネモチ・モノモチの根が深い。信用も厚い。右から左の倒産ということはあり得ない、それだから、太郎治のゼイタク生活も、まだ続くのだが、運命の神様は、もう横を向いてるのである」（同書）

なるほど、戦前の金持ちのことをよく知っている獅子文六だけのことはある。まさにこの通りだったのだろう。

とはいえ、この時期すでに治郎八の懐具合がかなり逼迫していたことは確かである。その証拠に、薩摩商店の閉鎖の翌年（一九三六年）の五月二十八日から五日間、治郎八がパリで集めた絵画や家具の売り立てが行われている。物証として残っているのが、治郎八の遺品の中に発見された『S氏コレクション第一回売立展観目録』（会場および主催　室内社画堂）である。

すなわち、パリで購入したラプラードの油彩、ルドン、マチスの版画、ブーシェ、ワットーの版画、さらには千代子夫人と暮らしたアパルトマンにあったと思しきルイ十五世風の机と椅子、額縁など多くのアイテムが出品されている。千代子夫人が結核治療のため日本に戻ったのを機に、治郎八はパリのアパルトマンのコレクションや家財道具を日本で処分したらしい。いずれにしても、治郎八の贅沢生活に一応のピリオドが打たれたことの証拠にはなるだろう。

しかしながら、治郎八には、このまま日本に居着いてしまうわけにはいかない大きな事情があった。フランス人の愛人の存在である。この愛人について、治郎八は、『嗜好』連載の「フランス食べ歩き　地方編11　オーベルニュの味」（424号）で言及している。

「私がはじめてこの古都に着いたのは30年前のことだった。

私のフランス妻の弟が軍隊で馬から落ちてそれがもとで胸を病み母につれられてこの土地に家を借りていた。

私達は忠僕シャールの運転する愛用のブガチでアルルから山路を走りつづけて午後プイに着いた。

懐しいマダム・シゴーは私の好物のペルドローを用意して待っていてくれた。（中略）その母も昨夏高年でパリの郊外ボークレッソンの『青い鳥』と名付けた小さな栗林の中の家で死に、その弟のレオンは昔死に母子共にボークレッソンの静かな日あたりの墓地で眠っている」

これが書かれたのが一九六四年（昭和三十九）だから、三十年前といえば一九三四年のことになるが、しかし、治郎八のクロノロジーと記憶が定かではない可能性もあり、そのまま信じるわけにはいかない。しかし、この文章によって千代子夫人が発病した一九三〇年以後に、夫人公認らしき愛人（フランス妻）がいたことだけは明らかになった。

では、このフランス妻とはいかなる人物だったのだろうか？

ファビィという愛称で呼ばれる女性のようである。このファビィの存在について最初に言及したのは、「甘き香りの時代に——楽土の貴公子薩摩治郎八」というタイトルで治郎八の伝記を

『太陽』（平凡社）に一九八二年五月号から翌八三年一月号まで七回連載した久保田二郎である。久保田二郎は最終回となった第七話で、次のようなことを語っている。

すなわち、昭和五十五年（一九八〇）に徳島の薩摩家を訪れ、治郎八の二度目の妻である利子夫人に遺品を見せてもらったところ、中にゴム輪でとめた一束の仏文の手紙があった。四十八通の手紙は一見して同じ差出人によるものだとわかる。薄いすみれ色の封筒からして差出人は女性であるらしい。しかし、フランス人の手書きの手紙というのは判読しづらい。そこで久保田二郎は「この束を大切に東京に持ち帰って」（なんと乱暴な！）、山本庸子さんというフランス語を解する一主婦に預け、翻訳してもらったのだという。

「この手紙は一九三五年十月十九日付けのものから一九三七年一月七日付けのものまで全四八通あり、差出人はただファースト・ネームだけでファビィという女性であること。そして女性の住所は解らず、ただ、すべての手紙がパリ、プーサン通りの郵便局の消印のものであること。そして受取人は、日本、東京、神田駿河台二丁目三番地十　G．SATSUMA宛のものだということであった。G・サツマ。このGというのは治郎八のパリでの愛称であったジョルジュ、さらにそれを短く言うジョジョのGである」（「甘き香りの時代に」）

この記述には、われわれのクロノロジーの欠落を埋める貴重な情報が含まれている。なぜなら、ファビィから手紙が送られていた一九三五年十月十九日から一九三七年一月七日までの一年余りの期間は、少なくとも治郎八は日本にいたというアリバイが成り立つからである。

久保田二郎が引用している山本庸子さんの翻訳文を検討すると（この手紙のオリジナルは、徳島県立近代美術館の学芸員・江川佳秀氏によると、同館に収蔵されている治郎八遺品の中には存在していないとのこと。久保田二郎が持ち出したまま、彼の死によって紛失してしまったのか?)、まず、一九三五年十一月二十八日付の手紙の「私は、時々、今年の夏のコート・ダジュールでの私たちのことを思い出しています。(中略)あの甘い生活。私たちは世界で一番幸せな恋人同士ではなかったでしょうか」という文章が気になる。なぜなら、決闘事件のエピソードの結末にくる「暫くすると彼女は劇場を去り、カンヌ海岸に私を訪ねて来、やがて私たちは同道して巴里に戻った」(「半生の夢」『せ・し・ぼん』)という文章と内容が符合しているからだ。

つまり、一九三四年の暮れ近くに決闘事件を起こし、その勢いで金鉱探しの旅にタイに出掛けた治郎八は、翌三五年五月までにはパリに戻り、六月にチェコに出掛けているが、そこからフランスに戻ってヴァカンスをコート・ダジュールのカンヌで過ごしているとき、この事件の女優がやって来たと解するなら、その女優とはファビィだということになるからである。

一九三五年十二月二十一日付の手紙には、さらに興味深い事実が語られている。

「私の弟の健康状態が良くないのです。彼は肺炎に罹ってしまったと今知らされたばかりです。医者はできるだけ早く療養所に引きこもるようにと彼に言っています。八カ月は必要だろうというのです。一月七日に行くのだそうです。私は彼を送っていこうと思っています。山の清冽な空気が効果をもたらし、彼に健康が再び与えられますように」

この文章は、治郎八が「フランス妻」について語った『嗜好』の文章とピタリと一致する。一言でいえば、ファビィとは治郎八が「フランス妻」と呼んでいる女性にほかならず、その弟が結核療養のために母親とともに移り住んだオーヴェルヌ地方のル・ピュイを一九三七年にフランスに戻った治郎八はファビィとともに訪れているのである。

となると、ここでもう一つ判明してくる事実がある。それは、ファビィの苗字はシゴーであるということだ。なぜなら、治郎八は、その母親をマダム・シゴーと呼んでいるからだ。シゴーというのは、おそらくSigautないしはSigault、あるいはSigotないしはCigotと綴るのだろう。ファビィというのはどうも名前というよりも愛称らしいので、正式な名前は同定できないが、治郎八のいうようにパリ近郊のボークレッソンの墓地で弟のレオン・シゴーを頼りに墓石を当たれば、このファビィなる女性の身元が割れるかもしれない。それとは別だが、前章で引用した文の中で治郎八が千代子にグラッスまで同行した医師の名をシゴー医師としていることが気にかかる。同姓かも知れないが、ファビィはこのシゴー医師の娘だった可能性もあるのだ。

このほか、手紙には、ファビィの住まいがあるのは十六区のオートゥーユ（ちなみに消印のある郵便局とはオートゥーユ門に発し、オートゥーユ通りと平行に走っているプーサン通りにあったのだろう）であることや、治郎八が「偉大な計画と事業」を企てていることなど、情報不足を補うヒントがちりばめられている。日本滞在の長さから判断して、「偉大な計画と事業」とはタイの金鉱発掘のようだが、これも推測の域を出ない。

いずれにしろ、最後の手紙の日付けから推して、一九三七年の一月か二月には、治郎八はパリに戻ってファビィと再会し、弟レオンの療養しているル・ピュイを訪れたようである。そして、この年の五月には、大英帝国皇帝戴冠式に列席するためにバンコクから遠路ヨーロッパにやってきたラクシャミ・ラヴァン女王殿下とトントウル殿下をマルセーユに出迎えている。

しかし、今度のフランス滞在は半年ほどで、治郎八は再びパリを後にして、マルセーユからフランス郵船に乗船している。どうやら目的は例の金鉱発掘問題に決着をつけることのようだったが、このとき既述の通り、作家のクロード・ファレルとサイゴンまで同船している。「西貢《サイゴン》でファレールに別れ、私は一路自動車でプーンペ、パタンバン経由で国境アランヤに向った。盤谷では再び一ケ年振りでフヤタイのラヴァン女王邸に落着き、暹羅政府との交渉にかかった。ところが暹羅当局のスローモーぶりは目に余るものがあり、そこへもって来て、私は少し健康を害したので、単刀直入農務大臣と会見し、最終提案を出して回答を求めたが、議会審査中とか金鉱令作成中とか、兎角の理由から更に数ケ月の猶予を求められた。それにしても、私の病気をほおっておくわけにもいかず、最後に提案受領書を取り、試掘権保留を認めさせる事を考えついてこれを果すと、私はかかりの医者の忠告にしたがって、日本で数ケ月待機する事に意を決し看護を申し出た旧知の仏蘭西婦人に附添われて一九三八年五月、フェリックス・ルッセル号で神戸に到着した」(「半生の夢」『せ・し・ぼん』)

治郎八が罹った病気とはインドシナかタイで罹患したウィルス性肝炎だった。看護を申し出た旧知のフランス婦人というのがファビィであったか否かは不明である。

日本では、京都の薩摩家別荘に数日を過ごした後、大磯の別荘で療養した。日本の民衆は日中戦争の局地的勝利に酔っていたが、実際には、戦争は泥沼化するばかり。平和主義者である治郎八は孤立を深め、それまで親交のあった友人たちは離反していった。そこで、いろいろと風聞の立ちやすい大磯を離れ、箱根小涌谷の別荘に移ってそこで療養を続けた。そうしているうちに、ナチス・ドイツがポーランドに侵攻して、独仏開戦の報が届いたので、治郎八は居ても立ってもいられなくなった。

フランスに戻ることを決意した治郎八は友人の外交官鈴木九萬《ただかつ》に頼って旅券を交付してもらい、フランスの郵船アンドレ・ルボン号上の人となった。時に一九三九年晩秋のことだった。

第三十八章 「わが青春に悔いなし」

一九五一年（昭和二十六）五月十二日、横浜港の大桟橋に着岸したフランス郵船ラ・マルセイエーズ号から一人の小太りの日本人が降りてきた。男はいかにも往年のダンディーらしい仕立てのいい背広に身を包んではいたが、背広そのものはかなり古びていたし、出迎えの親族に挨拶するために持ち上げたソフト帽から覗いた頭はすっかりはげ上がり、年よりもはるかに老けてみえた。

まだ、羽田の国際空港が復活していなかったこの時代、横浜の大桟橋には、来日する海外著名人に取材しようと新聞記者が常駐していたが、そうした記者たちもその初老の男が「希代の遊蕩児」として戦前に話題を呼んだバロン薩摩こと薩摩治郎八であるとはまったく気づかなかった。蕩児の帰還はひっそりと行われたのである。

一九三九年十二月にフランスに戻って以来、早十二年近くが経過していた。一九二〇年の暮れに初渡欧してから数えれば三十年以上。治郎八は昭和天皇と同じ一九〇一年生れだから、齢すでに五十の坂を越えていたのである。

この間、失ったものはあまりに大きかった。

祖父・初代薩摩治兵衛が木綿問屋として一代で築きあげ、父・二代目薩摩治兵衛が維持拡大につとめてきた薩摩商店の巨万の富は、治郎八がパリで王侯貴族と見まがうばかりの豪奢な生活を送り、ついでパリ国際大学都市日本館の建設に打ち込むようになってから、穴の開いた革袋につめられたワインのように急激に目減りを始めていたが、一九三五年に薩摩商店が閉鎖に追い込まれるに及んで、ほとんど無に帰した。そして、当然ながら、大富豪の御曹司であった治郎八も無一文の中年男となり、戦中・戦後のフランスで耐乏生活を強いられるに至ったのである。

いっぽう、治郎八の祖国である日本もほぼ同じ経路を辿った。

初代薩摩治兵衛のように、天保年間に生まれ、幕末維新の激動をくぐりぬけた草莽の志士たちが堅忍不抜の精神で東洋の一島国を欧米列強と肩を並べる「一等国」にまで押し上げた後、それなりに聡明で手堅い二代目が跡をつぎ、拡張路線から堅実経営にもって行こうと努めているうちに、根拠なき自信に満ちた夜郎自大な三代目が現れて、独断専行でことを進め、ついに無謀な戦争に突入。最後は、一億玉砕の掛け声とともに、明治以来営々と築き上げてきたすべてを失ったのである。

つまり、治郎八がパリで自家の財産を蕩尽したのと並行するかたちで日本は国家単位で有形無形の遺産を食いつぶし、スッカラカンの無一文となって、一九五一年のいま、同じように振り出しに戻っていたのである。

しかし、すべてを失ったにもかかわらず、当時の貧しい日本と似て、治郎八の表情には奇妙な明るさが漂っていた。敗残者の後ろめたさはどこにもなかった。むしろ、「わが青春に悔いなし」のすがすがしささえうかがうことができた。

帰国後に、後述のような経過で『新潮』に発表された自伝「半生の夢」で、治郎八は往時を振り返りながらこんなことを記している。

「こんな私の生活ぶりは贅沢だ、虚栄だと世間からは指弾されるであろうが、私としては生活と美を一致させようとした一種の芸術的創造であると考えていた。（中略）人生まさに二十八歳、冬は南仏カンヌのホテル・マヂェスチック、夏はドービルのホテル・ノルマンディーと王者も及ばぬ豪華な生活をしたが、それをそしる者はそしれである。仏蘭西で俗に云う Noblesse oblige で、その間に自分の得た国際的知己交友の尊さを思い併せて、私には悔ゆるところは少しもなかったのである」（「半生の夢」『せ・し・ぼん』）

そう、老残のハゲおやじとなって無一文で日本に戻っても、治郎八はまったく悔いていなかったのである。

こうした治郎八の、ある意味、居直り的ともいえる「潔さ」が遺憾なく発揮されたのは、金鉱採掘計画のために滞在していたタイで罹患した肝炎治療のために帰国・滞在していた箱根小涌谷の別荘でドイツ軍のポーランド侵攻を聞いたときのことだった。

「私が附添いの仏蘭西婦人を巴里に発たして間もなく、かねて予期した欧州第二次大戦の火蓋が切られた。巴里大学都市全体が仏軍に徴発され、佐藤日本会館長は既に荷物をまとめて巴里を引揚げたとの報道が伝えられた。オノラ総裁からは事態急迫至急帰巴をうながす飛行便がとどいた。

私はこの危機をどんな事情があっても傍観してはいられぬ。畳のうえで犬死は出来ぬ。切っても切れぬ関係のある仏蘭西、また少年期を育んでくれた英吉利のこの一大危機にあたって、帰欧は当然の義務である」（同書）

薩摩治郎八の生涯を概観して、一番、私が偉大だと思うのは、じつは、パリでの豪遊でもなく、また日本館の建設でもなく、この第二次大戦が始まってからのフランスへの「帰国」である。なぜなら、豪遊も日本館建設も、治郎八と同じくらいあるいはそれ以上に資産のある人間がいればかならずしも不可能ではないが、ドイツと開戦したばかりのフランスにあえて戻るという「暴挙」は金ではなく「愛」がなければ絶対にできない相談だからである。それは、フランス大好き、自分はフランスと結婚したとまで言い切っていたフランスかぶれの連中が大使館の勧告を受けて帰国船に乗ったのとはあまりに対照的であった。

治郎八研究者の一部には、この突然のフランス「帰国」を、治郎八の主張するような「大義」や「愛」のためではなく、フランスに置いてきた愛人と再会するためだったというものもいるが、それは欲得ずくでしかものを考えることのできない人間の下種の勘ぐりであり、治郎八のような損得勘定の物差しが普通の人間とはズレているスーパーお坊ちゃまには適用できないのである。

しかし、フランス「帰国」の意志が固まり、長野県富士見高原のサナトリウムに入院していた妻・千代子にもそのことは伝えて賛同を得たが、なにせ状況が状況である。旅券を発行してもらうにはよほど特別な事情を考え出さなければならない。

しかし、一度こうと決めたら治郎八はテコでも動かない一面をもっている。さいわい、外務省には旧知の鈴木九萬がいた。この鈴木と千代子の叔父である宮内大臣・松平恒雄のサジェスチョンにより、治郎八は日本館の修繕と留学生援助を目的として外貨購入（通貨持ちだし）と旅券発行の許可を大蔵省と外務省に申請する。だが、時局緊迫により、許可は下りない。そこで治郎八は究極の奥の手を考え出した。在日フランス大使館と相談して、次のような方法で外貨を捻り出したのである。

すなわち、東京にあるフランス政府管理下の日仏会館の維持費として、戦争が続くあいだ、治郎八が年間三万フラン（とりあえず二年で六万フラン）を支払う替わりに、フランス外務省はパリの治郎八に同額の費用を支給する。ただし、治郎八はパリ国際大学都市日本館の維持管理に無償で携わらなければならない、云々。

では、東京日仏会館の維持費六万フランはどこから出たのか？　当然、薩摩家である。つまり、治郎八は薩摩家に最後に残った資産を担保にして、外貨をフランス政府から引き出すことに成功したのである。実家よりパリ日本館が大事と思いたい、である。

このように、あらゆる困難をくぐり抜けて旅券を獲得し、十一月十六日、治郎八は横浜からフランス郵船アンドレ・ルボン号に乗船した。翌日、アンドレ・ルボン号は神戸を解纜し、一路、フランスを目指した。

日本船を使えば中立国の船ということで道中危険はなかったが、それではナチス共鳴者の軍人や外交官と同船してしまうと考え、Uボートに撃沈される危険のあるフランス郵船をあえて選んだのである。それはともかく、治郎八は帰国する多くの日本人たちと反対に一九三九年十二月二十九日、無事フランスの土を踏み、パリ行きの列車に飛び乗った。
だが、日本館は閉鎖されていて、治郎八がなすべき仕事はすでになかった。強いていえば、フランス政府給費留学生の援助だったが、大半の留学生は日本大使館の勧告に従ってボルドーから九月十日に鹿島丸に乗船し大西洋経由で帰国していた。もっとも、この年にもフランス政府給費留学生は五人（笹森猛正、加藤美雄、井上正雄、片岡美智、湯浅年子）いたので、彼らの面倒を見るという仕事は残されていたが、到着は一カ月先だったから、とりあえず、治郎八は南仏に赴いて病気の治療に専念することにした。まだ、ドイツが東部戦線に集中してフランスを攻撃しなかったため、銃後では「奇妙な戦争」と呼ばれる平和が続き、鉄道も平時と変わらず運行されていたのである。

「私はオノラ総裁をはじめ、仏外務省文化事業局長マルクス氏やピラ氏その他要路の人々に面会して、相談の上日本会館残留財産一切を本部国立財団の保護管理下に置き、病気静養のため南仏カンヌに転地した」（同書）

カンヌ転地の方が先か後かはわからないが、治郎八は一九四〇年一月三十一日に前日マルセーユに到着した笹森猛正、加藤美雄、片岡美智と面会している。この出会いについては加藤美雄が『わたしのフランス物語』（編集工房ノア　平成四年）という回想録にこんな風に書いている。

すなわち、一月三十日に三人がマルセーユの港に着くと、治郎八から遣わされたという日本郵船の職員が出迎えにきており、三人をタクシーに乗せてオテル・ド・ジュネーヴに連れていってくれた。翌朝、治郎八が宿泊しているオテル・カヌビエールに行くと、そこに治郎八がいたのである。
「薩摩氏がホテルの階下にきておられることを知る。七時に降りて別れの挨拶をする」（同書）
かくのごとく、治郎八は、自分が私財を投じて建設したパリ国際大学都市日本館の主たる客である日本人留学生に対してはじつにこまやかな配慮をしたのである。
だが、それを除くと、南仏においても治郎八に当面の「仕事」はないに等しかった。頼りにしていたパリ国際大学都市総裁オノラは上院議員でもあったが、ペタン元帥への信任投票のさいに棄権して上院議員を辞職し、ニースにいる治郎八のもとにまで足を運んでから、夫婦で郷里の山中に隠棲してしまった。だから、オノラの手紙を日本で受け取るとすぐ、堅忍不抜の精神で困難を乗り越え、遠路はるばるフランスにまでやってきたにもかかわらず、治郎八の果たすべき役割はもうなくなっていたのである。
だが、それはあくまで外面的なこと。治郎八自身の内面的観点から眺めると、仕事や役割はいくらでもあったのである。ではその仕事や役割とは何か？
「自分は、総裁の決断を予期していたが、この会談の結果、自分自身の対ヴィシー政権の態度を確定した。我々は、あくまでも当初の理想貫徹のために、国境を越えた自由博愛民族独立精神のため闘う決意を、無言裡に誓かったのである」（薩摩治郎八『巴里・女・戦争』同光社　昭和二十九年）
冗談ではなく、これがドイツ占領下のフランスにおいて治郎八が己の天命と信じた義務だったのである。

そう、デイリー・プラネット社で新聞記者として働きながら悪と闘うためにスーパーマンとなったクラーク・ケントのように、治郎八はニースのアパルトマンに逼塞しながら、「国境を越えた自由博愛民族独立精神のため」、ドイツ軍という絶対悪と戦い、虐げられた人々を彼らの毒牙から守ろうと日夜努力していたのである。

具体的には、それはドイツ軍の占領とペタン元帥の対独協力政府樹立で窮地に陥った人々を自分が培った人脈を使って救い出すという義俠的なボランティア活動となって現れた。少なくとも戦後に書かれた『巴里・女・戦争』を虚心坦懐に読めばそういうことになる。

たとえば、治郎八がアルプス山麓の避暑地メジェーヴにいた一九四三年夏、パリはロワイヤル通りの服飾品店店主であるイギリス人ジミー・クリードが、ドイツの警察（ゲシュタポ）に逮捕され収容所送りとなりそうになったとき、ドイツ軍南方方面軍司令官ニエホフ中将との間に築いていたコネを使って間一髪のところで救い出すエピソードなどはその典型である。このクリード救出作戦には、ドイツ人の愛人となっている謎のフランス人秘書とのラブ・アフェアーや007風の活劇まで書き込まれていてにぎやかな限りだが、治郎八当人の言葉を信じるなら、「小説どころの生やさしい話」ではなく全部本当にあったことらしい。

また、ドイツ軍が撤退し、勝ち誇るレジスタンスによって対独協力者狩りが行われたときにも、治郎八は己の義務として義俠的な活動に励むことになる。その中には、日本政府のベルリン引き揚げ命令を無視して最後までパリに残っていた日本人も含まれていた。

「自分は、ホスマン通りの地下室に投げ込まれてしまった数名の救出を、オノラ総裁に嘆願した。

人道的見地から見ても、解放者の名誉にはならぬ監禁手段だと、オノラ総裁は日仏協会総裁の名をもって、老軀を杖に頼って軍保安庁に出頭し、釈放を忠告した。この総裁の証言によって、数名の日本人が命辛々再び日の目をみたが、反抗団員の一群は憤激して、総裁の自邸に押し寄せた。が、オノラ氏の地位や、反抗運動に対する支持をきかされて、二の句もつげず引揚げた」(同書)

こうした治郎八の奔走によって、ドランシーの収容所から救い出された日本人にパリ在住の洋画の大家・斎藤豊作と版画家の長谷川潔がいた。

治郎八の言を信じるなら、斎藤豊作は、長男がドイツ人女性と結婚し、大使館のベルリン引揚げに同行してしまったことが原因だったらしい。

一方、長谷川潔はというと、モンルージュのアトリエが近隣住民によって襲撃され、一家は床下に隠れて辛うじて難を逃れたが、占領下での長谷川夫人(フランス人)の言動がたたったのか、それとも嫉妬による垂れ込みがあったのか、ドランシーに収容されるはめに陥ったのである。

しかし、いかにフランス人の間に溶け込んでいるとはいえ、治郎八もれっきとした日本人。ゆえに治郎八がいかなる人物かを知らないレジスタンスの連中から見たら、日本人というだけで十分嫌疑の対象になるはずではないかと思うが、やはり、その心配は当たっていた。

「自分がある朝、同胞救出を考えていると、扉の呼鈴が激しく鳴り出した。扉を開くと、二人の若者が検察庁の刑事だと名乗って面会を求めた。当時の巴里には、無数の反抗団体や愛国団体が存在していて、政治色彩の濃い過激な分子の手に落ちたらば、ほとんど絶望的な判決を下される危険性があった」(同書)

二人の刑事は拘引状も提示したので、治郎八は彼らに従って検察庁に出頭した。尋問が始まった。

「『何か仏蘭西に対して犯した犯罪の覚えがありますか』

と、型のような氏名職業年齢の訊問後、若い判事が自分に質問した。

『自分の犯した大罪があったとしたら、仏蘭西を愛し過ぎたと言う一言につきましょう』

と、自分の視線が判事の眼光と出会した瞬間、

『私もそう信じたいのですが。職務上、或る密告に就いて取調べる必要があるのです。では、貴下はこれ以上何等の弁明の必要を認められませんね』と、彼は言った」（同書）

この部分は『巴里・女・戦争』全編のハイライトであると同時に、戦後、日本に帰ってきて数冊の著作を上梓した治郎八が声を大にして主張したかった心情なのだろう。そう、フランスを愛し過ぎたことが自分の罪であるのだと。

このように、愛しぬいたフランスと、いわば心中したようなつもりでいた治郎八だが、戦後のフランスは治郎八にとってかならずしも居心地のいい場所ではなかった。

まず、日本との音信が途絶えたため、治郎八の唯一の財源である父・治兵衛の財布が使えなくなったことが大きい。一九三九年にフランスに「帰国」して以来、治郎八は父に無心を続け、かなりの金額を送ってもらったはずだが、太平洋戦争の勃発でそれも不可能になり、戦後も同じ状況が続いたからだ。おそらく、持ち物を売り食いして糊口の資を得ていたのだろうが、最後にはそれも尽きた。

しかし、もっとつらかったのは、戦後、荒廃した日本館の姿を目の当たりに見せられたことだろう。といっても、ドイツ軍が日本館に乱暴狼藉を働いたというのではない。ドイツ軍は至って紳士的で、日本館が荒らされるということはなかった。被害が出たのは、戦後進駐したアメリカ軍が国際大学都市を接収してからのことである。

「米軍は巴里大学都市を徴発した。そして、米兵は都市内の各国会館の家具調度品をも掠奪した。友邦軍、解放軍に対して、都市当局者達は勿論掠奪行為等は予期してなかったので、何等の対策を下す暇なく、この国際都市の財産は、解放軍の手によって掠奪されて了った」（同書）

佐藤尚武前館長の残していった備品や治郎八本人の私有財産も大きな被害を受けた。これは、「日本館こそ我が命」だった治郎八にとっては大きなショックだった。

解放の興奮が去った後のパリでは、共産党がレジスタンスを錦の御旗にして我が物顔に闊歩していたが大衆的な支持は得られず、ド・ゴールもまた長く政権に留まることはできなかった。長かったドイツ占領の影響で、産業は決定的な打撃を被り、回復には時間がかかったのである。フランスは戦勝国であったにもかかわらず、生活水準は敗戦国並のレベルに落ち込んでいた。

そんな中で映画館で上映されるアメリカのニュース・フィルムは、民主化なった再生日本の現状を伝えようとしていたが、治郎八の目には、進駐軍将校のアンパイヤーのもとに野球をしている国会議員チームも、テニスに興じる天皇一家も、異様なものとして映ったようである。

しかし、治郎八にとってどうしても看過出来なかったのは、日仏混血の作家キク・ヤマタ（山田菊）が日本から帰国した直後に発表した特別ルポだった。キク・ヤマタは日本をボロクソにやつつけ、占領軍の政策を絶賛する記事を書いたのである。
治郎八はこのキク・ヤマタの記事に憤慨し、それに対抗せんと、「破かれたキモノ」という小説を書き始めた。この小説が発表されるか、あるいはラジオ放送されるかしたら、フランス人が日本を見る目も変わるだろうというのが治郎八の考えだったが、その目論見は甘かった。どこの出版社からも出版を拒否され、わずかにガリ版刷りの冊子がクロード・ファレルの序文つきで関係者に配られただけだったからである。読んでみると、たしかに出版のレベルには達していない。
一九五〇年、五年の間、国際社会から締め出されていた日本にようやく国際舞台に出るチャンスが巡ってきた。フィレンツェで開かれたユネスコ総会である。この会議に出席した外務省の鈴木九萬がパリにやってきたので、治郎八は鈴木をつれて病床にあるオノラ総裁を見舞った。オノラはその数日後に永眠した。
このオノラの死が、治郎八に日本帰国を決意させる契機となった。
「半生の精神的父親であり、協力者であったオノラ長老の永眠は、自分にとって精神的打撃以上の不幸であった。（中略）
オノラ長老は、自分の基督であった。そして、自分は彼の使徒の精神で二十五年の歳月を共にした。（中略）
自分は、オノラの死によって自分の公的生活の終止符を打ったと直感した」（同書）
治郎八が最終的に帰国を決意した瞬間であった。オノラ亡き後では、パリ国際大学都市日本館を通じて日仏親善に生涯を捧げようと誓った決意も潰えてしまったのである。ユネスコに職を得ようとしたこともあったらしいが、それもかなわなかった。

こうして、治郎八は一九五一年四月十三日、フランス郵船ラ・マルセイエーズ号上の人となったのである。

日本の土を踏んだ治郎八は、その晩は横浜のホテルニューグランドあたりで一泊し、次の日に一家の資産としてわずかに残されていた箱根小涌谷の別荘に帰りついたのだろう。薩摩家の膨大な財産のうち、来日したフランスの賓客たちをもてなした神田駿河台の邸宅「ヴィラ・ド・モン・キャプリス」は戦前にすでに処分され、薩摩商店の閉鎖以後に両親が隠棲していた大邸宅も一九五〇年九月に売却されていた。

箱根小涌谷の別荘は一九一五年に購入したもので、父・治兵衛が一九五八年に死去したとき、相続した治郎八が売りに出したが、これを『サザエさん』の漫画家・長谷川町子が購入している。

それはさておき、公的に帰国を告げたわけではないのに、「蕩児の帰宅」はいち早く新聞・雑誌に嗅ぎ付けられ、取材希望が殺到したようである。

機先を制したのは新潮社だった。

まず、『芸術新潮』一九五一年八月号に「帰朝放談」というパリの美術界の状況を伝えるエッセイが載り、ついで『新潮』九月号に「半生の夢」と題した自伝が掲載された。

さらに、『芸術新潮』十一月号には徳川夢声がホスト役を務める「芸林漫歩対談」の十回目ゲストとして治郎八が呼ばれ「薩摩治郎八素描」というタイトルで、パリの美術界を巡る対話が載った。この「薩摩治郎八素描」には、対談中に撮影された写真が掲げられているが、それをみると、頭はすっかりはげあがっているが、対談の内容に見合うような精気が感じられ、治郎八が復活したことを告げていた。

もっとも、これ以後、治郎八がペンで活躍する舞台は、『新潮』や『芸術新潮』のような一流の文芸雑誌・美術雑誌ではなく、いわゆる軟派系のジャーナリズムに限られるようになる。

では、新潮社は、帰国した治郎八にいちはやく目をつけて自伝や美術界情報を書かせながら、その後には執筆の機会を与えなかったのはなぜなのだろう。

これは推測だが、『新潮』への登場は河盛好蔵のサジェスチョンによるものではないかと思われる。

戦後、一九四五年十一月に『新潮』が斎藤十一によって再出発したさい、河盛好蔵は編集顧問という肩書でこれに加わり、坂口安吾『堕落論』、太宰治『斜陽』など戦後文学史に燦然と輝く作品を、戦前に培った仏文系人脈を介して掲載することに成功したが、『新潮』『芸術新潮』への治郎八の起用もこのラインに乗ったものではなかったか？　河盛好蔵は一九四九年に旧文理大が改組して東京教育大学としてスタートしたときには教授として就任していたが、依然として顧問としてアイディアを提供し続けていたからだ。

つまり、河盛は治郎八と同じ時期にパリに滞在し、その豪遊ぶりについてはつとに聞き及んでいたので、希代の蕩児が十二年ぶりに帰国し、小涌谷に逼塞していると聞けば、早く手回しして面白い話を聞けと指令を出したものと思われる。東大系のフランス文学者と違って、河盛のジャーナリストとしての嗅覚は抜群に鋭かったので、編集部に治郎八の「囲いこみ」を命じたにちがいない。

その知らせは、同じく仏文系である獅子文六にもすぐに伝わった。『但馬太郎治伝』には、次のように書かれている。

「その家［小涌谷別荘］へ、新潮社のK君が、原稿を頼みに行ったのである。太郎治は、依頼の筋を、簡単に快諾したそうである。

きっと、彼も、書きたかったのだろう。書くことが、働くことだと、考えたのかも知れない。

とにかく、彼は〝わが半生の夢〟を書いた。（中略）

〝わが半生の夢〟は、私にとって、面白い読物だったが、文学的に優れた作品とは思えなかった。タドタドしい日本語で書いたと、筆者は断ってるけれど、むしろ、ジャーナリスチックな文章で、稚拙《ちせつ》の妙味はなかった。また、記述に精粗や前後があって、事実の捕捉《ほそく》に困難を感じさせた。それは、太郎治が日本語でものを書くのに、慣れないからで、〝新潮〟から与えられた枚数や期限が自由だったら、彼も、もっとマシなものを、書いたかも知れない。

それにしても、私はそれを愛読した」

『新潮』編集部の反応も、この獅子文六の感想と大同小異だったのだろう。

つまり、内容はさておき、文章が『新潮』のレベルには達していなかったのである。実際、『新潮』掲載の「半生の夢」（百三十枚足らず）と、新潮社原稿用紙に書かれた手書き原稿百九十九枚を比較検討した小林茂は「半生の夢」は編集部の指示で書き直され、短縮改稿されたと指摘している。つまり、自伝の執筆を依頼したものの、この内容では困ると改稿を命じたにちがいない。

事実、この後、「半生の夢」を最後に、治郎八が『新潮』および他の文芸雑誌に執筆することはなくなる。

だが、それはあくまで文芸雑誌レベルのことであり、戦後雨後の竹の子のように誕生した大衆ジャーナリズムはそうは判断しなかった。「半生の夢」の文章の稚拙さや気取りはどうでもよく、「書かれていること」が大衆の興味を引くと見なしたのである。

それというのも、一九五〇年代の前半から、朝鮮戦争や冷戦の激化にともない、ジャーナリズムでは「アメリカ礼讃」ブームは影を潜め、その反動としてフランスがにわかに注目を浴びていたからである。昭和十年代に大衆の広範な層にまで浸透していたフランス熱がぶり返したのだ。

それを知りたければ、この時代に撮影された現代風俗映画を見るにしくはない。町の美容院は「モン・パリ」「シェ・モワ」であり、地方都市のキャバレーは「ムーラン・ルージュ」であり「シャ・ノワール」であった。フランスにイカレていたのはサルトル、カミュの著作を聖書のように仰ぐ文学青年だけではなく、雑誌『平凡』『明星』を愛読誌とするような大衆もまた同じだったのである。

この一九五〇年代のフランス・フィーバーを支えたのが、一九二〇年代から三〇年代にかけてフランスに遊んだ渡辺紳一郎、松尾邦之助、高橋邦太郎、福島慶子、高木東六といったモダン・ボーイ（ガール）たちだった。彼らはＮＨＫ職員だった高橋邦太郎の引きでラジオの人気番組だった『話の泉』『とんち教室』『二十の扉』などの常連出演者となると同時に、カストリ雑誌の流れを汲む『笑の泉』『100万人のよる』などの軟派雑誌、あるいはタブロイド判の夕刊紙『毎夕新聞』の「随筆欄」に執筆し、パリ風俗についての蘊蓄を傾けた。すなわち、衣食住から性生活までの多岐に渡る雑学で、オート・クチュールとプレタ・ポルテ、ボルドーとブルゴーニュの区別も知らない大衆を幻惑し、フランス文化への憧憬をかきたてたのである。

薩摩治郎八はこうした文脈において大歓迎された。なぜなら、いかにパリ通を気取ろうと、所詮はカルチエ・ラタンの安ホテルに滞在して、大衆的レストランで安ワインを飲んでいたにすぎない貧乏留学生と比べて、治郎八の知るフランスは「格」が違っていたからだ。極論すれば、治郎八はパリ経験者の中の「別格」としてジャーナリズムに迎えられたのである。

あるいはこの「別格」待遇が、治郎八にそれなりの対応を用意させることになったのかもしれない。つまり、ジャーナリズムが治郎八に期待するような返事を治郎八が前もって考えだし、相手の気にいるように潤色してしまうのである。こうした傾向が治郎八になかったとは言い難い。とりわけ、記者がこのような方向で記事を書きたいと決めてくるときには、治郎八自身の傾向とあいまって誇張が増幅されたのだろう。

その典型的な例は、既にふれた、薩摩治郎八研究において、かならず疑問視されるアラビアのロレンスとの邂逅、およびフランス外人部隊への入隊である。

小林茂は、この二つについて『薩摩治郎八　パリ日本館こそわがいのち』（ミネルヴァ書房平成二十二年）で次のように述べている。

「治郎八は夢想する人である。かくありたしと、夢見る。その通りになることもあった。そうはならなかったこともあるだろう。後になって、かく成りえたかもしれない、そう述懐することもある」(ロレンスとの邂逅について)

「これもまた治郎八の夢想を何がしか反映していると考えてよいのであろう。ありえたかもしれない自らの姿が、そこに浮かび出てくるといったように。しかも、他人にそのように見えている自らの姿に気づくとき、その姿に自らをなぞらえてしまうという傾向が、治郎八にはある」(外人部隊入隊について)

小林はさらに終章において、次のようにさえ言い切るのである。

「この時期の、虚実とりまぜたと言っていい文章から、人々は快男児像を空想し、大衆雑誌がこれを増幅した。治郎八自身も、ある意味で無責任になれる談話などで、放言をすることもあった。人々が誤解しても、それが人々のよろこぶことであれば、あえて訂正もしなかった。そうして遊蕩的快男児伝説が生まれた。

自分がどのように見られているか、どのような読み物の提供を求められているかを、治郎八は理解していたから、伝説は育っていった。孤独な熱情家は忘れられ、金満の冒険家が残った」

なるほど、伝説の多くがそうであるように、治郎八伝説も、治郎八自身と大衆ジャーナリズムとのスパイラル的共作によって生み出されたという事実は否定できないだろう。

だが、治郎八の著作や談話を数限りなく読んできた印象からいうと、治郎八には誇張癖や時空間の混同癖はあったかもしれないが、虚言癖があったとはどうしても思えないのである。つまり、なかったことをあったと捏造し、会っていない人と会ったと言い張るような「創作的な虚言癖」

は治郎八にはなかったと見た方がいい。ロレンスとの邂逅にしろ外人部隊入隊にしろ、あるいはパリやカンヌ、ニースでの豪遊にしろ、真実の数倍の誇張はあったにしろ、証言の核の部分では嘘は言っていないという印象を受けるのだ。

さて、話がいささか横道にそれた。ナレーションを元に戻し、帰国した治郎八が軟派ジャーナリズムの人気者になっていったというあたりから再度語り始めることにしよう。

というのも、治郎八は、ジャーナリズムでそれなりに活躍しながら、どうも自分のいる場所はここではないと考えていた節があるからだ。

では、治郎八にとって、自分のいる場所とはどこなのか？

いうまでもなくパリである。パリ以外には本来の居場所はなかったのだ。

だが、完全に無一文になって日本に舞い戻った治郎八にとって、フランスに再渡航する道は完全に閉ざされていた。

しからば、治郎八が日本で足を向けた先はどこだろう？

進駐軍が和光や松屋をＰＸとして接収していた銀座だろうか？　まさか。フランスを愛し過ぎた治郎八はアメリカが大嫌いだったからである。

では全盛の新宿だろうか？　猥雑すぎて治郎八の趣味には合わない。

というわけで、最後に残ったのが浅草である。戦後の治郎八は浅草の中に「プチ・パリ」を見いだし、久々に水を得た魚のようにこの環境の中で泳ぎ出した。なかでも、浅草座、カジノ座などのレビュー小屋、ストリップ小屋が立ち並ぶ六区は彼が晩年に最も足繁く通う場所となった。

治郎八はお茶の水の山の手育ちだが、幼いときには商家出身の祖母ヒサに溺愛され、その下町的感性が幾分かは遺伝子的に残っていたのだろう。しかし、治郎八が浅草を好んだのは、ここが愛し過ぎたパリの中でもことのほか偏愛したモンマルトルを髣髴とさせたからである。

『巴里・女・戦争』の最後、敬愛してやまないオノラに先立たれた治郎八が、オノラのアパルトマンのあったル・ペルティエ通りからモンマルトルのピガール広場へと通じる裏道を散策した頃の思い出を回想している場面がある。ここは、いつもの粗い文体とは違ってなかなか読ませる。

「自分は、オノラ氏のアパートを出てフォブール・モンマルトルに抜けて、モンマルトルの登り坂道を上って、ピガール広場に出るのを自分の夜の日課としていた。(中略)

自分は、夜の巴里の吐息をこの通路で呼吸した。春雨の煙るアスファルトの光る歩道で、雨外套のゴムの匂いに混じった口紅や、煙草の青ざめた匂い、街娼の漂わせる黒水仙の強烈な香り、夏の夜のグードロンの激臭、冬の夜の焼栗、コーヒーの芳香。しかし秋の更けて行く頃、木枯が街燈の蔭からのぞく女の熱っぽい瞳を吹き過ぎる瞬間の感傷程親しいものはない。

巴里の下町と自分とは離れ難い憂愁と快楽の詩で結ばれている」

おそらく、治郎八は戦後の浅草に、こうしたモンマルトルの裏町の雰囲気を発見し、その中に沈潜しようと考えたにちがいない。

「パリから戻り東京で落付けそうな場所はと考えぬいたアゲク、浅草は松葉町にアパートの一室を借りた。手提カバン一個の気楽さで私の浅草放浪記の幕がキッて落とされた」(「女のナワバリ争い」『なんじゃもんじゃ』)

この松葉町のアパートから治郎八は六区のレビュー小屋やストリップ小屋に日参し、楽屋にも入り浸る常連さんとなる。

後半生の伴侶となる真鍋利子と出会ったのは毎日のように通っていた浅草座の楽屋だった。『なんじゃもんじゃ』の裏表紙の写真にあるようなソフトをかぶり、薄いサングラスを掛け、アスコットタイを締めた粋なスタイルで楽屋に姿を現した治郎八は、踊子たちと気軽に会話を交わし、懐具合がいいときには踊子たちと国際通りの洋食屋アルプスに出掛けては気前よく奢ってやるのを常としていた。

「利子はみんなの後ろに居る方だったが、フランス映画の話をして、ザザ・ガボールの名を口にしたのが、治郎八が利子に関心を持ったはじめであったと、憶えている。それからしばしば同僚のもう一人と二人だけを誘うようになり、鰻や蕎麦が差し入れられ、付文《つけぶみ》がついてきたりするようになった」（小林茂　前掲書）

小林の本によると、真鍋利子は一九三一年生まれで、一九四八年に徳島高等女学校を卒業。舞踏にあこがれて地元の女性歌劇団に入り、「秋月ひとみ」という芸名を名乗ったが、歌劇団が解散したため大阪に上ってショウ劇団に入り、一九五四年に東京に出て日劇ミュージックホールの舞台に上り、浅草座にも出演するようになったという。

やがて交際を深めた二人は、利子の徳島の両親の了承も取り付けて、一九五六年四月十三日に結婚。治郎八、五十五歳、利子は二十五歳という三十歳違いの夫婦だった。最初は戸越銀座の利子のアパートに同居したが、一九五八年からは自由が丘に転居した。

利子はこの自由が丘のアパートから緑が丘の洋裁学園に通い、治郎八は執筆にいそしんだが、この時期の二人の生活が安定していたのは、どうやら、日本自転車振興会から顧問料のようなかたちで一定の金額が支払われていたためらしい。

では、日本自転車振興会と治郎八の間にいかなる接点があったのか？

村上紀史郎『「バロン・サツマ」と呼ばれた男　薩摩治郎八とその時代』（藤原書店　平成二十一年）には次のようにある。

「『競輪二十年史』によると一九五五年八月ごろ、かつてパリに住んだり、遊んだりしたことのある外交官や経済人、作家、文化人などで作られた『巴里会の薩摩次《ママ》郎八、岸田虎二（国士の弟で俳優・岸田森の父）の両氏から』『日仏交歓自転車競技の企画が持ちこまれた』という」

この提案を受けて、日本競輪選手会で渉外に当たったのが、元競輪選手で当時選手会の事業担当常務をしていた三十歳の加藤一だった。

加藤は後に治郎八の勧めもあってフランスに渡り、彼の地で画家として大成することになるが、その加藤が書き記した自伝『風に描く　自転車と絵画』（文芸春秋　昭和六十二年）によると、フランス側との交渉は、日仏の自転車競技の形態の違いや国際自転車競技連合（ＵＣＩ）の規定などのために難航し、乗り越えなければならない多くの障害があったが、そのさい、加藤はあらためて治郎八の人脈と信用の確かさを思い知ったという。

「バロン・薩摩のフランスにおける信用はやはり噂どおりだった。途中の経緯は省略するが、昭和三十二年五月に、前記のセザールＵＣＩ事務局長が来日、箱根宮ノ下のホテルに氏を招き、薩

摩氏と私は三人で話合いをもったのだ。この会談の後、関係者が集まり日仏親善競技開催の正式調印が行われた。（中略）

セザール氏を羽田に見送った日の夜、西銀座のバーで私と薩摩氏は、二人だけで杯をあげた。〝こんなにうまくいくとは思わなかったな〟とぽつりともらした彼の言葉にはひどく実感がこもっていたことを思いだす」

日仏交歓自転車競技は、戦争で果たせなかったオノラの理想を戦後に治郎八がささやかなかたちで実現したものだったにちがいない。

こうして、新しい伴侶を得て、ようやく日本での生活も安定したかに見えた一九五九年夏、利子の郷里・徳島で阿波踊りを見ようと徳島を訪れた治郎八は、地元テレビ局中継にゲスト出演し、『徳島新聞』のために感想を綴った後の八月二十二日、突如、脳溢血で倒れ、そのまま利子の実家のある徳島市佐古町で治療を続けるほかなくなった。以後、治郎八は一九七六年に死去するまで徳島にとどまることとなる。

その間、花の都パリやニースでフランス人の度肝を抜くようなハイライフを送った日本人バロン薩摩の伝説はひとり歩きして、徐々にマスコミの注目を引くようになっていった。治郎八も脳溢血の後遺症から回復すると、ときに徳島まで押しかけてくるインタヴュアーに気軽に思い出を語るようになる。

そんな一人に徳島出身の新進の女流作家・瀬戸内晴美（後の寂聴）がいた。瀬戸内は会った瞬間に、作家の勘で治郎八の本質を瞬間的に見抜いたようだった。

「肥っていることが美しく見える初老の紳士だった。紳士ということばを自然に思いださせる雰囲気が、軀全体から滲みだしていた」

とくに瀬戸内が注目したのは、そのむっちりとした手と指だった。

「生涯、肉体労働とは無縁に生まれてきた人しか持つことの出来ない、ある傲慢さとひ弱さを、同居させている掌だった」

瀬戸内はパリで加藤一から聞いた話などをまとめて『新潮』一九六六年二月号に「ゆきてかえらぬ」というタイトルで短編を発表した。これが呼び水となったのか、翌年には獅子文六のモデル小説『但馬太郎治伝』が四月から『読売新聞』に連載され、治郎八伝説は決定的な段階に入ったのである。

こうした治郎八復活の噂はフランスにも伝わっていたようである。まず一九六五年二月十日、フランス政府から芸術文芸勲章授章の知らせが届き、ついで一九六六年の春には授章式への招待状が送られてきた。もちろん、旅費滞在費はフランス政府持ちである。結婚以来、利子を連れてフランスに行き、自分の歩いた土地を見せてやることが治郎八の夢だったが、ついにこの夢がかなえられたのである。

夫妻は一九六六年九月十五日、フランス郵船カンボージュ号でフランスへと旅立った。

利子は夫から聞かされた嘘のような話がみんな本当であることを知って驚いた。治郎八はオノラ未亡人や加藤一と再会し、タイの金鉱採掘を企てた山師仲間のロベール・ジラールや、戦時中にゲシュタポから救出したクリードとも旧交を暖めた。

一九六九年、夫妻はフランス外務省からもう一度招待を受けた。今度もフランス郵船を利用したが、八月一日に乗り込んだラオス号は奇しくもフランス郵船最後の客船であった。同時にこれが最後の治郎八のフランスへの旅となったのである。

1967年船で帰国する治郎八と利子。薩摩遺品。

一九七六年二月二十二日、一代の蕩児・薩摩治郎八は、利子が購入した東吉野町の家で七十四歳の生涯を閉じた。利子は治郎八が愛したシャトー・マルゴーで唇をしめらせ、エルメスのネクタイ、ダンヒルのパイプなど愛用の品々を棺に納めた。命日は、猫をこよなく愛し、J・G・シャノワールをペンネームとした治郎八にちなんで黒猫忌と名付けられた。

日本で暮らした晩年の四半世紀は、フランスをあまりにも愛し過ぎた日本人に天が下した罰だったのだろうか？

いや、そんなはずはない。パリが一番輝いていた時代に最高に贅沢な青春を送ることのできた治郎八ほどの果報者はどこをさがしてもいないのだから。

あとがき

本書は雑誌『ＢＲＩＯ』の二〇〇五年十月号から二〇〇九年二月号まで連載された「薩摩治郎八伝　『バロン』と呼ばれた日本人」に『考える人』二〇一一年春号掲載の「バロン薩摩の『わが青春に悔いなし』」を加えて一巻とした本である。薩摩治郎八に興味を抱いたきっかけは、一九九八年十月から徳島県立近代美術館ほかで連続開催された「薩摩治郎八と巴里の日本人画家たち」展に際して企画された『芸術新潮』一九九八年十二月号の「特集　パトロン道を究めた男　薩摩治郎八のせ・し・ぼん人生」に「蜃気楼を追いつづけた男　薩摩治郎八が失くしたものと残したもの」と題した小伝を寄稿したことにある。その時、なぜかこの謎に満ちた人物には批評的な伝記というものが存在しないことに気づき、ひとつこれに挑戦してみるかという気になった。願いは七年後に『ＢＲＩＯ』で連載を開始することで実現の運びとなったが、いざ取り掛かってみると困難さに悲鳴を上げる結果となった。証言の「裏」を取るのがこれほど大変な人物に出会ったことがなかったからである。

それゆえ、二年完結予定の連載が三年以上に渡ることになったが、最後のツメに入ろうとしていたときリーマン・ショックで『ＢＲＩＯ』の調子がおかしくなり連載も二〇〇八年の暮れに四十一回の原稿を渡したところで中途半端な終わりを余儀なくされた。今にして思えば、このときに一気呵成に残りを書き上げておけばよかったのだが、生来の怠け癖が原因となって単行本化の努力を怠っていたところ、二〇〇九年二月にまず村上紀史郎氏が『「バロン・サツマ」と呼ばれた男　薩摩治郎八とその時代』（藤原書店）を、ついで二〇一〇年十月には小林茂氏が『薩摩治郎八　パリ日本館こそわがいのち』（ミネルヴァ書房）をそれぞれ刊行された。いずれも厳密な資料に基づいた篤実な伝記であり、とりわけ後者は私にはアクセスできなかった書簡や未刊草稿にまで当たった画期的な本で、教えられるところが大きかった。

ただ、私としては微妙な立場に置かれることとなった。「先行研究」だったはずのものが「後行研究」となってしまったからである。そのため、連載原稿のオリジナリティについて様々な考えを巡らしたが、結論として、これはこれで出版するだけの価値はあると思い返したところ、新潮社の庄司一郎さんから「新潮選書」の一冊として出さないかというありがたい申し出を受けたので、渡りに舟と応じることにした。その際には、村上氏と小林氏の著作を参照し、誤記を正すように務めたが、記述は出来る限り連載時の状態を保つようにした。ライブ感を大切にしたかったからである。

最後になったが、原稿に目を通していただき貴重なアドバイスをくださった薩摩利子夫人、驚くべき執念で薩摩治郎八関連の文献を調査され、そのコピーを送ってくださった埼玉県桶川市役所・市民生活部副参事兼自治文化課長の新井清司さん、新潮社選書編集部の庄司一郎さんにこの場をお借りして心よりの感謝の気持ちをお伝えしたい。

二〇一一年十一月一日

鹿島茂

薩摩治郎八単行本著作リスト（一部所収も含む）

1．『銀絲集　薩摩治郎八歌集　第一』：薩摩治郎八（私家版：巴里）：1922《（ママ）》（大正12）年11月1日，47pp.　限定250部（非売品）

「序」（岩崎雅通）「夕月」「フリヂヤ」「春雨」「噴水」「明星」「若芽」「白百合」「青空の下」

＊出版年は、奥付では「大正12年」とあるが、表題紙には「1922」とあるためそのままにしてある。大正12年は1923年である。印刷ミスかどうかは特定できない。岩崎雅通の序文の日付は大正11年12月とあるため、1923年出版の可能性が高い。印刷はロンドンのチャンセリー・レーン３番地にあった東洋出版（The Eastern Press）で、ロンドン、パリを中心にした年刊の『日本人名録』、1921（大正10）年の皇太子（後の昭和天皇）訪英記念『Keepsake 英国記念』等を出版している。本書について治郎八自身が「堀口大學を想いながらよんだ歌の数々だ。晶子がほめてくれたのもその若さだった」（「The Drinks」，1966年３月号）と書き残している。

2．[『アンリー・ヂル　マルシエックス洋琴演奏會』プログラム（帝国ホテル演芸場）：仏蘭西藝術普及交換協會主催・代表　薩摩治郎八：1925（大正14）年10月10日，51pp.]

「佛国洋琴家　アンリー、ヂル　マルシエックス」

＊中島健蔵『音楽とわたくし』（講談社：1974）、野村光一・中島健蔵・三善清達『日本洋楽外史』（ラジオ技術社：1978）等に演奏会やプログラムの紹介がある。徳島県立近代美術館「薩摩治郎八と巴里の日本人画家たち」展（1998年）で展示。なお、治郎八の紹介文は、演奏会に先立ち、雑誌「音楽と蓄音機」９月号に掲載されている。

3．[『白銀の騎士』（詩集）：薩摩治郎八（私家版）：1939（昭和14）年]

＊横浜そごう美術館「薩摩治郎八と巴里の日本人画家たち」展（1999年）の展示と年譜による。

4．[『引き裂かれた着物』：薩摩治郎八（私家版）：1950（昭和25）年12月]

原作：J.G.サツマ　脚色・編集：イボンヌ・フュゼル

＊徳島県立近代美術館「薩摩治郎八と巴里の日本人画家たち」展（1998年）の展示と年譜による。

5．『巴里・女・戦争（Autant que je le sais）』：同光社：1954（昭和29）年４月５日，277pp.

「落花狼藉」「天地晦冥」「多情多恨」「巴里の憂愁」「巴里解放」「恐怖の

巷」「春光再来」「謝肉祭」「郷愁」「再会離別」

6．『せ・し・ぼん―わが半生の夢―』：山文社：1955（昭和30）年9月5日，240pp．

口絵写真　「薩摩君のこと」（堀口大學）「まえがき」「わが半生の夢」（半生の夢　モンパルナスの秋）「せ・し・ぼん」（炎の森　夜霧の娼婦　謝肉祭の夜の女　ロマンティック　デルフの呪詛　転落の沈黙　ピガル通り　リンゴの花）「ロマンティストの花束」（砂漠の無冠王　美の烙印）「ムッシュウ・サツマとぼく」（柳沢健）

7．『なんじゃもんじゃ』：美和書院：1956（昭和31）年4月20日，190pp．

「序」「女の宮殿」（世界最高の酒盛　万国女性の性習慣　女の宮殿　パリの裸談議　青い眼の天使たち　ABC恋愛教授　お色気社交術　女風呂談議　日本人の胃袋　地球より古いもの　ヌード・ショウとは　デルタ化粧術　ムスコの好み　腋毛有無論議　手袋の秘密　女にすすめるには　浅草裸談議）「なんじゃもんじゃ」（麝香談議　体臭雑話　火薬言葉　色道覚え書　ロマンス・グレーのくどき　不浄談議　男女サムライ武勇伝　酒談議　紅涙ひようたん記　裸のクリスマス　センチメンタル・グレー）

8．『炎の女―セ・シ・ボン―』：松書房：1956（昭和31）年6月20日，240pp．

「薩摩君のこと」（堀口大學）「まえがき」「わが半生の夢」（半生の夢　モンパルナスの秋）「せ・し・ぼん」（炎の森　夜霧の娼婦　謝肉祭の夜の女　ロマンティック　デルフの呪詛　転落の沈黙　ピガル通り　リンゴの花）「ロマンティストの花束」（砂漠の無冠王　美の烙印）「ムッシュウ・サツマとぼく」（柳沢健）

＊6．『せ・し・ぼん―わが半生の夢―』（山文社）のタイトル等を変えた異版。内容は同じだが、口絵写真なし。

9．『ぶどう酒物語―洋酒と香水の話―』：村山書店：1958（昭和33）年2月25日，222pp．

「ぶどう酒物語」「香水物語」「洋酒天国」（ぶどう酒で育つ　酒と女　地酒の魅力　世界の酒盛り　酔いどれ天国　酒は神聖なり　東西女性酒豪伝　洋酒、喰べもの、お通し）「地上の楽園」（パリは金髪美人　バンコック御殿の初春　アテネの空　謝肉祭の夜　地上の天国　霧のロンドン）「あとがき」

10．『マキシム・ド・パリ』：マキシム・ド・パリ編集委員会：1966（昭和41）年10月，pp.57-59

「薩摩治郎八氏が語る　往年のマキシム」

11．『猫と女とモンパルナス』：ノーベル書房：1968（昭和43）年8月1日，

pp.164-167

「華やかなるモンパルナスの彼」

12. 吉行淳之介編『酔っぱらい読本・漆喰《別巻》』：講談社：1979（昭和54）年11月28日，pp.57-60

「地酒の魅力」

13. 開高健監修『アンソロジー洋酒天国①』：TBS ブリタニカ：1983（昭和58）年12月10日，pp.25-50（サントリー博物館文庫８）

「おとぼけ回想記」（世界の酒盛り　酔いどれ天国　東西女性酒豪伝）

14. 開高健監修『アンソロジー洋酒天国②』：TBS ブリタニカ：1983（昭和58）年12月10日，pp.107-111（サントリー博物館文庫９）

「スリング・ロマンス」

15. 『せ・し・ぼん』：バロン・サツマの会：1984（昭和59）年１月10日，[238]pp.

＊６.『せ・し・ぼん―わが半生の夢―』（山文社）の復刻で、写真と「あとがき」（大櫛以手紙）を加えた。

16. 『藤田嗣治とエコール・ド・パリ』：ノーベル書房：1984（昭和59）年５月25日，pp.164-167

「華やかなるモンパルナスの彼」

＊11.『猫と女とモンパルナス』（ノーベル書房）の改訂版。

17. 開高健監修『洋酒天国１　酒と女と青春の巻』：新潮社：1987（昭和62）年８月25日，pp.25-51（新潮文庫）

「おとぼけ回想記」（世界の酒盛り　酔いどれ天国　東西女性酒豪伝）

18. 開高健監修『洋酒天国２　傑作エッセイ・コントの巻』：新潮社：1987（昭和62）年11月25日，pp.120-125（新潮文庫）

「スリング・ロマンス」

19. 『せ・し・ぼん―わが半生の夢―』：山文社：1991（平成３）年３月１日[改訂新版]，[236]pp.

＊６.『せ・し・ぼん―わが半生の夢―』（山文社）の改訂新版だが、内容は15.と同じ。

20. 八木谷涼子編著『T・E・ロレンス書誌』：RYP：1993（平成５）年８月16日，pp.27-31

「砂漠の無冠王―アラビアのローレンス」

付記

薩摩治郎八が執筆した逐次刊行物（新聞・雑誌等)、薩摩治郎八に関する参考文献リストを御所望の場合、編集部へ御一報下さい。また、それらは弊社のウェブサイト（http://www.shinchosha.co.jp）内にある本書のページでも読むことができます。(新潮社)

資料をまとめるにあたっては、国立国会図書館、東京都立中央図書館、埼玉県立図書館、徳島県立図書館、大宅壮一文庫、国立近代美術館資料室、東京文化会館音楽資料室等で資料の確認を行った。徳島県立近代美術館等での「薩摩治郎八と巴里の日本人画家たち」展のカタログの文献リストも参考にしたが、図書館に所蔵がなく確認できなかったものも少なくない。その中で書誌事項が不明ではあるが、展覧会で目にした発行が確実な次の三点の著作については収録した。2.『アンリー・ヂル　マルシエックス洋琴演奏會』プログラム、3.『白銀の騎士』、4.『引き裂かれた着物』。

リストは発行年順に並べている。本書誌は『文献探索1999』（文献探索研究会、2000）に収録した「著作、参考文献リスト」を基に大幅に改訂増補したものである。なお、本書誌を作成するにあたり、恒松みどり氏、中原英一氏から、ご教示お力添えをいただいた。記して感謝したい。(新井清司)

本書は、「薩摩治郎八伝　『バロン』と呼ばれた日本人」（「ＢＲＩＯ」：２００５（平成17）年10月号～２００９（平成21）年2月号・全41回連載」と、「バロン薩摩の『わが青春に悔いなし』」（「考える人」（36号）：２０１１（平成23）年春号（5月））」を大幅に加筆してまとめたものです。

新潮選書

蕩尽王《とうじんおう》、パリをゆく　薩摩治郎八伝《さつまじろはちでん》

著　者……………鹿島茂《かしましげる》

発　行……………2011年11月25日

発行者……………佐藤隆信
発行所……………株式会社新潮社
〒162-8711 東京都新宿区矢来町71
電話　編集部03-3266-5411
　　　読者係03-3266-5111
http://www.shinchosha.co.jp
印刷所……………大日本印刷株式会社
製本所……………大口製本印刷株式会社

ISBN978-4-10-603693-4　C0395